감사의 마음을 담아

_____에게 드립니다.

홍익희의
유대인 경제사

_____
일러두기

- 이 책의 성서 구절 인용은 대한성서공회 공동번역 개정판을 바탕으로 하였습니다.
- 고대 인명과 지명은 대한성서공회 공동번역 개정판을 바탕으로 하였으나 현재 일반적으로 쓰이는 인명이나 지명은 예외로 하였습니다.
- 본《유대인 경제사》시리즈의 일부 내용은 저자의 전작《유대인 이야기》(행성B잎새, 2013)를 참조하였습니다.

세계 경제의 기원
고대 경제사 下
THE HISTORY
OF SUFFERING

2

홍익희의
유대인
경제사

한스미디어

머리말

    6·25전쟁의 잿더미에서 맨손으로 시작한 우리 경제가 이제는 교역 규모 세계 9위이자 수출 5강이다. 무에서 유를 창조한 것이나 진배없다. 1950년대 한국은 아프리카 나라들과 별 차이가 없는 극빈국이었다. 아니, 그보다도 못했다. 전쟁이 끝난 1953년의 1인당 소득은 67달러로 세계 최빈국의 하나였다. 그 뒤 8년이 지난 1961년에조차 1인당 소득은 82달러로, 179달러였던 아프리카 가나의 절반에도 못 미쳤다. 그마저도 미국 원조 덕분이었다. 전쟁 복구가 시작된 1953년부터 1961년까지 원조액은 무려 23억 달러였다. 당시 우리의 수출액과 비교해보면 미국 원조가 얼마나 큰 금액이었는지 알 수 있다. 1962년 우리 수출실적은 5000만 달러였다.

    그해 정부주도로 처음으로 경제개발계획이 시작되었다. 같은 해 대한무역투자진흥공사가 설립되었다. 변변한 자원 없는 우리 민족도 한번 해보자고 무역 진흥의 기치를 높이 내걸고 달리기 시작하였다. 그리고 2년 뒤 1964년에 1억 달러 수출을 달성했다. 이를 기념하여 '수출의 날'이 제정되었다. 그로부터 6년 뒤인 1970년에 수출 10억 달러를 넘어섰다. 또 그로부터 7년 뒤 "친애하는 국민 여러분, 드디어 우리는 수출 100억 달러를 돌파하였습니다. 이 기쁨과 보람은 결코 기적이 아니요, 국민 여러분의 고귀한 땀과 불굴의 집념이 낳은 값진 소산이며, 일하고 또 일하면서 살아온 우리 세대의 땀에 젖은 발자취로 빛날 것입니다"라고 박정희 대통령은 떨리는 목소리로 수출의 날 기념식에서 말하였다.

100억 달러! 당시로는 쉽게 믿기지 않는 숫자였다. 대통령은 그날 일기에 이렇게 적었다. "10억 달러에서 100억 달러가 되는 데 서독은 11년, 일본은 16년 걸렸다. 우리는 불과 7년 걸렸다. 새로운 출발점으로 삼자. 새로운 각오와 의욕과 자신을 가지고 힘차게 새 전진을 다짐하자."

이렇게 달려와 2008년 수출액은 4200억 달러를 넘어섰다. 46년 사이에 8400배 증가한 것이다. 세계은행에 따르면 1960년대 이후 30년 동안 한국의 경제성장률이 세계 197개국 가운데 가장 높았다 한다. 자그마치 30년을 1등으로 달려온 민족이다. 세계 경제사에 유례가 없는 것이라 하였다. 바깥을 향한 경제정책이 우리 민족을 일으켜 세운 것이다. 해외에 나가보면 우리 수출기업들이 정말 열심히 뛰고 있다. 그들의 활약상을 보고 있노라면 누구라도 애국자가 아니 되려야 아니 될 수 없다. 우리 경제가 이만큼이나마 클 수 있었던 것은 수출기업들 덕분이다.

그런데 이러한 수출의 비약적인 발전에도 오늘날 우리 경제가 활력을 찾지 못하는 원인은 무엇일까? 내수경기는 좀처럼 불붙지 못하고 청년실업은 갈수록 늘어나고 있다. 상품 수출로 벌어들인 무역흑자는 서비스 수지와 소득수지 적자로 까먹고도 모자랄 판이다. 이제는 세상이 바뀌어 상품 수출만으론 안 된다. 서비스산업의 발전 없는 제조업 수출만으로는 한계가 있다.

필자는 해외 7개국에서 근무했다. 그 가운데 1990년대 중반 뉴욕 무역관에 근무할 때, 제조업 고용비중이 10%도 안 되는 미국에 세계 경제를 호령하는 힘은 어디서 나오는지 궁금했다. 속내를 들여다보니 미국은 서비스산업 고용비중이 80%를 넘어선 서비스산업 강국이었다. 특히 금융산업 경쟁력은 세계 최강이었다. 뭔가 월스트리트에 답이 있을 듯했다. 그 속내를 들여다보고 싶었다.

세계의 제조업이 산술급수적으로 커가고 있을 때 금융산업은 기하급수적으로 성장하였다. 미국 경제에서 GDP 성장에 대한 금융산업 기여도는 3할에 이른다. 세계는 바야흐로 금융자본이 산업자본을 이끄는 금융자본주의 시대다. 이러한 금융자본주의 정점에 미국이 있었다. 제조업의 열세로 무역적자에 허덕이는 미국을 세계 각국에 투자된 미국의 금융자본이 먹여 살리고 있었다.

2001년부터는 스페인에서 두 번째로 근무하는 행운을 얻었다. 세계적인 제조업이나 변변한 첨단산업 하나 없는 스페인이 10여 년 전 첫 근무를 할 때에 비해 급속도로 발전하고 있는 데 놀랐다. 관심을 갖고 들여다보니 그 힘 역시 서비스산업이었다. 20세기에 힘들었던 스페인 경제가 21세기 들어 관광산업과 금융산업이 주도하기 시작하면서 활기차게 돌아갔다. 고용창출 효과 또한 대단했다.

해외 근무를 하면서 가는 곳마다 유대인들을 만날 수 있었다. 중남미에서부터 미국, 유럽에 이르기까지 필자가 근무한 나라를 더해갈수록 그들의 힘을 더 크게 느낄 수 있었다. 금융은 물론 유통 등 서비스산업의 중심에는 언제나 유대인들이 있었다.

도대체 그들의 힘의 원천이 무엇인지 알고 싶었다. 지난번 귀국했을 때 우리나라도 이제 예외가 아니었다. 이미 우리 생활 곳곳에 알게 모르게 유대인들의 영향력이 강하게 미치고 있었다. 이제는 유대인이 그동안의 개인적인 관심사의 대상을 넘어 우리 경제에서 그냥 지나칠 수 없는 거대한 상대방이 되어 있었다.

서비스산업의 실체에 대해 제대로 공부해보고 싶었다. 뿌리부터 알고 싶었다. 금융산업을 비롯한 서비스산업의 뿌리를 살펴보니 거기에는 어김없이 유대인들이 있었다. 경제사에서 서비스산업의 창시자와 주역들은 대부분 유대인이었다. 더 나아가 세계 경제사 자체가 유대인의 발자취와 궤를 같이하고 있었다. 참으로 대단한 민족이자 힘이었다.

매사에 '상대를 알고 나를 아는' 지피지기가 우선이라 하였다. 그들을 제대로 알아야 한다. 그리고 그들에게 배울 게 있으면 한 수 배워야 한다. 이런 의미에서 우리 경제가 도약하는 데 작은 힘이나마 보탬이 되고자 능력이 부침에도 감히 이 책을 쓰게 되었다. 우리도 금융강국이 되어야 한다. 그리고 다른 서비스산업에서도 경쟁력을 갖추어야 21세기 아시아 시대의 주역이 될 수 있다.

책을 쓰면서 '경제사적 시각'과 '자본의 공간적 흐름'에 주목했다. 지금 세계에는 직접투자자본FDI이 인건비가 높은 나라에서 낮은 나라로 물 흐르듯 흐르고 있다. 그 덕에 제조업의 서진화西進化가 빠른 속도로 이루어지고 있다. 중국이 대표적인 사례다. 이를 통해 아시아 시대가 우리가 예상하였던 것보다 더 빨리 다가오고 있다.

그러나 그보다 더 거센 물결은 세계 금융자본의 초고속 글로벌화이다. 대부분의 글로벌 금융자본은 돈 되는 곳이라면 어디든 가리지 않는다. 인터넷 거래를 통해 빛의 속도로 세계 각국을 헤집고 다니며 엄청난 규모의 자본소득을 빨아들이고 있다.

아시아 시대는 이러한 거대하고도 빠른 복합적 흐름으로 가속화되고 있다. 흐름의 가속화는 곧 급류요 소용돌이다. 변혁의 시기인 것이다. 이렇게 급속도로 펼쳐지고 있는 아시아 시대를 맞아 우리나라가 외부의 물살에 휩쓸려서는 안 된다. 더구나 중국이나 일본의 변방에 머물러 있어서는 안 된다. 그 흐름의 중심에 올라타야 한다.

필자는 경제학자도, 경제 관료도 아니다. 경제 전문가는 더더욱 아니다. 그러나 해외 여러 나라에서 근무하면서 보고 듣고 느낀, 서비스산업의 중요성과 유대인의 힘에 대해 같이 생각해보고 싶었다. 필자는 그동안 주로 제조업 상품의 수출을 지원해왔다.

그러나 제조업도 중요하지만 앞으로는 금융, 관광, 교육, 의료, 영상, 문화, 지식산업 등 서비스산업의 발전 없이는 우리의 미래도 한계에 부딪힐 수밖에 없다고 생각한다. 미래 산업이자 고용창출력이 큰 서비스산업이 발전해야 내수도 살아나고 청년실업도 줄일 수 있다. 그래야 서비스수지와 소득수지도 적자를 면하고, 더 나아가 우리 서비스산업이 수출산업으로 자리매김할 수 있다.

무엇보다 금융산업은 우리 미래의 최대 수출산업이 되어야 한다. 우리 모두가 서비스산업의 중요성에 대해 인식을 깊이 하고 지평을 넓혀야 한다. 21세기 우리 경제를 이끌 동력은 한마디로 서비스산업과 아이디어다. 1970년대에 우리가 '수출입국'을 위해 뛰었듯이, 이제는 '서비스산업 강국'을 위해 매진해야 한다.

이 책은 오늘날의 유대인뿐 아니라 역사 속 유대인의 궤적도 추적하였다. 이는 역사를 통해 서비스산업의 좌표를 확인하고자 함이요, 또한 미래를 준비하고 대비하기 위한 되새김질이기도 하다. 경제를 바라보는 시각도 역사의식이 뒷받침되어야 한다고 믿는다.

책을 쓰면서 몇 가지 점에 유의했다. 먼저, 유대인에 대한 주관적 판단이나 감정을 배제하고 객관성을 유지하고자 노력했다. 가능하면 친유대적도 반유대적도 아닌, 보이는 그대로 그들의 장점을 보고자 애썼다.

두 번째로, 유대인 이야기와 더불어 같은 시대 동서양의 경제사를 씨줄로, 그리고 과학과 기술의 발달 과정을 날줄로 함께 엮었다. 이는 경제사를 입체적으로 파악하기 위해서다. 경제사를 주도한 유대인의 좌표를 그 시대 상황 속에서 살펴보고자 함이요, 동양 경제사를 함께 다룬 것은 서양의 것에 매몰된 우리의 편중된 인식을 바로잡는 데 조금이라도 보탬이 되고자 함이었다. 유대인도 엄밀히 말하면, 셈족의 뿌리를 갖고 있는 동양인이다. 다만 오랜 역사에 시달려 현지화되었을 뿐이다.

과학과 기술의 발달 과정을 함께 엮은 것은, 경제사를 입체적으로 이해하기 위해서는 시대 상황과 함께 과학과 기술의 변천을 함께 살펴야 한다는 믿음 때문이다. 과학기술사는 경제사와 떼려야 뗄 수 없는 불가분의 관계다. 실제 역사적으로 과학기술의 발전이 경제 패러다임을 바꾼 사례가 많았다. 이미 과학과 기술의 트렌드를 알지 못하고는 경제와 경영을 논하기 어려운 시대가 되었다.

날줄과 씨줄이 얽히면서 만들어내는 무늬가 곧 경제사의 큰 그림이다. 만약 이러한 횡적 종적인 연결고리들이 없다면 상호 연관성이 없는 개별적인 역사만 존재하게 되고, 경제사는 종횡이 어우러져 잘 짜여진 보자기가 아니라 서로 연결되지 않은 천 쪼가리들에 지나지 않을 것이다.

세 번째로, 유대인의 역사와 그들의 의식구조를 이해하기 위해 그들이 믿는 '유대인의 역사책'인 구약성서를 많이 인용했음을 양해 바란다.

마지막으로 고백해야 할 것은, 이 책의 자료 가운데 많은 부분을 책과 인터넷 검색으로 수집하였다는 점이다. 이를 통해 여러 선학들의 좋은 글을 많이 인용하거나 참고했음을 밝힌다. 한 조각, 한 조각의 짜깁기가 큰 보자기를 만들 수 있다는 생각에서다. 널리 이해하시리라 믿는다.

특히 이번《유대인 경제사》를 내면서 먼저 출간된 필자의 책들《유대인 이야기, 2013, 행성B잎새》와《유대인 창의성의 비밀, 2013, 행성B잎새》,《세 종교 이야기, 2014, 행성B잎새》에서 많은 내용을 가져왔다.

그리고 이번《유대인 경제사》1, 2권에서는 인류 최초의 시장경제가 시작되는 고대 경제사 부분을 다루었다. 세계사에서 고대라 함은 인류 문명의 발생 이래로 5세기 후반 서로마 제국 멸망까지를 가리킨다. 곧 암흑의 중세 이전을 의미하는 것이다. 우리는 고대가 꽤나 원시시대인 줄 안다. 그러나 그렇지 않았다.

기원전 5300년경 수메르에 최초의 도시국가가 탄생했다. 도시라 함은 이미 농민과 어민들이 주축이 아닌 주로 상업과 교역에 종사하는 사람들이 모여 사는 곳이다. 당시는 약탈전쟁과 거래가 혼재되어 추진되기는 했으나 상업과 교역이 활발히 전개되기 시작했다. 이후 수메르 문명은 메소포타미아 문명으로 확대된다.

　그리고 기원전 2000년경 먼 거리 해상무역을 주도했던 가나안 사람들에 의해 영국 남부의 콘웰 광산으로부터 주석이 대량 수입되면서부터 유라시아 대륙에 청동기시대가 본격화되었다. 동시에 청동검 등 무기의 대량 출현으로 도시국가들 간 전쟁이 일상화되기 시작했다. 이 무렵 정복전쟁과 약탈전쟁이 아닌 거래에 의해 부를 늘려나간 이들이 가나안 사람들이었다. 여기에는 히브리 사람들도 포함된다. 그들을 그리스 사람들은 페니키아인들이라 불렀다. 자주색 옷을 입고 다니는 사람들이란 뜻이다. 그들은 메소포타미아와 이집트 문명은 물론 인더스 문명과도 활발히 교역하였으며 멀리 중국과도 거래했다. 그들이 먼 거리 해상교역을 위해 지중해 곳곳에 보급기지를 건설하여 문명을 전하고 동시에 본격적인 시장경제의 문을 열었다. 페니키아가 경제사에서 재조명되어야 하는 이유이다.

참고문헌은 익명의 자료를 제외하고는 본문의 각 페이지와 책 후미에 밝혀두었다. 그럼에도 이 책에 있는 오류나 잘못은 당연히 필자의 몫이다. 잘못을 지적해주시면 감사한 마음으로 고치겠다. 끝으로 이 책을 사랑하는 코트라KOTRA 식구들에게 바친다.

지은이 홍익희

CONTENTS

VI
경제사적 관점에서 바라본 로마 제국의 몰락

I

예정되어 있었던 고난의 역사:
제1차 이산_바빌론 유수기

JEWISH ECONOMIC HISTORY

흩으시고 모으시는 여호와

"야훼께서는 땅 이 끝에서 저 끝까지 온 땅에 있는 만백성 가운데 너희를 흩으실 것이다."(신명기 28:64)

"그날이 오면 내가 무너진 다윗의 초막을 일으키리라. 틈이 벌어진 성벽을 수축하고 허물어진 터를 다시 세워 옛 모습을 되찾아주리라. … 내가 이 백성을 저희 땅에 다시 심어주리니, 내가 선물로 준 이 땅에서 다시는 뿌리 뽑히지 않으리라. ─너희의 하느님 야훼의 말씀이시다."(아모스 9:11~15)

위는 신명기의 일부이고 아래는 1948년 이스라엘 건국행사 때 낭독된 구절이다. 이렇듯 흩으시고 모으시는 게 모두 예정되어 있었다.

01

로마의 건국

움트는 제국의 싹, 기원전 750년 로마의 건국

페니키아, 히브리, 그리스가 지중해에서 한창 각축을 벌일 때 이탈리아 반도 한편에 조그만 나라가 탄생했다. 기원전 750년경에 로마가 건국된 것이다. 로마의 건국신화를 보면 늑대 젖을 먹고 큰 로물루스는 자신이 건설한 새 도시에 인구가 부족하자 노예든 방랑자든 원하는 사람은 모두 받아들여 로마 시민으로 인정했다.

하지만 새로운 로마 시민은 여자보다 남자가 많았다. 여인들이 부족하자 로물루스는 축제를 열고 이웃 사비니족을 초청한다. 로마의 군인들은 축제에 온 여인들을 납치한 후 사비니

∴ 니콜라 푸생, 〈사비니 여인들의 약탈〉, 1634년

∴ 자크 루이 다비드, 〈사비니 여인들의 중재〉, 루브르박물관, 1799년

남자들을 쫓아버린다.

잔치에 갔다가 졸지에 여인들을 빼앗기고 쫓겨난 사비니 남자들은 몇 년 동안 이를 갈며 힘을 길렀다. 마침내 그들은 로마의 근거지인 카피톨리노 언덕을 포위했다. 그러자 사비니군과 로마군 사이에 사비니 여인들이 뛰어들었다. 로마인들에게 강제로 납치됐던 여인들은 이미 그들의 부인이 되어 자식을 낳고 오순도순 살고 있었다. 그녀들의 입장에서는 아버지, 오빠와 남편이 서로 죽이겠다고 전쟁을 하는 꼴이었다. 그래서 그녀들은 아이들을 생각해서라도 제발 싸우지 말라고 애원했다. 여인들의 이런 간절함이 효력을 보여 두 군대는 싸우지 않고 평화협정을 맺었다. 그리고 힘을 합쳐 로마를 건설했다.

신생 로마는 당시의 선진국이었던 그리스의 문화를 그대로 받아들여 정치제도는 물론 철학과 신화까지 수용했다. 그리고 법제도와 군대조직 정도만 그들 나름의 방식으로 발전시켰다. 로마의 건국자 로물루스는 100명의 장로를 모아 원로원을 창설했다. 이는 나중에 300명을 거쳐 600명 규모로 커졌다. 민회는 로마 시민 전원으로 구성되었다. 왕을 비롯한 정부 관리를 민회에서 뽑았다. 그 뒤 공화정으로 이행될 때까지 7명의 왕이 모두 민회에서 선출되었다. 왕이 세습제가 아닌 선출직이었다.

유다 왕국

물길을 성내로 돌리다

이렇게 로마가 태어날 당시 히브리 왕국은 이미 노쇠해져 남북으로 쪼개져 서로 싸우고 있었다. 이때 인류 최초의 제국인 메소포타미아 지역의 아시리아가 기마병들을 앞세우고 쳐들어왔다. 북쪽의 이스라엘 왕국이 기원전 722년 아시리아에 망한 뒤 유다 왕국 역시 아시리아의 위협에 직접 노출되었다. 유다 왕국 내부에서는 굴복하고 사느니 싸우자는 의견이 우세했다. 그래서 싸울 준비를 했다.

구약 시대엔 예루살렘에 물을 공급하는 샘이 2개 있었다. 기혼샘이 그중 하나로 당시 사람들에게는 매우 중요한 곳이었다. 예루살렘 성이 바로 기혼샘 옆에 세워진 것도 그런 이유 때문이었다. 유대인들은 아시리아군이 공격해 왔을 때 적군이 물에 독을 풀거나 그 물을 이용하지 못하도록 땅 밑 깊숙이 실로암 굴을 파서 물길을 예루살렘 성내로 끌어들여 백성들이 그 물을 사용할 수 있게 했다.

∴ 지하수로, 지하 35m, 길이 200m 암반터널

터널의 길이는 약 500m인데 200m 정도는 암반을 뚫고 지나간다. 성 밖 기드론 계곡의 기혼샘에서 솟아나는 물이 터널을 통해 실로암 못으로 흐른다. 터널은 지금도 예루살렘의 명물 중 하나다. 이것이 바로 유대 13대 왕 히즈키야가 만든 물길이다.

히즈키야는 종교개혁에도 착수했다. 맨 먼저 우상숭배를 금지시켰다. 신당들을 없애고 우상들을 깨부수었다. 먼저 기념 기둥들을 부수었으며 아세라 목상들을 잘라버렸다. 또한 모세가 만든 구리 뱀까지도 조각내버렸다. 그리고 히즈키야는 사제들과 레위인들을 다시 배치해 번제물과 친교제물을 성전에 바치도록 하는 임무를 맡겨 종교개혁을 성공적으로 이끌었다.

아시리아를 물리친 유다 왕국

유다 왕국은 북쪽의 시리아, 남쪽의 이집트와 연합했다. 마침내 기원전 701년 아시리아의 왕 산헤립이 유대 왕 히즈키야에게 은 300달란트와 금 30달란트를 요구하며 쳐들어왔다. 그러나 전쟁이 시작되자 아시리아 대군에 밀린 시리아와 이집트는 굴복하고 말았다. 이에 유다 왕국은 분연히 아시리아와 홀로 맞섰다.

이때에 선지자 이사야는 유다 왕국의 히즈키야에게 용기를 주어 하느님께 기도하게 했다. 그리고 그는 아시리아 왕이 물러나게 될 것이라고 예언했다. 한편 이사야 예언자도 하늘을 향해 부르짖으며 기도했다.

다음 날 아침 거짓말 같은 일이 일어났다. 아시리아군이 홀연히 철수한 것이다. 하느님의 심판이 아시리아군에게 임하여 아시리아 군대의 모든 지휘관과 장수를 쓸어 가버렸다. 예루살렘을 포위하고 있던 아시리아군 가운데 18만 5000명이 몰사하여 다급히 물러난 것이다.

이를 본 유대인들은 하느님이 베푼 은혜에 감읍했다. 이로써 유다 왕국은 나라를 지키게 되었다. 그 뒤 아시리아 제국은 유다 왕국을 감히 범접하지 못했다. 그리고 기원전 612년 바빌로니아에 멸망한다. 후대의 그리스 역사가 헤로도토스(기원전 484~기원전 430년)는 당시 아시리아 진지에 발진티푸스가 퍼져 철수했다고 주장했다.

바빌론으로 옮겨지게 될 것을 예언하다

그 뒤 히즈키야는 대단한 부와 영광을 누렸다. 그는 은과 금, 보석, 향료, 작은 방패와 온갖 값진 기물들을 보관할 창고를 짓고 수확한 곡식과 포도주, 기름을 저장할 곳과 가축우리들도 지었다.

어느 날 히즈키야 왕에게 바빌로니아 왕 브로닥발라단이 위문 사

신을 보냈다. 바빌로니아는 유
다 왕국과 동맹을 맺고 그동안
시달려온 아시리아를 공격하기
를 원했다. 이때 히즈키야는 자
기 보물창고 안에 있는 모든 귀
중품을 보여주면서 자신의 부강
함을 자랑했다(열왕기하 20:13).

그는 바빌론 대사에게 이스라
엘의 부와 무기를 보여주는 우를 범한 것이다. 히즈키야의 교만한 마
음이 담겨 있었다. 하느님의 진노가 유대와 예루살렘에 내려졌다. 하
느님은 선지자 이사야를 보내서 그의 교만을 책망하며 징차 왕궁의
모든 것과 열성조가 쌓아놓은 것이 바빌론으로 옮겨지게 될 것이라
고 예언하였다.

제1차 이산: 유대인 방랑시대의 시작

솔로몬 왕 시절부터 만연된 우상숭배와 타락은 그 도를 더해갔다. 이렇게 이스라엘이 죄로 물들자 엑소더스 이후에도 유대인들은 가나안 땅에서 2번이나 여호와의 뜻에 따라 흩임을 당한다. 첫 번째 흩임부터 살펴보자.

예레미야의 예언

그 무렵 '눈물의 예언자'로 알려진 예레미야 선지자가 있었다. 그는 하느님의 계시를 받아 자기 민족 이스라엘이 우상을 숭배하는 종교적 타락으로 비참한 최후를 맞게 되리라는 것을 거듭 경고했다. 그는 머지않아 큰 재앙이 내려 북방 민족에 의해 유다 왕국이 멸망되며 동시에 예루살렘도 붕괴될 것이라고 예언했다. 예레미야는 하느님과 맺은 계약에 충실하고 그분의 말씀을 깨어 들으며 그대로 실천하

는 삶이 궁극적인 살길임을 알려주었다.

그는 바빌로니아에 항복하라는 이해하기 어려운 말씀까지도 받아들여야 한다고 예언했다. "이 일대는 끔찍한 폐허가 되고 여기에 살던 민족들은 모두 칠십 년 동안 바빌론 왕의 종노릇을 할 것이다. 그 칠십 년이란 시한이 차면 나는 바빌론 왕과 그 민족의 죄를 벌하여 바빌론 땅

예레미야, 바티칸 시스티나 성당 천장

을 영원히 쑥밭으로 만들리라. 이는 내 말이라, 어김이 없다. 나는 이미 선언해두었던 벌을 그 땅에 내리리라. 뭇 민족이 받으리라고 예레미야가 예언한 벌을 이 책에 기록되어 있는 그대로 그 땅에 내리리라."(예레미야 25:11-13)

예레미야는 그런 연후에 하느님이 당신 백성을 기억하시고 그들과 새로운 계약을 맺는 희망찬 미래가 펼쳐진다고 알려주었다. 그는 야훼가 옛날 모세 시대에 맺은 계약을 새 계약으로 대체할 날이 올 것이라고 예언하면서, 그날이 오면 야훼는 율법을 돌판이 아닌 사람들의 마음에 기록할 것이며, 모든 사람이 하느님을 직접 알고 죄 사함을 받게 될 것이라고 했다.

"앞으로 내가 이스라엘과 유다의 가문과 새 계약을 맺을 날이 온다. 나 야훼가 분명히 일러둔다. 이 새 계약은 그 백성의 조상들의 손을 잡아 이집트에서 데려오던 때에 맺은 것과는 같지 않다. 나는

그들을 내 것으로 삼았지만, 그들은 나와 맺은 계약을 깨뜨리고 말았다. 귀담아들어라. 그날 내가 이스라엘 가문과 맺을 계약이란 그들의 가슴에 새겨줄 내 법을 말한다. 내가 분명히 말해둔다. 그 마음에 내 법을 새겨주어, 나는 그들의 하느님이 되고 그들은 내 백성이 될 것이다."(예레미야 31:31-33)

구약에서 '메시아'란 단어는 사용되지 않는다. 그러나 예레미야의 이 '새 계약' 예언은 유대인들에게 메시아에 대한 염원을 품게 만들었다. 이는 구약은 물론 신약성서 시대에도 중요한 영향을 끼쳤다. 이 예언은 예수가 최후의 만찬에서 말한 "이것은 내 피로 맺는 새로운 계약의 잔이다"라는 말씀의 배경이 된다.

신바빌로니아 건국

그즈음 바빌로니아 남부의 갈데아인들은 차차 세력을 키워 바빌론을 수도로 칼데아 제국을 건설했다. 유프라테스 강은 바빌론 도시 중앙을 관통하여 흐르고 있었다. 이를 통해 해상교역이 번창하여 바빌론은 국제도시가 되었다. 그 뒤 기원전 612년에 이들은 아시리아를 멸망시키고 신바빌로니아를 건국하여 다시 한 번 바빌론을 문명의 중심으로 만들었다.

세계사에는 2개의 바빌로니아가 있었다. 기원전 1830년부터 기원전 1531년까지 3세기 동안 존속했다가 히타이트인의 침입으로 멸망한 바빌로니아와 1000년 뒤 같은 자리에서 탄생한 느부갓네살(네부카드네자르) 왕의 신바빌로니아가 그것이다. 그러나 성서에는 이런 구분이 없이 두 나라 모두 바빌론으로 불린다.

바벨탑 재건

바빌론은 수많은 정복자에 의해 정복되고 파괴되었지만 그때마다 다시 복원되었다. 느부갓네살 왕은 바빌론을 사상 최대의 성곽을 가진 도시로 재건해 그 세력이 최고조에 달했다. 바빌론은 '신의 문babilu'이라는 뜻이다.

당시 바빌론에는 신전이 많았다. 위대한 신들을 위한 신전 53개, 마르둑 신을 위한 신전 55개, 대지의 신들을 위한 신전 300개, 하늘의 신들을 위한 신전 600개가 있었다. 그 외에도 여러 신을 위한 제단이 400개나 있었다. 그 가운데 '신의 문'이라는 뜻의 바벨탑이 있

었다. 이 탑은 7층으로 높이가 90m나 되며 무려 8500만 개의 벽돌을 사용하여 지어졌다. 느부갓네살 왕은 바로 이 바벨탑 신전을 재건했다.

공중정원

　그리고 그는 궁전 지붕에 고대 세계 7대 불가사의의 하나인 공중정원을 만들었다. 당시 동방의 메디아에서 시집온 왕비는 사막의 나라로 출가하는 것을 싫어했다. 느부갓네살 왕은 산악지방 출신 왕비의 향수를 달래기 위해 인공적인 산 모양의 계단식 정원을 만들었다.

　가로세로 각각 400m, 높이 25m의 토대를 세우고 그 위에 기름진 흙을 옮겨 화단을 꾸몄다. 15m 높이마다 테라스를 만들어 5단으로 꾸몄다. 전체 높이는 105m로 오늘날의 30층 빌딩 정도였다. 맨 꼭대기 테라스에는 강물을 펌프로 끌어올려 이 물을 밑으로 흘려 정원을 가꾸었다.

　과학사에서 이 펌프는 중요한 의미를 갖는다. 펌프에 대해 2가지 설이 있다. 첫 번째 방법은 정원의 맨 위에 커다란 물탱크를 만들어

⁂ 공중정원(출처: 위키백과)

강물을 체인 펌프chain pump를 이용해 길어 올렸다는 것이다. 체인에 연결된 물통들을 위쪽으로 끌어올려 물탱크에 물을 저장했다가 필요한 곳에 흘려보냈다는 것이다.

두 번째 방법은 아르키메데스 수력장치로 추정된다. 물레방아를 타고 올라온 물을 나사에 연결해 꼭대기까지 퍼 올리는 구조이다. 이 방식의 장점은 물레방아가 도는 힘으로 나사가 돌면 물이 달팽이식으로 나선형 홈을 타고 올라가는 것이다.

여하튼 정원이 매우 커 멀리서 보면 마치 삼림으로 뒤덮인 작은 산이 흡사 공중에 매달려 있는 것처럼 보였다고 한다. 그래서 이름이 공중정원이었다. 안타깝게도 기원전 538년에 페르시아 제국의 침략으로 파괴되었다.

신바빌로니아의 유다 왕국 침공

이 왕국은 스스로 과거의 찬란했던 바빌로니아 왕국의 계승자임을 자처했다. 정치·군사적으로 매우 뛰어났던 신바빌로니아의 느부갓네살 왕은 기원전 605년에 당시의 패자였던 이집트군을 대파하고 기세를 몰아 블레셋의 여러 도시를 점령했다. 기원전 597년에는 아시아에서 이집트인을 추방한 후 시리아까지 점령했다.

느부갓네살 왕의 기세에 놀란 당시 유다 왕국은 전통적 우방인 이집트의 파라오에게 지원을 요청했다. 기원전 721년 북쪽의 이스라엘 왕국이 아시리아에 멸망할 때도 남쪽의 유다 왕국은 이집트의 보호로 왕조를 유지할 수 있었다. 그러나 이제 이집트는 신흥 강국으로

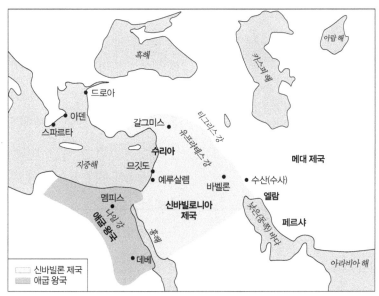

∴ 신바빌로니아 제국, 기원전 600~기원전 586년경(열왕기하 24-25)

떠오른 신바빌로니아로부터 유다 왕국을 보호하기에는 너무 약했다. 오히려 이러한 지원 요청은 결국 느부갓네살 왕에게 침략 명분을 주어 기원전 601년 유다 왕국은 바빌로니아의 속국이 되었다.

1차 바빌론 유배

유대민족이 이민족에게 지배받고 노예생활로 전락했을 때 그들은 자신들이 하느님의 계명을 어겼기 때문에 이런 벌을 받는다고 뼈저리게 뉘우쳤다. 이러한 고난이 신앙을 회복하는 기회가 되었다. 그들은 우상숭배가 강요될수록 신앙을 지키며 강력하게 저항했다.

유다 왕국이 바빌로니아의 지배를 받기 시작한 지 몇 년 안 된 기

∴ 프란체스코 하예즈, 〈바빌론에 함락당하는 예루살렘〉

원전 600년에 유대인들은 반란을 일으켰다. 이때 반란을 진압하려 파병된 바빌로니아 군대가 오히려 전멸당했다. 느부갓네살은 연합군을 직접 진두지휘하여 다시 공격해 왔다. 유대인들은 용맹하게 저항했으나 이 싸움에서 궤멸적인 타격을 입고 결국 예루살렘이 함락되었다. 기원전 597년의 일이었다.

예루살렘 최후의 날, 예레미야는 용기 있는 행동을 보여주었다. '저항해보았자 소용없다. 느부갓네살은 유대의 사악함을 벌하기 위해 보내어진 하느님의 대리인에 지나지 않는다'고 강조했다.

느부갓네살 왕은 다시 항거할 만한 8000명을 추방시켰다. 그리고 왕과 상류층 유대인들을 바빌론에 포로로 데려갔다. 이것이 1차 바빌론 유배이다.

2차 바빌론 유배

그래도 느부갓네살 왕은 유다 왕국을 완전히 병합하지 않고 허수아비 왕을 앉혀놓고 속국으로 남겨두었다. 그런데 새롭게 즉위한 유대 왕이 예상외로 바빌로니아에 반기를 들었다. 유다 왕국은 이집

트와 동맹하여 독립을 선언했
다. 이에 격분한 느부갓네살은
다시 군대를 동원해 결국 기원
전 587년에 2차 침공이 일어났
다. 이집트는 몇 주일 만에 항복
했지만 유대인들은 1년 6개월을
싸웠다. 6개월 동안 예루살렘을

❖ 에두아르트 벤데만, 〈포로로 끌려가는 유대 사람들〉, 뒤
셀도르프 예술박물관, 1865년

포위하던 바빌로니아군은 기원전 586년에 성벽을 격파했다.

　3차례에 걸친 대제국과의 전쟁으로 유다 왕국은 정말 어쩌지 못
할 정도로 철저하게 파괴되었다. 북쪽의 이스라엘 왕국이 망한 지
125년 후에 유다 왕국도 이렇게 신바빌로니아에 의해 정복당했다.
이때 수많은 유대인이 바빌론으로 끌려갔다. 이것이 유명한 2차 바
빌론 유배이다.

유다 왕국의 멸망과 십계명 석판 분실

　그 뒤 다른 민족의 지배를 받으며 산다는 것이 유대인에게는 너무
나 힘들었다. 무엇보다 신앙적 갈등이 컸다. 그뿐만 아니라 문화와 사
상에서도 타 민족에 비해 월등히 앞서 있었던 유대인들은 자기들보
다 열등한 민족에게 지배를 받는다는 것이 더욱 참기 어려웠다. 현실
적으로 가장 큰 차이는 유대인은 어려서부터 성서를 읽고 배워 일찍
이 글을 깨친 민족임에 반해 정복민족은 오히려 문맹이 태반으로 현
격한 수준 차이를 보였다. 이러한 문화적 충돌은 결국 반란으로 이어

졌다.

그러나 반란은 실패하여 예루살렘이 포위당한 채 3년 5개월을 버텼지만 기원전 582년에 처참하게 패하여 유다 왕국도 아예 멸망하게 된다. 전쟁의 참화로 예루살렘 성전은 말 그대로 초토화되었다. 이때 언약의 궤에 안치되어 있었던 모세의 십계명 석판마저 없어졌다. 지금까지도 역사의 미스터리로 남아 있다.

2500년 유대인 방랑시대의 시작

유대 국토 전체가 폐허가 되었다. 당시 유대인 상류층은 모조리 바빌로니아로 잡혀갔다. 부녀자와 아이들을 포함하면 4만 5000명 이상으로 추정된다. 당시 유대의 총인구는 약 25만 명이었다. 이것이 바빌론 유수의 전모다.

바빌로니아에 잡혀가지 않은 나머지 사람들은 제각기 흩어져 성밖으로 도망쳤다. 많은 사람이 그간 왕래가 잦았던 이집트로 주로 피신했다. 이때 지중해 지역의 페니키아 식민지에도 유대인들이 많이 건너갔다. 다시 방랑이 시작된 것이다. 이것이 첫 번째 흩임인 '제1차 이산離散'이다. 이때부터 1948년 이스라엘 건국까지의 약 2500년간을 '유대인 방랑시대'라 부른다.

유대교의 재탄생

움직이는 종교로의 탈바꿈

유대인들에게 가장 충격적인 사건이 바로 예루살렘 성전의 파괴였다. 이 사건으로 유대인들은 영적인 딜레마에 빠졌다. '예루살렘 성전은 하느님의 집인데 어떻게 이방인들에 의해 파괴될 수 있을까? 그렇다면 우리가 믿는 하느님은 전지전능한 분이 아니란 말인가?'라는 의문이 일어났다.

결국 의문에 대한 대답으로 선지자들의 메시지가 등장한다. 곧 하느님의 능력이 모자라서 예루살렘 성전이 파괴된 게 아니라, 우리의 죄 때문에 하느님이 심판하셨다는 것이다. 선지자들은 이 기간을 새로운 '계약

⁂ 제임스 티소, 〈포로들의 대이동〉

공동체'를 준비시키기 위한 시련기라고 믿었다.

바빌론에서 유대인 포로들에게 종교의 자유는 허용되었다. 하지만 예루살렘 성전에서와 같은 제례의식은 할 수 없었다. 유대인의 종교의식은 신성한 '성전에서만' 제물을 바치거나 예배를 드리도록 규정되어 있었기 때문이다. 따라서 예루살렘 성전의 파괴는 유대인에게 그들의 종교를 잃어버린 것이나 마찬가지였다. 유대인에게 종교의 상실은 곧 민족의 상실을 뜻했다.

이때 바빌론에서의 유대인 선지자 예레미야와 에제키엘(에스겔)은 "성전에 재물을 바치는 것보다 믿음을 갖고 율법을 지키는 일이 여호와를 더 즐겁게 하는 길"이라고 역설했다. 신에 대한 제물과 의식이 종교 그 자체로 여겨졌던 당시로는 실로 파격이었다.

선지자들이 성전에 고착되어 있었던 종교를 어디에서나 만날 수 있는 움직이는 종교로 바꾼 것이다. 이로써 유대인들은 성전보다는 생활 속에서 '믿음을 갖고 율법을 지키는 것'을 더 중요하게 여기게 되었다. 성전 중심의 유대교에서 율법 중심의 유대교로 바뀐 것이다.

성직자 없는 종교로 재탄생

이렇게 해서 혁명적인 제도로 유대교 회당인 시너고그synagogue가 탄생한다. 성직자(사제) 없이 학자인 랍비를 중심으로 시너고그에서 율법 낭독과 기도를 중심으로 하는 새로운 예배의식이 시작되었다. 선지자들은 율법의 기본 정신인 정의와 평등이 사제들이 드리는 제사의식보다 우월한 것이라고 가르쳤다.

같은 아브라함을 시조로 모시는 이슬람교에서도 성직자가 따로 없다. 유대교를 본떠 만들었기 때문이다. 이슬람은 모든 신자가 설교 자가 될 수 있다. 신자는 모두 신 앞에 평등하며 종교적 의무도 마찬 가지라고 믿기 때문이다.

유대인은 바빌론 포로시대가 되고 나서야 비로소 그들의 종교를 바르게 실천할 수 있었다. 가나안 땅에서는 하느님 말씀을 거스르고 우상숭배도 했던 유대인들이 유배지에선 놀라울 정도로 강한 신앙 심을 드러냈다. 50년이라는 짧은 포로기 동안 유대인은 신앙적 차원 에서 놀라운 힘을 발휘했다. 하느님께서 선택하신 민족이 근본 뿌리 를 잃으면 안 된다는 집단적 위기의식이 발동한 것이다. 사람은 위기 가 닥쳐야 절박해진다.

이 시기에는 민족을 이끌 나라도, 다윗과 같은 지도자도, 민족을 대표해 하느님께 제사지낼 제사장도 없었다. 유대인들은 이제 그 누 구로부터도 보호받을 수 없었다. 오직 믿을 것은 신앙뿐이었다. 이 때 문에 오늘날 유대교의 종교적 틀이 이 시기에 만들어졌다. 일부 학자 들이 유대교의 실질적 탄생과 형성을 아브라함 시대가 아닌 바빌론 유배기로 보아야 한다고 주장하는 것도 이 때문이다.

공부가 곧 기도이자 신앙생활

유대인들이 율법을 지키기 위해서는 먼저 율법을 공부해야 했다. 그래서 유대교에서는 성서와 탈무드 등 유대 경전을 배우고 연구하 는 것이 하느님을 믿는 신앙과 동일시된다. 곧 배움이 신앙생활인 것이다. 이것은 유대교에서 발견되는 매우 중요한 특징이다.

탈무드도 '하느님은 1000가지 재물보다도 1시간의 배움을 기뻐하신다'고 가르치고 있다. 하나라도 더 배워야 하느님의 섭리를 하나라도 더 이해하여 하느님께 한 발자국이라도 더 가까이 갈 수 있다고 믿기 때문이다.

따라서 유대교에서는 신에게 기도드리는 것만큼 공부하는 게 중요하다고 가르친다. 인간은 세상을 유지하는 데 하느님의 협력자로서 하느님 사업에 동참하기 위해서는 먼저 하느님의 섭리를 이해해야 한다고 가르친다. 그래서 유대인은 하느님의 섭리를 배우는 것을 의무로 여긴다. 유대교에서 '배운다는 것은 기도를 올리는 것과 동일한 일'이다. 즉 배운다는 것은 신을 찬미하는 것과 같은 일이다. 배움으로써 신의 섭리를 이해하고 신에게 한 발짝 더 다가갈 수 있기 때문이다. 이렇듯 유대인에게 교육은 그 자체가 곧 신앙이요 종교다.

그래서 시너고그의 주된 용도도 토라와 탈무드를 공부하는 학문적 공간으로서의 기능이 우선시된다. 바빌론 유수기의 유대인들은 바빌로니아 도서관에서 좋은 서적들을 접하면서 책을 사랑하게 되고 교육의 즐거움을 알게 된다. 그 뒤 유대교 역사에서 새로운 기원을 여는 탈무드 편찬을 바빌로니아 학파가 주도했다. 이후 유대인들은 가는 곳마다 그들이 접한 문화를 체화하여 경쟁력을 갖추고 책들을 번역하여 문화 교역에도 큰 일익을 담당했다.✦

✦ 우광호 기자, 〈유대인 이야기〉, 《가톨릭신문》

유대이즘의 발생: 광적인 시오니스트를 경멸하다

　신바빌로니아의 느부갓네살 왕이 총 3차례(기원전 597년, 기원전 587년, 기원전 582년)에 걸쳐 유다 왕국을 침공하여 유대 왕족들과 상류층들은 바빌론으로 끌려가 비참한 노예생활을 하게 되었다. 그들은 바빌론 유배생활을 통해 그들이 하느님을 섬기지 않고 우상을 섬겼기 때문에 이러한 재앙이 초래되었음을 뼈저리게 반성했다.

　그래서 율법학자인 랍비들을 중심으로 할례와 율법을 더욱 잘 준수하고, 이스라엘의 전통을 찾고자 하는 '유대이즘Judism(유대주의)'이 발생하게 되었다. 지금도 유대이즘을 신봉하는 정통 유대인들은 세계 정부 운운하는 광적인 시오니스트를 경멸하며 이방인들이 그들을 유대인의 전형으로 잘못 이해할까 봐 경계하고 있다.

　바빌로니아에 잡혀간 유대인들은 지도층에 속한 자들이었다. 이들은 수적으로는 비록 소수였지만 올바른 신앙생활을 하며 이스라엘의 장래를 짊어질 사람들이었다. 이들은 포로시대가 되고 나서야 비로소 종교를 바르게 실천할 수 있었다.

❖ 시오니즘을 거부하다

시너고그가 유대인을 강하게 만들다

그 뒤 시너고그는 유대인 생활의 중심이 되었다. 그곳에 모여 예배를 드리고, 공부를 하고, 공동체의 크고 작은 일을 의논했다. 한마디로 종교, 교육, 정치가 모두 시너고그에서 이루어졌다. 성당이나 교회에는 신부나 목사가 있어서 예배를 집전하지만 시너고그에는 그런 사람이 없다. 단지 랍비가 있을 뿐이다. 랍비는 성직자가 아닌 학자다. 공부를 많이 해 아는 게 많다 보니 자연히 유대인 지역사회의 지도자이자 재판관이기도 하며 힘든 일이 있을 때 인생을 상담하는 친구이다.

유대교에서는 종교를 지키는 일이 가톨릭이나 기독교처럼 신부나 목사 등 일부 성직자의 몫이라고 생각하지 않는다. 성직자가 없다 보니 모든 사람이 종교를 지킬 의무와 책임이 있다. 당연히 랍비가 일반 신도들보다 높은 곳에 서서 설법이나 예배를 주도하지 않는다.

유대교에서는 누구나 종교를 지켜야 하는 책임 때문에 13세 성인식을 치르고 나면 누구나 의무적으로 성서를 읽어야만 했다. 기독교에서 성서를 읽는 것은 단지 신부나 목사의 몫이었다. 신자들은 성직자들이 읽어주고 해석해준 성서 내용을 그대로 받아들이는 수동적이라는 점에서 유대교와 다르다. 유대교에는 성직자가 없다 보니 유대인들은 스스로 성서를 해석해야 했다. 단지 랍비는 더 많이 공부한 사람으로 옆에서 도울 뿐이다.

그래서인지 역사를 통해 보면 기독교도들은 오랜 기간 대부분이 문맹이었다. 그래서 기독교에서는 글을 모르는 신자들을 위해 성서의 내용을 한눈에 알 수 있도록 하는 성화가 발달한 것이다. 심지어

한때 가톨릭에서 신자들이 성서를 잘못 이해할까 봐 일반 신도들은 성서를 읽지 못하도록 오랜 기간 법으로 금했다.

게임이 안 되는 일이었다. 한쪽은 글조차 읽을 줄 모르는 문맹이고 다른 한쪽은 의무적으로 13세부터 글을 읽어야만 했다. 십수 세기간 축적된 교육의 힘은 유대인 사회에 엄청난 에너지를 내재한 사회적 인프라를 형성했다.

셰마 이스라엘: 성구 상자, 테필린

신앙상의 계율이 중요시된 것도 포로 시절의 일이다. 율법은 연구되고, 낭송되고, 암기되었다. 유대인은 신명기 6장에 나오는 '셰마 이스라엘(이스라엘아, 들어라)'을 최소한 아침, 저녁으로 2번 암송한다.

"오늘 내가 너희에게 명령하는 이 말을 마음에 새겨라. 이것을 너희 자손들에게 거듭거듭 들려주어라. 집에서 쉴 때나 길을 갈 때나 자리에 들었을 때나 일어났을 때나 항상 말해주어라. 네 손에 매어 표를 삼고 이마에 붙여 기호로 삼아라. 문설주와 대문에 써 붙여라." (신명기 6:6-9)

유대인들은 이 신명기 말씀을 지금까지도 실천하고 있다. 유대인들은 이 구절을 문자 그대로 실천하여 테필린Teffilin이라는 걸 하는데 이는 성서 말씀을 넣고 다니는 성구聖句 상자를 뜻한다. 양피지에 성서의 문구를 적어 작은 가죽상자에 넣어 기도할 때 하나는 왼팔에, 또 하나는 이마에 맨다.

율법 두루마리, 토라

지금도 유대교에선 모세오경인 토라를 가장 중요시한다. 그래서 유대 회당의 중요한 특징은 동쪽 벽 맞은쪽에 예루살렘을 향해 법궤가 놓여 있는 것이다. 법궤 안에는 양피지에 히브리어로 쓰인 오경의 두루마리가 있다. 토요일 아침 안식일 예배는 먼저 회중이 일어나 예루살렘을 향해 기도드리는 것으로 시작된다. 그 뒤 율법 두루마리는 높이 들려서 회당 좌석 사이를 돌아간다.

그리고 히브리 성서가 낭독된다. 각 구절을 읽을 때 몇 명을 불러내 그 구절을 암송시킨다. 읽기가 끝나면 성서 두루마리는 다시 회중석을 도는데, 이때 유대인들은 숄(히브리어로 tallit)의 끝으로 두루마리 성서에 댄 후에 그 숄 끝에 키스를 하는데, 이것은 하느님 말씀에 대한 헌신과 경외를 나타내는 것이다.

토라에 대한 유대인들의 신앙은 놀랍다. 유대인들이 가지고 있는 토라는 대부분 손으로 쓰인 필사 토라이다. 최근에는 간편한 형식으로 인쇄된 토라가 나오기도 하지만, 직접 손으로 옮겨 쓴 것을 선호한다. 특히 회당에서 읽히는 토라는 반드시 손으로 쓴 것이어야 한다. 그런데 이 토라를 옮겨 쓰는 과정이 매우 복잡하다. 토라의 내용

중에 '하느님'이라는 단어가 나오면 반드시 쓰기를 멈추고 목욕을 한다. 몸과 마음이 깨끗하지 않은 상태에서 '하느님'이라는 단어를 쓸 수 없다고 생각하기 때문이다.

필기구는 붓을 사용한다. 실수로 글자가 틀렸을 경우 덧대어 쓸 수 있는데, '하느님' 단어가 틀렸을 때는 처음부터 다시 써야 한다. 또 특이한 사항은 혼자서 토라를 옮겨 쓰지 않는다는 점이다. 반드시 두 명 이상이 옆에서 지켜보고 있어야 한다. 옮겨 쓰는 과정에서 자신도 모르게 발생할 수 있는 실수와 오류를 막기 위한 것이다. 이렇게 토라 전체를 옮겨 쓰는 데 걸리는 시간은 대략 3~5년이 걸린다고 한다. 대단한 정성이 아닐 수 없다.✧

히브리 노예들의 합창: 오페라 〈나부코〉

바빌로니아에 잡혀 온 유대인들은 바빌론 강가에 앉아 밤낮으로 고향을 기억하자고 언약했다. "예루살렘아, 내가 너를 잊는다면, 내 오른손이 말라버릴 것이다. 네 생각 내 기억에서 잊혀진다면 내 만일 너보다 더 좋아하는 다른 것이 있다면 내 혀가 입천장에 붙을 것이다."(시편 137:5-6)

당시의 바빌론 유수를 주제로 한 오페라가 있다. 유대인들이 향수에 젖어 부르는 '히브리 노예들의 합창'은 이 오페라의 백미다. 바로 이탈리아 작곡가 베르디의 출세작인 〈나부코Nabucco〉이다. 주인공은 수많은 유대인을 포로로 잡아간 느부갓네살 왕으로 그의 이름을 이탈리아식으로 줄이면 나부코다.

유배지에서도 민족의식과 신앙을 잃지 않는 유대인 이야기는 통

✧ 우광호 기자, 〈유대인 이야기〉, 《가톨릭신문》

일운동의 실패로 실의에 빠진 그 무렵의 이탈리아인들에게 훌륭한
독립운동 교재였다.

05

유대인의 귀환

에제키엘의 환상과 귀환

성서에 보면 선지자 에제키엘이 환상을 보는 내용이 나온다(에제키엘 37:1-10). 하느님의 성령은 에제키엘을 인도하여 골짜기에 흩어진 수많은 마른 뼈들을 보이셨다. 그리고 물으셨다. "너 사람아, 이 뼈들이 살아날 것 같으냐?" 그가 대답했다. "주 야훼여, 당신께서 아시옵니다." 그러자 놀랍게도 그 뼈들은 덜거덕거리더니 서로 결합되었다. 하느님이 그들에게 힘줄과 살과 피부를 입히고 숨을 불어넣어 주자 그들이 곧 살아나 제 발로 일어나서 섰다. 그들은 매우 많은 군중이 되었다.

에제키엘은 이를 이스라엘의 부활에 대한 징조로 받아들였다. 에제키엘에게 이 마른 뼈들은 바빌론에서 포로생활을 하고 있던 이스라엘 백성을 상징한 것이다. 그들의 모습은 비참하게 뼈만

앙상히 남은 해골과 같은 형태로 전혀 생기 없는 상태였다.

이때 거짓말 같은 일이 벌어졌다. 바빌로니아를 정복한 페르시아의 고레스(키루스 2세)가 칙령으로 유대인의 귀환을 허용했다. 환상이 실현된 것이다.

고레스, 페르시아 제국을 건설하다

기원전 550년경 지금의 이란고원 동쪽에 산악민족이 살고 있었다. 페르시아족이었다. 이들 가운데 고레스라는 용감하고 똑똑한 청년이 있었다. 그는 기원전 560년에 조그만 도시국가의 왕으로 추대되었다. 그리고 10년 후 카스피 해 남쪽 끝의 작은 왕국 메디아의 왕이 되었다.

그 뒤 고레스는 먼저 이란고원에 사는 이란 부족들에 대한 지배력을 공고히 한 뒤 서방으로 영토를 확대해나갔다. 그러다 소아시아의 리디아 왕국과 부딪쳤다. 고레스는 낙타부대를 전면에 배치하는 전략을 구사했는데 이로써 낙타 냄새에 익숙하지 않은 말을 탄 리디아 기병을 효과적으로 물리칠 수 있었다. 고레스는 리디아 왕국을 기원전 547년에 함락시키고 이를 메디아 왕국과 합쳐 페르시아 제국을 건설했다. 키루스 2세는 아케메네스 왕조의 시조로 지금까지도 이란인들에게 건국의 아버지로 알려졌다. 성서에는 고레스 왕이라고 기록되어 있다. 고레스는 '태양'이라는 뜻이다.

∴ 고레스 왕

고레스, 강의 물줄기를 바꾸다

기원전 539년에는 이들이 기마대를 이끌고 비옥한 메소포타미아 평야로 진격했다. 바빌론은 견고한 이중 성벽과 유프라테스 강으로 둘러싸여 있는 천연의 요새였다. 난공불락의 바빌론 성을 무너뜨리려 페르시아의 고레스 왕은 기상천외한 방법을 강구했다. 바빌론 성을 에워싸고 흐르는 유프라테스 강의 물줄기를 바꾸는 전략이었다. 누구도 생각하기 어려운 방법이었다.

그는 먼저 바빌론 북쪽의 수면이 얕은 인공 저수지 둘레에 벽을 쌓았다. 그리고 강과 저수지를 잇는 운하를 팠다. 그 뒤 추수감사절 날 유프라테스 강과 운하, 저수지 사이의 벽을 한꺼번에 허물었다. 강물은 운하를 따라 저수지로 밀려들어 갔다. 도시에 인접한 하류의 강 수위는 점점 낮아졌다. 추수감사 축제에 한창이던 바빌론 사람들은 낮아진 수위를 눈치채지 못했다. 페르시아의 정예부대는 한밤중에 강을 걸어서 건너 선착장을 따라 나 있는 문들을 통해 기습하여 바빌론을 점령했다. 기원전 539년 10월 13일 밤에 일어난 일이다.

페르시아의 유다 왕국 지배

바빌론의 점령으로 고레스는 메소포타미아뿐 아니라 이전에 바빌로니아인들이 정복했던 시리아와 팔레스타인까지 수중에 넣었다. 이로써 신바빌로니아의 유다 왕국 지배는 불과 50년에 그쳤다. 고레스는 하늘에 계신 여호와를 모든 신보다 위대한 분으로 선포하고 그 여호와 하느님이 이 큰 나라를 자신에게 허락하신 것으로 고백할 만큼 깊은 신앙심을 가진 사람이었다.

놀랍게도 이미 200년 전에 이사야가 예언한 것이 사실로 이루어진 것이다. 그때 이사야는 고레스의 이름을 그의 예언서에 기록하고 있다. "나는 명령한다. '바다야, 말라버려라.' 바다의 물줄기를 내가 말리리라. … 야훼께서 당신이 기름 부어 세우신 고레스에게 말씀하신다. '내가 너의 오른손을 잡아주어 만백성을 네 앞에 굴복시키고 제왕들을 무장해제시키리라. 네 앞에 성문을 활짝 열어젖혀 다시는 닫히지 않게 하리라. 내가 너를 이끌고 앞장서서 언덕을 훤하게 밀고 나가리라. 청동성문을 두드려 부수고 쇠빗장을 부러뜨리리라. 내가 감추어두었던 보화, 숨겨두었던 재물을 너에게 주면 너는 알리라, 내가 바로 야훼임을. 내가 바로 너를 지명하여 불러낸 이스라엘의 하느님임을! 나의 종 야곱을 도우라고 내가 뽑아 세운 이스라엘을 도우라고 나는 너를 지명하여 불렀다. 나를 알지도 못하는 너에게 이 작위를 내렸다."(이사야 44-45)

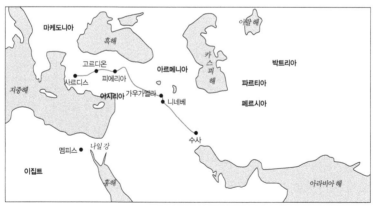

∴ 거대한 페르시아 제국

이후 페르시아는 오리엔트 세계를 통일하고 거대한 제국을 이루었다. 고레스 왕 시대에 모두 이루어진 일이다. 오리엔트 역사상 가장 큰 제국이었다. 그 아들 캄비세스는 이집트, 누비아, 에티오피아까지 원정하여 에게 해에서 인도양까지 지배하여 아시리아를 능가하는 세계 제국을 수립했다. 강력한 중앙집권국가는 화폐제도를 확립하고 세계 최초의 우편제도인 역전제도驛傳制度를 창설했다.

페르시아, 세계 최초의 중장기병을 선보이다

역사에서 보면 평야지대의 정주민족은 초원지대의 유목민족에게 항상 정복당하는 걸 보게 된다. 이는 한마디로 경쟁력의 차이다. 험난한 환경을 헤치며 생존을 위해 수시로 주변 변화에 대처하며 치열하게 살아가야 하는 유목민족을 풍요롭고 편안한 환경의 정주민족이 당해낼 수 없기 때문이다.

게다가 페르시아는 세계 최초로 중무장한 기병을 선보인 나라였다. 말에 올라탄 병사는 갑옷과 투구를 갖추었고 말은 머리와 앞부분에 마갑을 착용했다. 우리 고구려의 개마부대와 비슷한 중장기병이었다. 당시 다른 나라들도 기병이 있었으나 이렇게 중무장한 기병은 처음이었다. 그들은 손쉽게 경무장한 적들을 제압했다. 또한 이들은 투창과 활을 이용한 치고 빠지는 기습공격으로

적의 대오를 흐트렸다. 이러한 경쟁력이 밑바탕이 되어 세계 제국을 건설할 수 있었다.

인류 최초의 인권선언문

⚘ 고레스 원통

페르시아 제국은 처음부터 바빌로니아와는 아주 다른 정책을 폈다. 고레스는 바빌로니아를 정복한 후에 '고레스 원통'이라는 인류 최초의 인권선언문을 발표했다. 이 문서가 1879년에 발견되었다.

여기에 보면 "바빌론 거주민에 대하여는… 나는 노동자들에게 임금을 안 주는 것과 사회적 신분을 안 주는 제도를 폐지한다. … 나는 그들의 무질서한 주거생활에 안녕을 주었고 티그리스 다른 편에 있는 헌납됐던 도시들을 돌려주었다. 그 땅은 오랫동안 폐허 되어온 거룩한 땅으로… 나는 역시 이전의 원주민들을 모아서 그리로 돌려보냈다"라고 적혀 있다.

곧 모든 시민은 종교의 자유를 가지고, 노예제도를 금지하며, 궁궐을 짓는 모든 일꾼에게 급여를 지급한다고 되어 있다. 노예제도가 일반화되어 있던 고대 당시로서는 정말이지 파격이었다.

탁월한 영도자, 고레스

고레스의 통치기간 동안 그는 다민족국가인 페르시아 제국의 융화를 위해 종교적 관용정책을 표방했다. 그는 피정복민에게조차 기꺼이 배우는 자세를 취했다. 정부 형태와 통치 방식에서도 다른 민족의 것을 차용하여 그것을 새로운 제국에 맞게 응용했다. 이것이 그의 뒤를 이은 다리우스 1세 등에게까지 전해져 페르시아 제국의 문화와 문명을 형성하는 데 큰 역할을 했다.

헤로도토스에 따르면 페르시아인은 고레스를 자신들의 아버지라고 불렀다. 이후의 군주 가운데 그렇게 존경받은 인물은 없었다. 그는 페르시아 건국의 아버지이자 이란 건국의 아버지로 받들어지고 있다. 고레스는 건국 시조 이상의 존재로 역사 속에 남아 있다. 그는 고대 사람들이 통치자에게 기대한 탁월한 자질의 상징이 되었다. 용맹하면서도 관대하고 아량 있는 정복자로서의 영웅적 특질을 지녔다. 그의 인품은 그리스인들에게 알려져 알렉산더 대왕에게 영향을 미쳤다.

유대인들, 고레스 칙령으로 귀환하다

바빌로니아 정복 후 맨 먼저 고레스 왕이 한 일은 바빌론족의 포로가 되어 있던 여러 민족을 모두 풀어주는 일이었다. 그리고 대제국답게 지배하에 있는 각 민족의 종교와 행정자치를 대폭 허용했다. 피지배 민족인 유대민족에게도 자율권을 부여했다.

기원전 538년 페르시아 고레스 왕의 포고로 유대인의 귀향이 허용되었다. 이른바 '고레스 칙령'이다. 황폐한 유다 왕국의 영토를 방치하는 것보다는 유대인들이 돌아가서 땅을 개간하고 예루살렘을 재건하여 페르시아에 조공을 바치는 것이 더 실리적이라고 판단했기 때문이다. 유대인들에게 고레스 칙령은 꿈같은 소식이었다. 이로써 고레스 왕은 유대인들에게 해방자로 추앙받았다.

유대민족이 바빌로니아로부터 풀려날 때까지의 약 50년간을 역사에서는 '바빌론 유수기'라 부른다. 기원전 586~기원전 538년 사이다. 당시 바빌론에 살던 유대인 15만 명 가운데 1차로 4만여 명이 예루살렘으로 돌아갔다. 이들은 3번의 전쟁 폐허에서도 어렵게 살아남은 현지의 유대인들과 합류하여 함께 살게 되었다. 이들을 이끌고 간 첫 번째 유대 총독은 예전의 왕 여호야킨의 아들 셰나자르였다. 잔류 유대인들은 돈을 모아서 귀환하는 유대인들의 예루살렘 정착 경비를 지원했다. 이른바 시오니즘의 시작이었다.

페르시아의 고레스 왕은 바빌론이 약탈했던 성전의 온갖 제기들도 갖고 돌아가도록 허락했다. 고레스의 명령에도 첫 번째 귀환자들의 성전 재건 노력은 실패하고 만다. 고향에 남아 있었던 가난한 유대인들이 저항했기 때문이다. 그들은 사마리아인, 에돔인, 아랍인과 힘을 합쳐 귀환자들이 성벽 쌓는 일을 방해했다. 이렇게 저항이 만만치 않은 데다 귀향자들도 너무 곤궁해 생계도 어려웠다.

2차 귀환과 성전 재건

고레스의 아들 다리우스의 전면적인 지원을 받아 기원전 520년에 2차 귀환이 있었다. 인솔자 제룹바벨은 다윗의 자손으로 페르시아의 유대 총독으로 임명되었다. 성서에 의하면 4만 2360명의 포로들이 제룹바벨과 함께 귀환했다고 한다. 그 가운데는 수많은 사제와 서기들이 포함되어 있었다. 이를 계기로 예루살렘에서는 새로운 유대교 정통파가 출현한다.

신전 재건사업이 시작되었다. 페르시아와 마찬가지로 성전 건설에 참여한 사람들에게 급료가 지급되었다. 새 신전은 비록 레바논 삼나무가 다시 사용되기는 했지만, 솔로몬의 신전보다는 훨씬 수수한 양식으로 지어졌다. 사마리아인은 이단으로 간주되어 재건공사에 참가하지 못하게 했다.

마침내 기원전 515년에 성전 봉헌식을 올렸다. 성전 소멸로부터 꼭 70년 되던 해였다. 솔로몬 왕의 첫 성전에 이은 제2 성전이었다. 이 시기부터 유다 왕국은 제사장을 중심으로 한 행정자치령 형식의 나라가 된다.

조로아스터교의 영향을 받은 유대교

유대인들은 고레스 왕을 메시아로 생각했다. 왜냐하면 그가 자기 민족을 바빌로니아의 압제에서 해방시켜 주었고, 바빌로니아 제국에 의해 파괴된 예루살렘 성전까지 재건하도록 지원을 해주었으며,

종교적 자유인으로 만들어주었기 때문이다.

그런데 유대인의 메시아로 인식됐던 페르시아의 고레스 왕이 신봉하던 종교가 바로 조로아스터교였다. 따라서 유대인들은 자연히 조로아스터교의 메시아사상을 주목하게 된다. 조로아스터(자라투스트라)가 죽은 후 3000년이 지나면 유일신이 지상에 강림해서 최후 심판기가 오고, 그때 모든 인간은 부활하며, 심판이 행해진 후 영생복락의 메시아 세상이 온다는 사상이었다.

유대교는 이때 조로아스터교의 영향을 많이 받았다. 특히 가장 많이 영향을 받은 종파가 바로 바리새파이다. '바리새'란 말 자체가 페르시아, 곧 '파르샤'의 히브리 발음이다. 이들이 주장한 '천사, 사후세계, 부활, 최후의 심판, 구세주' 등의 교리는 조로아스터교의 교리를 그대로 흡수한 것이라 한다. 이는 바리새파 소멸 이후에도 유대교의 주요 교리가 되었다. 이와 반대로 유대교 사제 계급인 사두개파는 모세 율법에만 집착하여 '구세주, 부활, 천사, 악마' 등을 인정하지 않았다. 심지어 사후세계의 개념도 인정하지 않았다. 그래서 죽은 영혼은 그대로 무덤(셰올)에 거주하게 된다고 주장했다. 루가(누가)의 복음서에는 부활에 대해 사두개파와 예수가 논쟁을 벌이는 내용이 나온다(루가의 복음서 20:27-38).❖

❖ 조로아스터교: 엔하위키 미러, 사두개파: 위키백과 등

개혁과 복지제도

느헤미야와 에즈라의 개혁

바빌론의 유대인들은 4차례에 걸쳐 이스라엘로 돌아왔는데 기원전 444년 느헤미야와 기원전 428년 에즈라에 의해 3차와 4차 귀환이 이루어졌다. 에즈라와 함께 온 유대인들은 1000여 명에 불과했지만 금 100달란트와 은 750달란트 등 큰돈을 갖고 돌아왔다. 이로 보아 당시 바빌론 유대인들은 통상을 통해 많은 돈을 번 것으로 보인다.

느헤미야는 페르시아의 관리로서도 이름을 날리고 있었다. 성전이 세워진 예루살렘에는 동족들의 고생이 심하고 아직 성벽조차 없었다. 느헤미야는 이 소식을 듣고 고심하며 기도하던 끝에 왕에게 간청하여 유대 지방의 총독으로 임명받고, 성벽 건축에 필요한 재정 지원도 약속받는다. 동시에 그에게 유대의 지위를 제국 안의 독립 정치 단위로 확립시키는 권한이 부여되었다.

∴ 느헤미야

기원전 444년에 부임한 그가 무엇보다 예루살렘 성벽을 다시 쌓아 자신들을 방비하고 사회의 질서를 바로 세우려 하자, 주변에 있는 세도가인 사마리아 성 총독과 그 일당이 집요하게 방해했다. 그들은 무력으로 공사를 중단시키려 했다. 느헤미야는 '싸우면서 일하자'라는 전략을 세웠다. 백성을 반으로 나눠 반은 갑옷을 입고 창과 활, 방패로 무장하고 경비를 서게 했고 반은 성벽 공사를 하게 했다. 공사하는 사람들도 한 손에 무기를 들거나 허리에 칼을 차고 일했다. 느헤미야는 이렇게 한편으로 무력으로 대응하면서 빠르게 예루살렘 성벽 건설을 추진하여 공동체의 외적인 구조를 갖추었다.

성벽 공사는 개시한 지 52일 만에 놀라울 정도로 빨리 끝났다. 적들과 사방의 이방인들은 이 소식을 듣고 두려워하고 놀랐다. 이렇게 3차 귀환자들이 돌아오면서 거주지가 확립되고 안정하게 된다. 이것은 느헤미야의 공적이었다. 이렇게 안전이 보장된 거점을 확보할 수 있었기 때문에 정착사업도 쉽게 촉진할 수 있었다.

재건된 예루살렘은 솔로몬 때보다 작고 인구도 적었다. 그래서 제비뽑기로 선택된 가족들이 유대의 모든 지방에서 옮겨 왔다. 그 후 느헤미야는 예루살렘에 12년간 있는 동안 총독의 녹까지 받지 않았으며, 자비로 유대인 150명을 먹이고, 또 포로에서 돌아오는 자들을 진심으로 환영했다. 기원전 433년 느헤미야는 12년간의 임무를 마치고 바빌론으로 돌아갔다가 다시 왕의 허락을 받고 예루살렘에 돌아왔다(느헤미야 13).

안식년에 부채 탕감 시행: 이후 동족끼리 이자 못 받다

느헤미야는 재부임하여 유대인들이 율법을 준수하도록 여러 조치를 했다. 십일조를 바치고 안식일을 지키도록 명하고 이방인과의 혼인을 금했다(느헤미야 13). 그는 또 안식년 7년마다 토지를 쉬게 하는 농경휴지법을 만들었다. 그리고 당시 유대 지도층들이 소작농들을 대상으로 빚놀이를 했는데 빚을 갚지 못하는 서민들은 땅을 뺏기거나 자식들을 노예로 팔아야 했다. 이는 하느님의 명령을 정면으로 어기는 행위였다.

"너희는 그에게 이잣돈도 놓지 못하고, 그에게 양식을 장리로 꾸어주지도 못한다."(레위기 25:37) 또 신명기 23장 20절에 "같은 동족에게 변리를 놓지 못한다. 돈 변리든 장리 변리든 그 밖에 무슨 변리든 놓지 못한다. 외국인에게는 변리를 놓더라도 같은 동족에게는 변리를 놓지 못한다. 그래야 너희가 들어가 차지하려는 땅에서 너희가 손을 대는 모든 일에 너희 하느님 야훼께서 복을 내리실 것이다"라고 기록되어 있다.

이에 격분한 느헤미야는 빈부격차 해소를 위해 안식년에 서민들의 부채 탕감이라는 획기적인 조치를 했다. 이후로 동족끼리는 이자를 받지 못했다.

참고로 유대인은 이방인에게는 돈을 빌려주고 이자를 받을 수 있었다. 반면 후대에 나타난 기독교에서는 이자는 돈을 빌려준 시간에 대한 반대급부인데, 시간은 신계 속한 영역이라 이를 이용해 이자를 받는 건 불법으로 규정했다. 그래서 중세 기독교 사회에서 유대인이 대부업을 독점하게 된다.

유대인 복지공동체의 구심점, 쿠파

그 뒤 유대 사회에는 가난한 동족을 위한 복지제도가 강화되었다. 성전시대 이래로 유대인 공동체에는 무료 숙박소가 있었다. 그뿐만 아니라 유대 회당 어느 곳이나 '쿠파kuppah'라 불리는 헌금함이 있었다. 이는 가난한 유대인을 지원하기 위한 모금함으로, 유대인의 복지 공동체가 축으로 삼는 구심점이다.

헌금은 공동체의 약자를 돌보는 정의이자 사랑 행위다. 따라서 유대인에게 가난한 사람을 돕는 일은 지난날 신전에 희생물을 바치던 것에 대신하는 일로서 하느님에게 감사를 표하는 한 수단이다. 경건한 유대인은 의무적인 최소액 이상을 내놓곤 했다. 그래서 생활이 넉넉한 이는 수입의 5분의 1을 드렸고 보통 가정은 10분의 1을 드렸다.

유대인에게 헌금은 의무였다. 공동체 회당마다 쿠파 관리인들이 있어 헌금하지 않으면 소유물을 압수할 수 있었다. 그들은 매주 금요일 아침이면 시장과 일반 가정을 돌아다니며 구호금이나 구호품을 거두어 갔다. 그렇게 모인 것은 당일에 나누어 주었다.

일시로 구호가 필요한 사람은 위급을 면할 만큼 충분히 받고, 영구 구호가 요구되는 사람들에게는 하루에 두 끼씩 일주일, 즉 14끼니를 지낼 수 있으리만큼 받았다. 이 구호기금을 쿠파, 곧 '광주리 기금'이라고 불렀다. 이렇게 유대인 커뮤니티에서 가난한 유대인은 구호를 받을 수 있는 '권리'가 있었다.

유대인, 인류 최초로 온전한 공동체 복지제도 시현

느헤미야는 이 제도를 강력히 시행하도록 했다. 부유한 유대인들에게 자선은 의무이자 하느님에게 감사를 표시하는 화해라고 가르쳤다. 그 뒤 쿠파 제도가 온전히 시행되었다. 이로써 유대인 공동체에는 최소한 돈이 없어 굶어 죽거나, 추위에 얼어 죽거나, 의료에서 소외되는 문제는 없어졌다. 이후 유대인들은 의식주 걱정에서 해방되었다. 최소한의 생존권이 보장된 것이다.

쿠파를 통해 모금된 돈은 음식뿐 아니라 의복, 학교, 장례 등 가난한 사람들을 위한 복지에도 쓰였다. 또한 공동체는 배움을 희망하는 가난한 유대인 학생에게 그가 원하는 과정까지 공부를 시켜주어야 할 책임이 있었다. 인류 최초로 온전한 공동체 복지제도가 시현된 것이다. 지금도 이러한 복지제도를 자발적으로 유지하는 민족은 유대인뿐이다.

능력에 따라 모으고, 필요에 따라 배분하다

쿠파에 의한 모금은 자발적인 기부이지만, 유대인 계율에 따라 강제적이기도 했다. 지급 능력이 있는 유대인이라면 그가 거주하는 지역사회의 유대인 공동체에 있는 쿠파에 한 달에 한 차례 의무적으로 기부해야 한다. 마찬가지로 3개월 뒤에는 음식기금에, 6개월 뒤에는 의복기금에, 9개월 뒤에는 장례기금에 기부해야 한다. 또 유대인의 기부는 동족에게만 국한되지 않는다. 이방인을 위한 구호 모집도 있다. 이방인 긴급 구호자들을 위한 매일 구호 모집이 있었다. 이것은 '탐후이Tamhui', 즉 '쟁반기금'이라고 불렀다. 대체로 동족을 구제하는 사업을 쿠파라고 했고, 다른 민족을 구제하는 것을 탐후이라고 했다.

유대 법에 의하면 헌금은 선택이 아니라 의무이다. 그들은 헌금하지 않는 사람들의 소유물을 압수할 수 있었다. 또 복지기금의 지급은 세부적으로 등급화하여 그 각각에 대해 독자적인 기금과 관리기구가 있었다. 각각의 쿠파에는 이를 담당하는 3명의 관리자를 두었다. 가난한 사람들을 위한 의류, 학교 교육, 결혼지참금, 유월절 음식물과 포도주, 고아, 노인, 병자, 장례와 매장, 수감자와 난민 등으로 나누어 관리했다.

고대로부터 유대인은 '각자 능력껏 벌어서 필요에 따라 나누어 쓴다'는 정신으로 디아스포라Diaspora 공동체를 운영했다. 이는 각자의 벌이는 개인의 능력껏 자본주의의 효율을 이용하지만 이를 공동체가 모아 공유하여 필요에 따라 분배하는 공산주의 방식이다. 생산 측면에서는 자본주의의 장점 그리고 분배 측면에서는 공산주의의 장점을 결합한 것이다. 이른바 이러한 공동체 자본주의를 고대로부터 실행하여 설사 공동체 자체가 어려움에 처해 있는 경우라도 복지는 언제나 실행됐다. 오늘날 이스라엘의 키부츠(집단농장)는 이러한 정신을 이어받은 것이다.

유대인만큼 복지제도가 잘되어 있는 민족은 없다. 극도의 자본주의 정점에 있는 유대인들이 역설적으로 최상의 사회주의 시스템을 갖추고 있다. 그들의 율법 덕분이다. 그들의 율법은 자기 동족을 의무적으로 돌보도록 명시하고 있다. 율법 정신의 최고 목적은 약자를 돌보는 정의와 만민 평등의 실현에 있다.

유대인, 가난을 혐오하다

하지만 가난한 유대인조차도 복지기금에만 의존하는 일은 혐오했다. 성서, 미슈나, 탈무드에는 노동을 해서 재정적으로 독립하라고 명한 규정이 많다. 식후의 감사기도에서 "아버지 하느님, 우리가 산 사람의 도움을 필요로 하지 않고 오직 하느님의 손만을 의지할 수 있기를 간청하나이다. … 당신의 손은 풍성하고 활짝 열렸으며, 넘치고도 거룩하오니, 우리를 부끄럽지 않게 하시옵소서" 하고 기도한다. "만일 필요하다면 저잣거리에서 동물 주검의 가죽을 벗기고 보수를 받아라. '나는 위대한 현자다. 이런 일을 한다는 것은 내 위신에 걸리는 일이다'라고 말해서는 안 된다"라고 랍비들은 가르쳤다.

유대교는 다른 종교와 달리 청빈을 덕목으로 삼지 않는다. 오히려 유대주의는 오랫동안 가난을 일종의 저주로 여겨왔다. '만일 세상의 모든 괴로움과 고통을 모아서 저울 한쪽에 올려놓고 가난을 다른 쪽에 올려놓는다면, 가난이 그 모든 것보다도 더 무겁다.' 빵 바구니가 비어 있으면 불화가 찾아와 문을 두드린다는 것이다.

유대인에게 자선은 의무다

히브리어에는 '자선'이라는 말이 없다. 가장 비슷한 말로 '해야 할 당연한 행위'란 뜻의 '체다카Tzedakah'라는 낱말이 있다. 이는 '정의'라는 뜻이다. 곧 '자선'과 '정의'라는 말이 같은 셈이다. 율법의 정신이 바로 정의와 평등이다. 정의는 공동체 안의 약자를 보살피는 것이다. 인간이면 마땅히 해야 할 도리가 정의다. 곧 자선은 선택이 아닌 신의 계율에 따른 '의무'인 것이다.

체다카의 의무는 가난한 사람도 예외가 아니다. 아무리 가난해도 자기보다 더 어려운 사람을 돕는 것이 의무이다. 고아나 과부 등 사회적 약자도 정의를 지켜야 하기 때문이다.

유대인들은 이와 같은 체다카 행위를 티쿤 올람의 행위로 이해한다. '티쿤 올람'이란 하느님이 세상을 창조하셨으나 아직 완전하지 않아 하느님 사업의 협력자인 인간이 하느님과 함께 이를 개선시켜 나가야 한다는 사상이다. 곧 세상을 고친다는 뜻으로 세상의 잘못된 질서를 올바르게 회복시키는 것을 의미한다. 내가 다른 사람보다 많이 소유하고 있다면 나에게 타인의 소유가 모인 것으로 볼 수도 있다. 그러므로 이를 체다카를 통해 원래의 소유주에게 돌려준다는 의미에서 체다카는 잘못된 세상의 질서를 고쳐서 회복시키는 티쿤 올람 행위의 하나이다.

또 자비와 비슷한 말로 히브리어에 '케세드_{Chesed}'라는 낱말이 있다. 이건 굉장히 심오한 단어다. 케세드는 동정이나 연민 등 공감 능력을 뜻한다. 상대방의 아픔을 나의 아픔으로 느끼는 힘이다. 동양에서 이야기하는 측은지심, 곧 자비심이다.

기독교에서는 하느님과 관계를 개선하는 방법이 '회개와 기도'이다. 하지만 유대교에는 이렇게 말로만 때우는 데 그치지 않고 여기에 하나가 더 붙는다. 유대교는 하느님과 관계를 개선하는 방법이 3가지가 있다고 가르친다. '회개, 기도, 자선'이 그것이다. 자선이 중요한 종교 행위의 하나인 것이다. 이러한 종교적 의무 말고도 자선에 대한 여러 가지 관습과 제도가 있어 이를 당연한 나눔으로 여긴다.

대인의 기부는 유대 회당에서만 하는 게 아니다. 늘 생활 속에 함께 한다. 일례로 장사하는 사람은 영업이 끝날 때쯤 가게 앞에 일정량의 상품을 봉지에 싸서 내놓는다. 가난한 사람들이 들고 가기 편하게 하기 위해서다. 밭에서 수확할 때에는 구석 일부를 남겨놓았다. 그리고 땅에 떨어진 과일이나 이삭은 그냥 내버려두어 가난한 사람이나 피난민들이 자유롭게 주워 갈 수 있도록 했다. 유대인은 가장 먼저 자선을 제도화한 민족이다.

자선의 순서

흥미로운 것은 체다카의 대상에도 우선순위가 있다는 점이다. 제 1순위는 0촌, 곧 일심동체인 아내이다. 남을 돕기 전에 먼저 아내에게 경제적 필요는 없는지, 경제적 이유로 박탈된 권리나 기회는 없는

지 우선으로 살펴야 한다. 두 번째 대상은 아직 성인식을 치르지 않은 13세 미만의 어린 자녀이다. 다음 순서는 부모님이다. 부모님에게 어려움은 없는지, 경제적 필요가 충족되고 있는지 살펴본다. 다음은 13세 이상의 성인식을 치른 자녀이다.

그다음은 가까운 친척 순이다. 먼저 형제자매인 2촌을 살핀다. 그다음 삼촌, 사촌, 오촌, 육촌 그 밖의 친척 등으로 범위를 넓혀나간다. 사촌이 땅을 사면 배가 아프다는 속담이 있다. 그러나 유대인들은 사촌이 땅을 사면 춤을 춘다. 사촌이 잘되면 유익이 있기 때문이다. 나에게 다음 혜택을 기대할 수 있기 때문이다. 친척이 당연히 잘되기를 바라 서로 돕고 이끌어주는데 이것이 유대인 사회에서 유난히 친족경영이 발달한 이유이다.

다음은 본인이 사는 동네의 이웃이 자선의 대상이 된다. 이웃은 혈연을 떠난 사람으로서는 최우선의 대상으로 자리한다. 유대의 전통은 "네가 사는 마을의 주민들이 다른 마을의 주민들보다 그 순서에서 우선이다"라고 가르친다. 그다음은 그들의 조국 이스라엘이다. 미국에 사는 유대인들이 이스라엘 유대인들을 물심양면으로 돕는 이유이다. 그다음은 이스라엘 이외의 다른 나라에 사는 유대인들이 도움의 대상이 된다. 그다음이 이방인을 돕는 자선 행위, 곧 탐후이다.

유대인들이 실천하는 돈 사용에 대한 우선순위는 이렇게 부부 중심에서 가족 중심으로, 또 형제자매 등 친척 중심으로 그 외연을 넓혀나가 결국 전 세계에까지 이르게 된다. 이와 같은 우선순위는 가식적이지 않고 체면을 중시하지 않으며 매우 실제적이다. 또 아내 사랑, 자녀 사랑, 부모 사랑, 형제 사랑, 친척 사랑, 이웃 사랑, 인류 사랑을 실천적으로 가능하게 하고 있다. 온 인류가 하나가 되는 것을 꿈꾸는 것이다.

그들은 가는 곳마다 기금을 만들고 그 기금으로 우선 그 지역에 정착한 유대인을 돕는다. 새로운 정착자금이나 사업자금 등이 이 기금에서 공급된다. 놀라운 것은 회당보다 먼저 기금을 만든다는 사실이다. 이러한 기금은 반유대주의가 성행하던 여러 나라에서 수많은 유대인에게 큰 힘이 되었다. 그러나 외국인을 위하여도 가장 많은 기부금을 내는 민족 중의 하나가 유대인이다.[*]

자선의 품격

어떻게 도와주어야 품격 높은 도움인가?

"남을 도와줄 때는 화끈하게 도와줘라. 처음에 도와주다 나중에 흐지부지하거나 조건을 달지 마라. 괜히 품만 팔고 욕먹는다." 이는 탈무드에 근거한 말이다.

유대인에게 자선은 선택이 아니라 의무다. 그것도 종교적 의무다. 그래서인지 유대인들은 자선을 베풀 때도 그 마음가짐에 따라 '자선의 품격'을 8단계로 나눈다. 가장 하치의 품격이 속으로는 아까워하면서 마지못해 도와주는 것이다. 하느님 보기에 썩 예쁘지 않은 것이다.

사실 히브리어에 '자선'이라는 단어는 없다. 그들에게 약자를 보호하는 것은 인간이라면 누구나 지켜야 할 마땅한 도리이기 때문이다. 그래서 이를 자선이라 부르지 않고 정의(체다카)라 부른다.

---

[*] 건국대학교 문화콘텐츠학과 최명덕 교수

흥미로운 것은 체다카 품격 가운데 최상의 품격이 상대방이 자립할 수 있도록 도와주는 것이다. 물론 이것에는 물질적 도움만 해당하는 것이 아니다. 지식과 정보는 물론 인맥 형성 지원 등 상대방의 자립에 필요한 모든 도움을 망라한다. 한마디로 화끈하게 도와주는 것이다. 체다카 품격의 8단계를 보자.

① 아깝지만 마지못해 도와주는 것
② 줘야 하는 것보다 적게 주지만 기쁘게 도와주는 것
③ 요청을 받은 다음에 도와주는 것
④ 요청을 받기 전에 도와주는 것
⑤ 수혜자의 정체를 알지 못하면서 도와주는 것, 수혜자는 당신을 알고 있음
⑥ 당신은 수혜자를 알지만 수혜자는 당신을 모르게 도와주는 것
⑦ 수혜자와 기부자가 서로를 전혀 모르는 상태에서 도와주는 것
⑧ 수혜자가 스스로 자립할 수 있게 만들어주는 것

유대교를 바로 세우다

유대교의 아버지, 에즈라

기원전 428년경 느헤미야에 이어 제사장이자 율법학자인 에즈라가 모세의 법전을 갖고 유대로 돌아왔다. 에즈라는 사제인 동시에 서기였다. 그와 함께 약 1800명이 같이 귀환했을 때 에즈라는 유대인들의 실상을 보고 깜짝 놀랐다. 한마디로 예루살렘 유대인들의 종교생활이 엉망이었다. 신전 제사는 제사장 부족인 레위 지파가 아닌 다른 사람들에 의해 집행되고 있었다. 일반인들은 사제들을 존경하지도 않고 경제적으로 지원하지도 않았다.

게다가 유대인들은 인근의 이방인들과 결혼하여 민족 혈통의 정통성을 잃을 위기에 처해 있었다. 그뿐만이 아니었다. 이방 부인들이 가지고 온 이방신들에게 제사와 경배를 올리기도 했다. 혼혈의 자식들은 히브리어를 몰랐다.

에즈라는 이스라엘 백성이 고난을 겪고 멸망하게 된 원인이 그들

∴ 구스타브 도어, 〈백성들에게 율법을 낭독하는 에즈라〉

의 마음이 하느님으로부터 떠났었기 때문이라고 보았다. 마음이 떠난 원인은 백성들이 다른 신을 믿는 이방인들과 결혼했기 때문이라고 생각했다. 그는 원로들과 의논했다. 귀환한 백성 가운데 이방인과 결혼한 모든 사람은 이방인 처와 그 자식들을 내보내기로 뜻을 모았다.

에즈라는 느헤미야와 힘을 합쳐 유대인 사회의 내부 개혁에 앞장섰다. 개혁의 핵심은 이방인과의 혼인 금지, 토라 편집 완성, 모세 율법의 준수였다. 먼저 유대인의 정체성 유지와 유대교의 부흥을 위해 초막절을 맞아 본격적으로 그들에게 율법을 가르쳤다(느헤미야 8). 그는 이방인들과 맺은 혼인을 모두 파기하여 이방인 아내들과 그들에게서 태어난 자녀들을 모두 내보내도록 명했다(에즈라 9:2, 10:2-43).

이러한 조치는 잔인하고 비인간적으로 보인다. 그러나 당시 상황에서 하느님에 대한 신앙을 새롭게 다지려는 의도는 다시는 하느님을 잊지 않고 지켜감으로써 시련을 겪지 않겠다는 의지의 발로였다. 이 사건을 '에즈라 개혁'이라 부른다. 그리고 자신들의 혈연만으로 공동체를 이루어 유대 전통을 지키려는 이러한 생각이 유대이즘이다.

안식일 준수

에즈라는 모세 율법 준수를 위해 먼저 안식일을 지키도록 했다. 유대력은 음력을 기초로 하므로 안식일은 금요일 일몰부터 토요일 일몰까지다. 안식일에는 성문을 닫고 상인들이 장사를 못 하게 했다. 그리고 매주 안식일과 일요일 그리고 목요일에 토라를 읽도록 했다. 히브리어로 안식일을 뜻하는 샤바트_{sabath}라는 말의 뜻은 '그만두다'이다. 그날은 오롯이 하느님의 뜻을 헤아리기 위해 모든 일이 금지된다.

출애굽기는 특히 불 댕기는 일을 금했다. 불 켜는 것이 일의 시작이기 때문이다. 미슈나에서는 불을 사용하는 노동을 39가지나 들어놓아 그 바람에 나뭇가지도 분지를 수가 없다. 또 짐 나르는 일을 금하고, 설혹 남의 것이라도 말을 탈 수가 없었다. 지금도 유대인들은 안식일에는 자동차를 타지 않고 회당에 걸어간다.

현대에 와서 대부분의 일은 버튼을 누르거나 스위치를 켜는 것으로부터 시작된다. 그래서 유대인들은 안식일에 버튼을 누르거나 스위치를 켜지 못한다. 따라서 안식일 전에 집 안의 불을 모두 켜놓고 요리도 모두 미리 해놓는다. 안식일에는 버튼을 못 누르기 때문에 TV는 물론 컴퓨터도 켜지 못한다. 휴대전화도 사용하지 못하고, 심지어 엘리베이터 단추도 누르지 못한다. 그래서 그들은 안식일 날 주로 거실에 모여 독서를 하며 토론을 한다.

출애굽기 20장 8절에서 11절을 보면 아들딸, 종, 가축, 집 안에 머무는 식객이라도 다 쉬라고 했다. 따라서 동물도 안식일에는 쉬게 했다. 관리들이 이런 금지사항을 단속했다.

그들은 식사에 관한 금기에 대해서는 더 엄격했다. 식사는 하느님과의 친교 자리라 율법에서 허용된 음식 재료가 아니어서는 안 되었다. 이를 코셔Kosher라 한다. 코셔란 전통적인 유대인의 의식 식사법에 따라 음식 재료를 선택 조제하는 것으로, 사전적으로는 '적당한, 합당한'의 의미를 가진다. 유대인 마을에는 코셔 인증된 식재료만 파는 슈퍼마켓이 따로 있다.

오늘날에 와서는 안식일이라도 생명을 구하기 위한 일, 임산부를 돕는 일, 정당방위를 위한 행동은 허용하고 있다.

안식일의 의미

고대에는 일주일 내내 일해도 먹고살기 어려웠다. 휴식의 날을 따로 정해 종일 쉰다는 것은 생각조차 할 수 없었다. 하지만 유대인들은 안식일을 지켰다. 하느님의 명령이었기 때문이다. 출애굽기 20장에는 하느님께서 지키라고 주신 십계명이 등장한다. 이때 하느님은 안식일을 기억하고 지키라고 명령하신다.

안식일은 창조의 기념일이다. 하느님께서 6일간에 하늘과 땅과 그 가운데 만물을 창조하시고, 제7일에 쉬셨다. 그리고 그 쉬는 날을 거룩한 날로 정하여 축복하셨다. 이처럼 인간도 안식일에 쉬면서 육체적인 노동에서 벗어나 우주 만물을 지으신 하느님을 기억하라는 것이었다. 동시에 보잘것없는 나 자신을 되돌아보아 인간 중심의 교만에 빠지지 말라는 것이었다.

안식일을 통해 하느님은 그의 백성을 거룩하게 해주신다. "너는 이스라엘 백성에게 일러라. 안식일은 나와 너희 대대에 걸쳐 세워진 표이니 너희는 나의 안식일을 잘 지켜라. 그러면 너희를 성별한 것이 나 야훼임을 알리라."(출애굽기 31:13) 안식일은 하느님과 피조물인 그의 백성이 교제하는 거룩하고 복된 날이다.

이후 유대인들은 안식일을 지키지 않는 유대인은 가차 없이 죽였다. 안식일에 노동을 금지하는 법이 매우 엄격해서 마카베오 시대 신심 깊은 유대인들은 안식일에 전쟁을 하느니 차라리 죽음을 택할 정도였다. 그들은 어려운 환경에서도 목숨 걸고 안식일을 지켰다.

안식일 개념은 이후 1500년이 더 흘러서야 로마 제국에 의해 받아들여져 비로소 이방인들도 일주일에 하루를 쉴 수 있게 되었다. 안식일 제도는 노동의 피로를 풀고 삶의 기쁨을 증가시키는, 유대인의 위대한 공헌 가운데 하나이다. 유대인들이 인류에게 '휴식의 날'이라는 개념을 선물한 것이다. 목숨을 걸고 안식일을 지킨 유대인 덕에 인류는 6일간의 노동에서 해방되어 안식일을 쉴 수 있게 되었다.

안식년과 희년 또한 안식일과 마찬가지 개념이다. 7년마다 1년씩 쉬는 제도가 안식년이다. 이때는 땅도 쉬게 하여 지력을 회복시켰다. 또한 빚을 진 것이 있어도 안식년에는 연기해주거나 탕감해주었다. 빚을 갚지 못해 종으로 팔려 갔어도 6년만 일하면 7년째 안식년에는 해방되었다. 차별 없는 평등한 사회로 돌아가는 것이다. 유대인에게 적용된 율법이 노예에게도 적용되어 노예도 6년만 일하면 7년째 해방될 수 있었다. 당시로는 파격이었다.

그리고 7년이 일곱 번 지난 다음 해, 곧 50년이 되는 희년에는 모든 사람에게 '드로르(자유 혹은 해방)'가 선포된다. 모든 것이 용서되어 감옥에 있는 자들이 풀려나고, 모든 빚이 면제되며, 노예를 포함한 모든 사람에게 해방이 선포되는 것이다. 태어날 때의 모습으로 원상

복귀되는 것이다. 율법 정신의 최고 목적은 정의와 평등의 실현에 있다. 안식년과 희년은 사회적 불평등을 정기적으로 극복하기 위해 제정된 것이다.

율법 정신은 공동체 자본주의를 지향하는 현대인에게도 많은 숙제를 내주고 있다. 안식년과 희년은 아직 이방인에게는 받아들여지지 않은 제도로 앞으로 모든 인류가 본받아야 할 제도이다. 특히 안식년은 일자리를 나누고 좀 더 인간적인 삶을 위한 귀한 제도이다. 기업이 안식년제를 도입하면 일거에 실업이 해소될 수 있다.

유대인의 정체성이 다시 살아나다

♣ 유대인들 금식하고 회개함

느헤미야의 사회개혁과 에즈라의 영적 개혁으로 사라져가던 유대인의 정체성과 생명력이 다시 살아났다. 백성들이 토라를 읽기 시작하면서 민족과 신앙에 대해 다시 생각하게 되었다. 유대인들은 에즈라의 가르침에 따라 금식하고 회개한 후 율법을 곧이곧대로 지키기로 다음과 같이 맹세했다.

"'이 땅에 사는 다른 민족 가운데서 사위를 맞이하거나, 며느리를 보지 않을 것. …칠 년마다 땅의 소출을 거두어들이지 않을 것. 남에게 빚준 것이 있으면 없애버릴 것, … 우리 하느님의 성전 행사를 위하여 해마다 삼분의 일 세겔씩 바칠 것. … 법에 있는 대로 맏아들과 처음 난 가축, 곧 처음 난 송아지나 새끼 양을 우리 하느님의 성전에서 봉직하는 사제들에게 바칠 것.' 우리 밭에서 나는 소출 중 열의 하나는 레위인들의 몫으로 떼어놓기로 하였다."(느헤미야 10:31-39).

예루살렘과 바빌론 두 곳에 민족의 기틀 마련

이로써 유대인들은 예루살렘과 바빌론 두 곳에 민족의 기틀을 마련하였다. 한곳에 모여 사는 것보다 흩어져 사는 게 서로 상부상조할 기회도 많고 특히 외침을 당했을 경우 민족 말살의 위험이 적고 전쟁 수행에도 유리하기 때문이다. 이는 오늘날 예루살렘과 뉴욕에 떨어져 사는 유대인들 간의 관계와 흡사하다. 그 뒤 1500년간 바빌론은 유대인 커뮤니티의 중심지가 되었다.

예수도 썼던 아람어

이때부터 유대인들은 히브리어와 바빌론 언어인 아람어Aramaic를 같이 사용하게 되었다. 당시 바빌론에는 가장 많은 유대인이 거주하고 있었고 오랜 기간을 그곳에서 보내어 아람어가 모국어처럼 사용되었다. 아람어는 히브리어와 가까운 같은 셈어족의 언어이다. 초기 바빌론 탈무드도 아람어로 쓰였다. 페르시아 제국의 공용어도 아람어였다.

아람어는 히브리어와 알파벳이 같고 문법 규칙도 비슷한 점이 많아 매우 가까운 언어이다. 특히 구약성서는 순수하게 히브리어로만 기록된 것이 아니라 아람어로 쓰인 내용이 일부분 포함되어 있다. 어떤 부분은 아람어로 기록했던 것을 나중에 히브리어로 번역한 것으로 추정되는 부분도 있을 정도로 2개의 언어는 밀접한 관계를 맺고 있다. 이처럼 아람어는 유대인의 일상어가 되어 예수도 아람어를 사용했다.

중세 이후에는 아람어에 히브리어가 섞인 일종의 아람어 방언이 유대인 학자들의 일상어가 되어 오늘날에 이르고 있다. 오늘날도 전통을 고수하는 랍비의 글은 아람어로 쓰인다. 히브리어와 아람어는 유대인들의 고전어와 학술어가 되어 현재에도 쓰이고 있다.

토라의 완성

보통 패망한 민족들은 다른 나라 사람들과 섞이는데 그 과정에서 그 문화에 젖어들어 세월이 흐름에 따라 그 민족에 귀속되어 버린다. 이것이 역사의 일반적인 흐름이다. 유대민족은 그들만의 독특한 이상을 가지고 역사와 맞섰다. 그것은 토라였다. 그들은 그들의 역사인 토라를 정전으로 만들어 민족의 정체성을 잃지 않고 지켜나갔다.

느헤미야와 에즈라의 가장 중요한 업적은 토라의 정비였다. 에즈라에 의해 창세기부터 신명기까지가 한 묶음이 되는 토라가 완결되어 그 뒤 수정 없이 그대로 전해진 것으로 성서학자들은 보고 있다. 이 두 인물은 민족 중흥의 쌍두마차였다. 유대인이 모세오경을 '토라(율법)'라 하여 신앙의 근본에 놓은 것은 뜻이 깊다. 왜냐하면 오경에는 바로 율법에 대해 다루고, 땅을 약속하고, 그 약속이 성취되는 경위가 묘사되어 있기 때문이다. 오경 이후의 성서 저작이 아무리 휘황찬란하고 내용이 풍부하다 하더라도 오경의 중요성에는 훨씬 미치지 못한다. 이후의 문서는 하느님의 계시라기보다는 오경의 주석을 기록한 것이기 때문이다. 그리고 주제는 언제나 하느님 약속의 성취다.

새로운 유대 공동체의 재건은 율법을 통해 이룩될 수 있다고 선지자들이 강조했다. 토라가 이 시기에 완성된 것은 바로 이런 이유였다. 이제 토라는 공동체를 결속하며 정체성을 유지해주는 주체가 되었다.

그들이 토라를 정비한 후 전령들이 페르시아 곳곳에 파견되어 모세오경이 유대력의 새해에 공표될 것이라고 하자, 방방곡곡의 유대인들이 예루살렘으로 모여들었다. 많은 유대인이 이미 히브리어를 잃어버렸기 때문에 통역사가 동원되어 어려운 부분은 아람어로 설명했다. 당시 아람어는 여러 셈족이 모여 살던 중동의 에스페란토어 역할을 해 10여 개 셈족 국가뿐 아니라 유대인들에게도 공용어였다.

또한 율법은 시대에 맞추어 새롭게 적용할 필요가 있었다. 그래서 레위인들이 옛 규범들을 시대에 맞게 해석했다(느헤미야 9). 이렇게 해서 미드라쉬(성서주해) 문헌이 생겨났다. 그 뒤 '미드라쉬'를 가르치는 학교가 발달했다. 이 미드라쉬가 발전하여 후에 탈무드의 기초가 된다.

에즈라와 느헤미야는 유대인들이 모세의 율법을 잊지 않도록 최소한 안식일을 포함해 주 2회 모세 율법을 읽어야 한다고 선포했다. 이들은 유대력의 새해가 되면 창세기 1장부터 새롭게 읽기 시작했다.

성전과 함께 존재한 시너고그

바빌로니아에서 돌아온 유대인들은 팔레스타인에 시너고그를 세웠다. 그때부터 시너고그가 성전과 함께 존재했다. 회당은 3가지 용도로 쓰였다. 예배, 학교, 집회장소이다. 곧 기도, 교육, 공동체 자치제도를 포괄하는 유대인 공동체의 중심 역할을 했다. 유대인들은 바빌론 포로생활을 마치고 팔레스타인에 돌아온 뒤로는 점차 부족주의를 버리고 대표 부족인 유대족을 중심으로 단결했다. 그 뒤로 그들은 '유대인'으로 불리었다.

유대인들이 자신의 힘으로 국가를 통치할 때는 종교의 순수성을 유지하는 게 쉽지 않았다. 반면 고난과 역경에 처할 때 그들은 단호한 신앙으로 자신들을 가다듬을 수 있었다. 이스라엘은 평화의 시대가 도래하게 되면 여지없이 이교 숭배와 부패가 반복되어 나타났다. 번영을 누릴 때마다 유대인들은 주변 민족의 이단 종교에 이끌려 타락해갔다. 반면 국가를 잃거나 외세의 지배를 받을 때마다 그들은 더욱 율법에 순종했고 하느님을 경외하며 자신들을 가다듬을 수 있었다.◈

◈ 폴 존슨 지음, 김한성 옮김, 《유대인의 역사》, 포이에마, 2014

에즈라는 이스라엘을 율법 중심의 공동체로 만들었다. 국가와 성전이 없어져도 이스라엘이 오늘에 이르기까지 존속할 수 있었던 것은 바로 율법 중심의 공동체가 되었기 때문이다.

고난과 역경을 통해 은혜 받다

유대인은 아브라함 시대부터 '나그네'로, '떠돌이'로 살았다. 하느님은 유대인들에게 다음과 같이 말씀하셨다. "땅은 나의 것이다. 너희는 다만 나그네이며, 나에게 와서 사는 임시 거주자일 뿐이다." 시편에서 다윗도 같은 고백을 한다. "나 또한 나의 모든 조상들처럼 떠돌면서 주님과 더불어 살아가는 길손이며 나그네이기 때문입니다." 이렇듯 유대교의 계시에서 가장 중요하게 여기는 것의 하나가 방랑 생활이다.

'낯선 땅'에서 '낯선 존재'로 심하게 박해받는다는 주제는 유대인에게 시대를 초월하여 되풀이된다. 문헌상의 역사에서라면 서글픈 사례로 간주되었을 것이 계시적 역사 속에서는 유대인들이 세상에서 거쳐야 할 일종의 사명으로 묘사되고 있다.

유대인은 영원한 유목민이다. 그들의 역사 자체가 아브라함의 떠남에서 출발했다. 그 뒤 방랑과 이산의 역사는 오늘날까지 이어지고 있다. 유목민, 노마드Nomad, 떠돌이 민족. 척박한 환경에서 고난을 극복해야만 살아갈 수 있는 민족이다. 정주민족은 절대로 이들을 이길 수 없다. 정착사회에서 곱게 태어나 편하게 자란 민족이 사막과 황야의 시련에 단련되고 생존을 위해서는 물불을 가리지 않는 유목민을 이길 수는 없는 법이다. 역사가 이를 증명하고 있다.

유대인은 설사 정주민족 내에 들어와 살더라도 영원한 이방인이자 아웃라이어다. 아웃라이어란 흔히 표본집단에서 동떨어진 존재를 이야기한다. 소외된 자, 그늘에 가려진 자, 사회에서 매장된 자. 그들이 유대인이다. 그런데 역사는 이러한 아웃라이어들에게 뜻하지 않은 기회를 준다. 그것도 황금 기회를. 농경사회에서 축출되어 상업에 눈뜨게 되고, 뿔뿔이 흩어지게 되어 오히려 글로벌한 민족이 된다. 역사의 아이러니다. 아니, 이것이 역사의 이치다.

유대인들은 고난과 수치의 역사를 감추지 않는다. 그들은 고난과 역경이야말로 그 극복 과정을 통해 영광을 준비하는 시간이라는 역사관을 갖고 있다. 고난은 영광을 낳는 디딤돌이 된다는 더욱 긍정적인 신념을 지니고 있는 것이다. 시련은 영광을 준비하는 '필수적인' 과정이라는 역사 인식 때문이다.

유대력에 의한 정기적인 제례

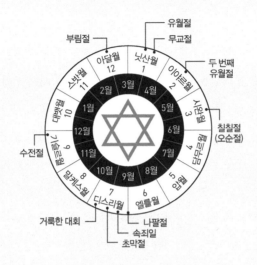

이 시기에 할례와 안식일뿐 아니라 유대력에 의한 정기적인 제례가 처음으로 정해졌다. 유월절로는 유대인의 탄생을, 오순절로는 율법의 수여를, 초막절로는 민족과 종교가 하나로 된 광야의 방황을 기념한다. 거기에 더해 창조를 상기시키기 위한 신년제, 그리고 지은 죄를 참회하기 위한 속죄일을 지키게 되었다.

유대교 명절 의례의 변화

유대인들은 절기를 소중히 여겨 이를 정성을 다해 지킨다. 그들의 기억 속에 고난의 역사를 망각지 않고 다시 마음속에 새기기 위해서다. 고대에는 성년이 된 유대인은 누구나 1년에 3번, 즉 유월절, 칠칠절, 초막절에 예루살렘 성전으로 순례를 갔다. 서기 70년에 성전이 무너졌어도 예루살렘으로 순례는 할 수 있었다. 그래서 정상적인 유대인 남자는 3대 축제 때 예루살렘 성전으로 순례를 반드시 가야 하며 2가지 예물인 축제 예물과 출두 예물을 준비했다. 그러나 132년에 로마 군대에 항거하는 유대인들의 항쟁이 다시 일어나자 135년에 성전이 완전히 파괴되고 그 다음부터 유대인들을 예루살렘에 들어오지 못하게 했다.

그러자 유대인들의 성전 순례 형태가 바뀌게 되었다. 유월절은 이스라엘 사람들이 이집트에 살다가 도망 나오는 과정을 역사적으로 설명해주는 명절이다. 성전이 있을 때는 성전에서 양을 잡고 피를 뿌리는 의식을 했지만, 성전이 없어진 상황에서는 개인 집이나 공동 회관 같은 곳에 여러 집안 식구들이 함께 모여 식탁에서 출애굽 사건을 재현했다. 그때 이집트에서 탈출하는 내용과 유월절 의례를 자세히 기록한《하가다》라는 책을 읽으면서 성전 의식을 대신하여 출애굽 사건을 재현하는 것이다.

그들은 유월절 약 한 달 전부터 대대적인 청소를 시작한다. 모든 누룩을 없애기 위해서다. 그리고 고난의 떡을 상징하는 누룩이 없는 빵인 무교병과 쓴 나물을 일주일간 먹는다. 집안의 가장은 유월절에 대한 역사와 배경을 가르친다.

유월절 후 50일째 되는 날로 보리농사 추수를 기념하는 오순절(칠칠절)이 있다. 칠칠절(샤부오트)은 원래 봄 추수한 곡물을 드리는 날이지만 엣세네 사람들에게는 새 계약 갱신의 날로 여겨 공동체에서 행사를 했다. 랍비 유대교에서는 이날을 시나이 산에서 하느님에게 토라를 받은 날이라고 해석하여 동네 사람들이 모여 토라 받은 것을 축하하며 선물을 주고받는 명절로 탈바꿈하게 된다.

나팔절은 7월 1일, 우리 달력으로는 8월 하순이나 9월 초순에 해당한다. 이날은 유대인의 첫날, 즉 'New Year'이다. "야훼께서 모세에게 말씀하셨다. '너는 이스라엘 백성에게 일러라. 칠월 초하룻날 너희는 쉬어야 한다. 나팔을 불어 거룩한 모임을 알려야 한다. 너희는 모든 생업에서 손을 떼고 야훼께 제물을 살라 바쳐야 한다.'"(레위기 23:23-25)

구약 시대에 유대인들은 숫양의 뿔로 만든 뿔나팔 소리를 듣고 절기를 지키기 위해 모였다. 오순절 이후 약 3개월 후에 나팔절을 맞이하는데 그들은 예루살렘 순례를 준비한다. 나팔절에 부는 나팔이 뜻하는 것은 모이는 것과 석방과 고국으로 돌아가는 것을 알려주는 신호이다. 또한 새날의 선포이기도 하다. 나팔을 불어 새해 시작을 알리는 나팔절을 새해 절기로 지키고 이날 사과를 꿀에 찍어 먹고 나누며 나팔절에 대한 유래를 배운다. 샤나 토바Happy New Year라는 새해 인사를 공사석에서 서로 나눈다. 그리고 10일 뒤에는 모든 국민이 금식을 하며 개인과 민족, 국가의 죄를 회개하는 대속죄일(욤 키푸르)을 지킨다.

그리고 15일부터 일주일간은 민족 대이동을 하며 광야에서 살았던, 40년 동안 천막에서 살았던 고난의 삶을 되새기는 초막절(장막절, 수코트)에는 이웃과 함께 초막을 짓고 그곳에서 지내는 명절로 바꾸며 이날에는 모세오경을 새로 읽는 행사를 했다. 따라서 초막절은 매년 모세오경 봉독의 시작을 알려주는 명절로 자리 잡게 되었다. 단지 음식을 나누어 먹고 함께 모여 즐겁게 지내는 공휴일만이 아니라 민족과 국가와 신앙과 역사를 기억하고 교훈을 되새기는 절기 교육을 계속한다. 이처럼 새로운 환경에 적응하는 랍비 유대교의 정신은 그들 사회의 강대국에 적응하며 유대교의 정체성을 잃지 않는 긍지를 보여준다.

또 페르샤 제국 시절 민족 집단살해의 위기 앞에서 유대인 왕비 에스더의 목숨 건 민족 구원의 역사를 기념하는 부림절에는 원수 '하만의 귀'라는 별명을 가진 과자를 먹으며 죽음이 생명으로 바뀐 역사를 기억한다. 그리고 예루살렘을 탈환하여 성전예배를 회복한 수전절, 곧 빛의 절기(하누카)에는 메노라라는 7가지의 촛대가 아닌 8가지의 촛대에 매일 불을 하나씩 점등하며 기적 같은 성전 회복의 역사를 기억한다.

II

유대를 정복한
그리스의 융성

JEWISH ECONOMIC HISTORY

고대에는 정복전쟁이 곧 경제 행위였다. 요새 국가가 경제발전을 위해 산업과 무역을 지원하듯 옛날에는 국가가 전쟁을 통해 국부를 늘려나갔다. 정복을 통한 부의 수탈과 전쟁포로로 유지되는 노예경제가 국가경제의 버팀목이었다. 전쟁포로 이외에도 고대 그리스 시대부터 흑해 북안과 러시아 지역에서 지중해 세계에 노예가 수입되었다. 이러한 노예들은 노동력을 제공하거나 성적 노리개 혹은 전투를 위한 용병으로 활용되었다.

당시 노예는 가장 중요한 생산기반이었다. 특히 그리스와 로마는 노예경제를 기반으로 성립된 도시국가로부터 출발했다. 이러한 노예경제를 기초로 그리스·로마에서는 민주정 사회가, 동방에서는 봉건주의를 기초로 전제국가가 출현했다. 게다가 그리스·로마를 포함한 지중해 연안은 동방과는 다른 기후 조건으로 대규모 경작이나 목축이 불가능했다. 이런 불리한 조건을 극복하기 위해 다른 지역을 정복하여 토지와 식량을 얻었다. 이런 의미에서 고대 경제사는 곧 전쟁사를 뜻한다.

이러한 정복전쟁 와중에도 페니키아인들과 유대인들은 해상무역에 종사하며 다른 공동체가 생산한 식료품과 교환하는 상업 행위를 했다. 약탈경제에서 거래경제로 진화한 것이다.

고대 경제사는 전쟁사다

페르시아, 소아시아와 이집트를 정복하다

페르시아를 건국하고 바빌론 유대인의 예루살렘 귀환을 허락한 고레스 왕은 기원전 538년에 소아시아의 그리스계 도시국가들을 정복했다. 페르시아는 이들 도시국가에 전제군주를 심어놓고 세금을 바치게 했다. 그리고 계속 진군하여 이집트 정벌에 나섰다. 당시는 이러한 정복전쟁이 국가의 부를 증대시키는 일종의 군주의 의무였다. 그 무렵 페르시아는 최고의 전성기였다.

원정 중도에 고레스 왕은 죽었다. 하지만 그 아들 캄비세스가 기원전 525년에 3000년 역사의 이집트를 정복했다. 캄비세스도 시리아에서 국내 반란 소식을 듣고 급히 귀국하던 중 사고로 죽었다. 이때 캄비세스의 아들을 참칭한 가우마타가 등장하면서 제국은 극도의 혼란에 빠져든다. 이 혼란을 수습한 인물이 다리우스였다. 내란을 평정한 직후 이를 기념하기 위해 비스툰 비문을 새겼으니 기원전 519년

∴ 페르시아 제국

의 일이었다.

　지금도 이란의 서북부 케르만샤 지방에 가면 비스툰 비문을 볼 수 있다. 높이 105m의 깎아지른 절벽에 새겨져 있어 보는 이를 압도한다. 중앙에는 다리우스가 위로는 신의 축복을 받으며, 발아래는 찬탈자 가우마타를 짓누르고, 반란을 일으킨 수령들 9명을 사슬에 묶어부리는 모습이 부조되어 있다.

그 주위로는 다리우스의 업적을
칭송하는 글이 고대 페르시아
어, 엘람어, 아카드어 등 3가지
언어로 기록되어 있다.

　그 뒤 다리우스는 제국이 안
정되자 인도 북부에서 오늘날의
불가리아까지 영토를 넓혔다. 당

∴ 비스툰 비문

∴ 다리우스 1세

시 다리우스의 활약은 대단했다. 다리우스는 전국을 20개의 성으로 분할하고 각각에 총독을 임명했다. 그들에게 군사권을 제외한 광범위한 권한이 부여되었다. 각 성은 매년 은을 세금으로 납부했다. 그리고 전국 각지를 잇는 주요 도로를 건설했다. 특히 소아시아의 사르디스에서 제국의 수도인 수사에 이르는 2470km '제왕의 길'에는 111개의 역참이 설치되었다. 신속을 요하는 사항은 하루 300km 이상 달려 일주일 만에 전 구간을 주파했다.

기원전 510년경 다리우스는 나일 강과 홍해를 연결하는 운하 건설에 착수했다. 또 문화적으로도 통일을 기해 아람어를 제국의 공용어로 정했다. 아람어는 후에 유대인들이 즐겨 쓰는 문자가 된다. 다리우스도 고레스 왕처럼 유대인들에게 자치권을 보장했다.

유목민족 스키타이에 혼이 난
페르시아 제국

페르시아는 세계의 주인이 되기 위해 그리스를 정복할 차례였다. 기원전 514년 페르시아는 발칸 반도로 쳐들어와 현재의 루마니아인 트라키아와 마케도니아 왕국을 정복했다. 다리우스 1세가 에게 해역까지 진출해 아테네 등 도시국가들을 압박해나가자, 그리스 도시국가들은 강력한 제국의 힘 앞에 풍전등화 격이었다.

이런 페르시아에도 골칫거리가 있었다. 자꾸만 내려와 약탈을 자행하는 스키타이인들이었다. 기원전 8세기부터 페르시아 북쪽에 기마술에 능한 스키타이족이 광범위한 영역을 지배했다. 페르시아가 그리스 본토 공격에 앞서 미리 뒷마당의 오랑캐를 단속하려고 단행한 것이 바로 기원전 513년 스키타이 원정이었다. 유목민족인 스키타이는 흉노의 일족이다. 스키타이인들은 갑자기 나타나 약탈을 일삼고 재빨리 철수하곤 했기 때문에 응징이 힘들었다. 다리우스는 페르시아 제국을 얕보고 방자한 행동을 하는 스키타이족의 버릇을 고쳐줄 생각이었다.

600척 대선단에 70만 명 태우고 스키타이 본거지 공격

그는 고대 국가로서는 상상할 수 없을 정도의 대군을 동원했다. 과장되었다는 설도 있으나 다리우스는 600척의 대선단에 70만 명의 장병을 태우고 보스포루스 해협을 거쳐 트라키아에 상륙하여 스키타이의 본거지를 공격했다.

대군을 이끌고 흑해 북쪽으로 들어서서 한동안 기세 좋게 밀고 들어갔지만 아무리 가도 스키타이인은 보이지 않았다. 또한 스키타이인들은 우물에 독을 뿌리고 곡물을 모조리 불태워 페르시아군은 물조차 멀리서 가져오는 보급에 의존해야 했다. 스키타이인들은 청야전술淸野戰術을 쓴 것이다. 청야전술은 주변에 적이 사용할 만한 군수

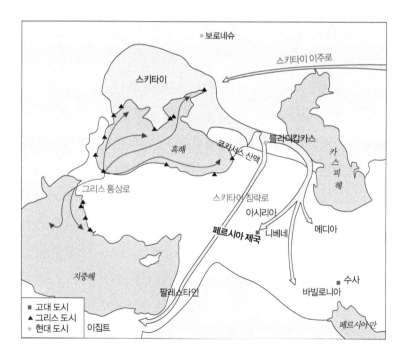

물자와 식량, 물 등 적군에게 보급품이 될 만한 모든 것을 없애 적군을 지치게 만드는 전술이다. 우리나라에서는 과거 고구려와 수나라의 전쟁(살수대첩), 임진왜란, 병자호란 등에서 활용되었다.

페르시아군과 직접적인 전투를 피하면서 계속 후퇴하는 스키타이인들에게 다리우스 왕이 전투를 독촉하자 그들은 이렇게 회답했다. "우리가 후퇴하며 전투를 하지 않는 것은 하나도 이상할 게 없습니다. 우리는 다만 평상시 생활방식을 따를 뿐입니다. 우리에게는 집과 재산이 있는 마을도 없고 또 경작할 농지도 없습니다. 우리가 만일 그런 것들을 가지고 있다면 전쟁으로 잃을 것을 걱정하여 대왕의 군대와 싸울지도 모릅니다. 그러나 아무것도 잃을 것이 없는 우리는 대왕의 군대와 전쟁을 할 필요를 느끼지 않습니다. 그렇지만 대왕이 우리와 진정 한판의 전투를 하고 싶으시다면 우리 조상들의 무덤을 한번 건드려보십시오, 그때 대왕은 우리가 싸울지, 싸우지 않을지를 알게 되실 것입니다."

헤로도토스에 의하면 스키타이 전투력의 가장 중요한 특징은 능숙한 기마술과 빠른 기동력이었다. 그들이 공격하면 어떤 적도 그들로부터 도망갈 수 없고 그들이 피하면 누구도 그들을 잡을 수 없었다. 스키타이인들은 유목민족이라 도시도, 성채도 없으며 그들의 집인 천막을 소를 이용해 직접 끌고 다녔다. 스키타이는 유목민족의 전형적인 전술인 후퇴하는 척하며 적을 아군 진영 깊숙이 끌어들이는 전술을 사용했다. 이런 그들의 특징을 다리우스 왕은 몰랐다.

∴ 스키타이의 황금 말. 가죽끈 형태의 초기 등자가 나타난다.

나중에 나타난 스키타이 군사들은 청동 갑옷

과 청동 투구, 미늘로 된 갑옷 속옷을 입었으며, 단검과 활로 경쾌한 기동력을 갖춘 전형적인 유목민족의 기병들이었다. 그들은 페르시아군과 간헐적인 전투를 벌이며 스텝지대로 유인했다. 페르시아군은 오늘날의 우크라이나 지방 깊숙이 쳐들어왔다. 다리우스 왕에게는 이상한 전쟁이었다. 생각해보니 스키타이와 전쟁으로 적에게서 얻을 수 있는 것도 없었다. 점령할 도시도, 건물도, 약탈할 아무것도 없었다. 그곳에는 끝없이 넓은 지평선만 보이는 초원밖에 없었다. 다리우스 왕은 철군 이외에 다른 선택이 없었다.

퇴각하면서 8만 명의 병사를 잃다

페르시아군이 스텝지대에서 빠져나오려고 후퇴하자 스키타이 기병들이 사방에서 공격을 퍼부어 페르시아군을 일시에 혼란에 빠뜨렸다. 페르시아군은 마치 귀신에 홀린 듯 스키타이군에게 처절하게 농락당했다. 제대로 응전조차 하지 못한 채 무참히 참패한 뒤 많은 사상자를 냈다. 바람처럼 나타났다가 한 차례 공격을 퍼붓고 연기처럼 사라지는 스키타이군은 신기루나 다름없었다. 그냥 나타났다 사라지는 것도 아니고 화살 세례를 퍼붓고 사라지는, 이른바 치고 빠지기 전술을 구사했기 때문에 페르시아군은 스키타이군을 뒤쫓아 다니다가 지칠 수밖에 없었다.

그들은 달아나면서도 뒤로 활을 쏘고 주위를 모두 불태워 초토화시켜 버렸기 때문에 식량조차 구하기가 어려웠다. 스키타이 기마대에 대한 두려움이 전군을 엄습했다. 다리우스는 서둘러 퇴각했다. 철군하는 왕의 군대에 스키타이 군대는 다뉴브 강까지 따라오면서 괴롭혔다. 결국 어렵게 빠져나오긴 했지만 이때 잃은 병사가 무려 8만 명이었다.

페르시아군은 엄청난 참패에 악몽을 꾼 듯했다. 바빌로니아 제국과 이집트 왕국을 멸망시켰던 막강한 페르시아도 스키타이에는 당해낼 재간이 없었다. 페르시아에 "왕이 미치면 카프카스로 전쟁하러 간다"는 속담이 생길 정도였다. 이 전쟁으로 페르시아가 입은 막대한 타격은 다음 그리스 도시국가들과의 전쟁에까지 악영향을 미쳤다.

아시아에 영향을 미친 스키타이 문화

헤로도토스의 기록에 따르면 스키타이인들은 풍족했다. 특히 황금을 많이 가지고 있었다고 기록하고 있다. 유목민족들은 대체로 이동 시 보관이 손쉬운 보석과 귀금속을 선호했다. 실제 스키타이 유물 중에는 황금으로 만들어진 것이 많아 스키타이 귀족들의 재화와 부의 규모를 추측하게 했다. 그뿐만 아니라 스키타이 특유의 문화적 특징을 잘 보여주어 금 공예와 청동기 제작 기술이 뛰어났다.

이후 스키타이인의 문화는 중국 북쪽 유목민들에게까지 전파되었다. 또 스키타

∴ 금 공예로 유명한 스키타이 부장품

이의 황금숭배 문화는 유라시아 초원길을 통해 신라에 전해져 금관, 띠 장식 등에 그대로 나타나고 있다. 지난 200년간 중앙아시아와 남부 시베리아의 스키타이 고분에서 부장품들이 출토되면서 스키타이 예술이 세상에 알려지기 시작했다.

고분에서 출토된 부장품 중에서 세계인들을 놀라게 하는 것은 수많은 금으로 제작된 장신구들이었다. 정교하고 아름답기가 이루 표현할 수 없었다. 스키타이인의 발달한 야금술과 무기 제작 기술은 페르시아 문명에 지대한 영향을 끼치고 이슬람 문명에 이르러 금속공예의 꽃을 피우게 된다.

∴ 목걸이 안에 장식된 생동감
있는 섬세한 조각들

한반도의 스키타이 문화: 금관의 나라, 신라

신라 고분에서 출토된 금으로 만든 혁대와 수많은 금 장신구, 금관 같은 장식품은 스키타이 문화가 한반도 남단까지 영향을 미쳤다는 사실을 뜻한다. 신라는 세계 현존하는 금관 10기 가운데 7기나 만들어낸 '금관의 나라'다. 재야 사학자 중에는 스키타이와 신라가 같은 뿌리임을 주장하는 사람들이 있다. 카스피 해와 흑해 부근의 스키타이 유물과 한반도 신라의 유물은 너무 닮아서 러시아 학자들조차 구분하기가 불가능하다. 특히 천마총에서 발굴한 금관은 스키타이의 전형을 보여주는 것으로 줄줄이 달린 곡옥은 지금도 흑해 남부와 터

키 지방에서 발굴되는 스키타이의 유물과
똑같다. 고구려와도 다르고 백제와도 다른
이 금관 주인공들의 뿌리는 카스피 해 근
처이거나 최소한 동일한 문화의 뿌리를 가
지고 있다는 뜻이다.

∴ 신라 금관

페르시아와 그리스의 전쟁

유대인과 페니키아인의 상권 차지로 촉발된 전쟁

스키타이 원정에서 다리우스의 실패는 기원전 500년경 소아시아에 있는 밀레토스를 중심으로 예전 그리스 식민도시들의 반란을 초래했다. 소아시아의 그리스계 도시국가들은 페르시아에 대해 불만이 많았다. 이는 도시의 상업과 무역 주도권을 일찍부터 페르시아에 편입된 유대인과 페니키아인들이 차지했기 때문이다.

반란 도시들이 그리스 본토에 원조를 요청했을 때 스파르타는 응하지 않았지만 아테네는 20척의 군함을 파견했다. 반란은 곧 진압되었으나 이런 연유로 페르시아는 아테네를 적대시했다. 다리우스 1세는 반란을 지원한 아테네에 대해 보복을 결심했다. 그 뒤 페르시아와 그리스 두 세력 간의 갈등은 결국 폭발해 기원전 492년 다리우스 1세는 해륙 양면으로 그리스 본토를 공격했다. 해군은 에게 해안 국가들을 휩쓸었고 육군은 마케도니아로 진군해 들어가 점령했다. 이후 페르시아와 그리스는 지난한 대립이 계속되었다.

폭풍에 의해 좌절된 1차 그리스 원정

이 전쟁은 사실상 오리엔트 세계와 그리스 세계 중 어느 쪽이 지중해 주도권을 쥐느냐 하는 중대한 결전이었다. 그러나 아무것도 거칠 것이 없어 보이던 페르시아 군단도 자연의 힘 앞에서는 어쩔 수 없었다. 페르시아 해군 선단은 폭풍을 만나 몰살당했다. 헤로도토스에 따르면 300척의 배가 침몰하고 2만 명의 병사가 물에 빠져 죽었다고 한다. 다리우스는 원정을 일단 중지하고 되돌아섰다. 폭풍이 그리스를 구해주었다.

마라톤 전쟁에서 좌절된 2차 그리스 원정

그 2년 뒤인 기원전 490년, 페르시아는 대규모 원정군을 조직하여 다시 아테네 정벌을 시도했다. 원정군의 규모에 대해서는 헤로도토스가 600척의 갤리선이라고만 밝혔을 뿐이고, 후대의 사가들은 20만에서 50만까지 다양하게 기록하고 있다. 낙소스 섬과 델로스 섬 등을 정복한 후 다리우스는 아테네에 사신을 보내 무조건 항복할 것을 권했다. 하지만 아테네는 항복은커녕 페르시아 사신을 우물 속에 넣어 죽여버렸다.

화가 치민 다리우스는 전함 600여 척에 10만여 명의 정예 군사를

동원해 바로 아테네로 쳐들어왔다. 페르시아군 3만 명은 아테네에서 북쪽으로 42km 떨어진 마라톤 평원에 상륙했다. 마라톤 평원 전체를 둘러싼 페르시아 군대의 위용은 하늘을 찌를 듯했다. 그 위세에 눌린 아테네인들은 겁에 질려 항복하자는 쪽과 싸우자는 쪽으로 의견이 갈라진 채 우왕좌왕했다. 이때 유명한 정치가이자 웅변가인 데미스토클레스가 나섰다. "우리의 아테네를 자유의 도시로 지키든지, 항복해서 모두 노예가 되든지 여러분의 손에 달려 있다. 여러분은 노예가 되길 원하는가?" 그의 웅변에 용기백배한 시민들은 중무장하고 전선에 나섰다. 당시는 시민들이 자비로 무장했다.

아테네는 결사 저항의 의지를 불태우며 스파르타에 도움을 요청하는 전령을 보냈다. 아테네에서 약 250km 떨어진 스파르타는 아테네에 군사를 급파하기로 결정했다. 역사 기록에 의하면 중무장한 군사들이 스파르타를 출발한 지 이틀 만에 아테네에 도착했다고 한다.

인간의 능력으로 250km를 이틀 동안 과연 쉬지 않고 달릴 수 있을까? 궁금했던 후대 사람들이 아테네에서 스파르타까지 246km 거리를 이틀 만에 뛰는 데 성공했다. 이 역사적 기록을 기념하는 울트라 마라톤 대회 Spartathlon가 지금도 매년 9월에 열리고 있다.

페르시아군은 마라톤 평원에서 최후의 결전을 다짐한 아테네 연합군 1만여 명과 맞붙었다. 다행히 오랫동안 페르시아에 살았던 밀티아데스가 그들의 전투 방식을 정확히 파악하고 적을 골짜기로 유인했다. 아테네 연합군은 골짜기에 보병을 배치하고 좌우 양 날개에 최정예군을 배치했다. 먼저 돌격을 시작한 것은 아테네 연합군이었다. 전혀 공격을 예상치 못하고 있던 페르시아군을 골짜기에서 기습했다. 당시 그리스에는 '갑옷 입고 달리기'라는 육상 경기가 있었다. 아테네 연합군은 마치 이 경기를 하는 것처럼 페르시아군을 향해 전속력으로 돌진했다. 페르시아 궁수의 사정거리 지점에 이르렀을 때, 아테네 연합군은 빗발치는 화살을 뚫고 돌격해 들어갔다. 마라톤 전투의 시작이었다.

페르시아군은 아테네 연합군들이 궁수나 기병의 지원도 없이 달려오는 것을 보고 그들이 미쳤다고 생각했다. 전투가 시작되자 아테네 연합군의 중앙이 밀렸으나 결국 밀티아데스의 의도대로 대신 좌우 양 날개에서 페르시아군을 협공하는 데 성공했다. 아테네 연합군은 그리스 고유의 중장보병 전술로 죽기를 각오하고 맹렬히 싸웠다. 결국 아테네 연합군의 압승으로 전투가 끝났다. 페르시아군의 전사자가 6400명인 데 반해 연합군의 전사자는 불과 192명이었다.

전투에 승리한 밀티아데스는 기쁨에 들뜨지 않고 신중했다. 그는 적들이 퇴각한 것이 아니라 이번에는 바다를 돌아 아테네로 쳐들어올 것이라고 예상했다. 그는 전령을 아테네로 급파했다. 전쟁 결과와 해전 대비를 알리기 위해서였다. 전령이 42.195km를 달려와 "우리

가 이겼다!"는 승전 소식과 함께 적들이 바다로 쳐들어올 것이라는 경고를 알리고 쓰러져 죽었다. 여기서 유래된 것이 마라톤 경기다.

뒤이어 밀티아데스도 군대를 이끌고 아테네에 도착하자 수평선 너머로 페르시아 함대들이 나타났다. 밀티아데스의 군대가 와 있으리라고는 예상하지 못한 페르시아 군대는 이 용맹스러운 군대와 다시 싸우고 싶지 않았다. 결국 그들은 퇴각했다.

세계에서 유일하게 마라톤을 금지하는 나라가 있다. 바로 이란(옛 페르시아)이다. 이란은 1974년 자국의 수도 테헤란에서 열린 제7회 아시안게임에서도 마라톤 종목을 제외시켰다. 이처럼 이란이 마라톤을 금지하는 이유는 이런 마라톤의 기원에서 비롯되었다. 페르시아 입장에서 보면 마라톤 전투는 다시는 들추어내고 싶지 않은 끔찍한 기억이고, 페르시아의 후예인 이란은 아픈 역사를 기억하고 싶지 않아 지금도 마라톤을 공식적으로 금지하고 있는 것이다.

마라톤 전투의 승리로 페르시아군이 더는 무적이 아니며 그리스 국가들도 연합하여 싸우면 승리한다는 자신감을 얻었다. 페르시아에 굴복했던 그리스 도시국가들이 아테네와 스파르타의 편으로 돌아섰다.

페르시아의 3차 그리스 원정

기원전 483년 아테네 동부해안의 라우리온에서 거대한 은광이 발견되었다. 아테네의 테미스토클레스 장군은 시민들을 설득하여 페르시아 함대에 대적하기 위해 이 돈으로 대형 갤리선을 건조했다. 당시의 해전은 배가 서로 충돌하여 상대편의 배를 침몰시키는 방법을 썼기 때문에 기동성이 있고 배의 앞부분이 강하게 건조되는 것이 해전에 유리했다.

전속력으로 적함을 들이받아 충각으로 적함의 옆구리를 찔러 침몰시키는 것이 당시 전술이었다. 뱃머리에 충각이라고 하는 뾰족한 것을 달았는데 나무뿌리를 날카롭게 깎아 청동을 입힌 것이다.

기동성을 살리기 위해 많은 노꾼이 필요했다. 그래서 배를 3단 노선으로 만들었다. 노를 젓는 노꾼만 170명이 필요했다. 노를 젓는 사람의 기술과 일치된 단결심이 승리의 열쇠였다. 여기에 배가 클수록 충돌 시 파괴력이 컸다. 당시 건조한 평균 배의 길이는 약 40m, 폭은 6m였다.

이러한 노력으로 그리스의 도시국가들은 총 380척의 함대를 확보했다. 그 무렵 아테네를 비롯한 그리스 도시국가들은 페르시아의 재침공에 대비하여 동맹을 맺었다.

페르시아군은 10년간의 재정비 끝에 기원전 480년 봄 크세르크세스 왕이 대군을 이끌고 그리스를 다시 침공했다. 원정군의 병력 규모에 대해서는 많은 논란이 있다. 헤로도토스의 기록에서는 보병 170만 명, 기병 8만 명, 페르시아 동맹군 32만 명 등 총 260만 명 이상의 규모라고 적고 있다.

조국의 명령을 지켜 여기 잠들었노라

그리스군은 육지에서는 유일한 통행로인 테르모필레 협곡을 스파르타가 맡고 해상에서는 살라미스 섬을 중심으로 아테네 해군이 맡기로 했다. 초기 전투에서 스파르타의 7000여 정예부대가 중부지방의 좁고 험한 협곡에서 일주일간을 치열하게 싸웠으나 중과부적이었다. 그래도 그들은 후퇴를 택하지 않고 조국의 명예를 택해 전멸을 선택했다. 그들은 마지막 한 명까지 도망치지 않고 장렬하게 전사했다.

훗날 이 자리에 비석이 세워졌다. "나그네여, 가서 스파르타인에게 전하라. 우리는, 조국의 명령을 지켜 여기 잠들었노라고."

델포이 신탁

스파르타군이 전멸하자 그리스의 패색이 짙었다. 겁에 질린 아테네인들은 델포이로 달려가 태양의 신 아폴론 신전에 신탁을 구했다. "세계의 끝까지 도망칠 대로 도망쳐라. 오직 목선에만 의지할지어다." 델포이 신탁에서 돌아온 대답이었다. 시민들과 군인들은 사기가 땅에 떨어졌다.

그러나 테미스토클레스 장군은 좋은 뜻으로 해석했다. 그는 이 예언을 시민들을 대피시키고 나무로 만든 함선으로 적과 대결하라는 뜻으로 알고 준비했다. 시민들을 섬 등으로 피난시

키고 남자들은 모두 함선에 올라타 페르시아와의 일전을 기다렸다. 페르시아 침략군에 의해 아테네는 순식간에 불바다가 되었다. 아테네 군사들은 배 위에서 자신들의 도시가 불바다가 되는 것을 눈물과 분노로 지켜보았다.

살라미스 해전

드디어 살라미스 해전에서 아테네는 400여 척의 함대로 1200척에 달하는 페르시아 해군을 맞았다. 아테네 함대는 페르시아 함대가 살라미스의 좁은 수로 안에 빽빽하게 밀려들어 오기를 기다렸다. 거의 다 들어오자 아테네 함대는 전속력으로 돌진하여 페르시아 함대 옆구리를 들이받고 적선에 올라타 싸웠다. 페르시아의 큰 군선은 좁은 살라미스의 바다에서 기동력을 잃고 그리스 갤리선에 밀려 퇴각해야 했다. 페르시아 함대는 당황하여 배를 돌리려 했으나 좁은 수로 안에서 오히려 자

기들끼리 충돌했다. 전투는 종일 계속되었다. 날이 어두워지자 때마침 폭풍이 불어닥쳤다. 아테네 함대는 재빨리 해협 깊숙이 들어가 버렸으나 페르시아 함대는 허둥대다가 폭풍에 휩쓸려 4분의 3이 가라앉았다. 살라미스 해전은 전쟁의 흐름을 결정지은 중요한 전투였다.

이 전투로 승기를 잡아 이듬해에는 아테네 북동쪽 평원에서 그리스군이 페르시아군을 격파했다. 같은 해 아테네 해군을 주축으로 한 그리스 연합 함대는 소아시아로 침공하여 그리스계 도시국가들을 해방시켰다. 20여 년의 장기전 끝에 결국 페르시아가 패배했다. 7000만 명의 대국 페르시아는 인구 200만 명에 불과한 그리스 도시국가와 벌인 살라미스 전투에서 대부분의 함선이 격침당하고 병사 5만여 명이 수장당한 것이 치명타였다. 아테네는 승리했고 민주정치는 위기에서 벗어났다.

아테네 민주주의의 변화

살라미스의 승리는 아테네 민주주의에 변화를 가져왔다. 10년 전 마라톤에서의 승리는 중무장한 보병의 승리였다. 그런데 당시에는 창과 방패 등 무기를 시민이 자비로 구입해야 해 어느 정도 재산이 있는 시민만 보병이 될 수 있었다. 따라서 무장을 할 수 없는 가난한 시민은 전투에 참가할 수 없어 정치적 발언권도 약할 수밖에 없었다. 그러나 살라미스 해전에서는 가난한 사람들이 노 젓는 병사로 활약했다. 아테네를 외적으로부터 지켜낸 이들은 이제 정치 무대에서도 자신들의 주장을 힘차게 펼 수 있었다. 이제는 가난한 시민을 포함하는 새로운 민주정치로 변화했다.

이 전쟁에서 역사는 몇 가지 시사점을 우리에게 알려준다. 고대 그리스인들이 추구했던 '자유'의 가치가 힘을 발휘한 것이다. 다른 나라들이 관습에 얽매여 있을 때 그리스는 자유민주주의 제도에 힘입어 부단히 변화했다. 테미스토클레스의 함대 건조와 해군 창설이 좋은 예다. 정체된 사회는 부단한 변화를 모색하는 사회를 이기지 못한다.

또한 아테네를 비롯한 그리스 도시국가들도 잘 싸웠지만 그리스는 강력했던 페르시아 제국을 먼저 손보아준 동양의 스키타이 덕을 단단히 본 셈이다. 그 뒤 스키타이가 물려준 놀랄 만한 기마 전술은 흉노와 돌궐, 몽골 등 초원의 유목민족들에게 이어지면서 더욱 보완되고 다듬어져 위력을 발휘하게 된다. 훗날 아시아 유목민족인 훈족과 몽골의 유럽 출현의 서곡이었다.

유대인의 부림절

유대인들에게는 부림절이란 경축일이 있다. 유대인의 절기 중에서 가장 기쁘고 즐거운 축제이다. 이 축제는 모든 유대인이 죽음에서 해방된 기쁨을 서로 나누며 지낸다. 특히 이날에는 이웃, 친척, 친지들과 선물을 교환하고 포도주를 마시며 집집이 웃음꽃을 피우며 지내는 것이 특징이다.

이것의 유래는 페르시아 전쟁 중에 언급되는 페르시아의 왕 크세르크세스의 치세 때로 거슬러 올라간다. 성서에서는 크세르크세스

∴ 클로드 비뇽, 〈크세르크세스 왕 앞의 에스더〉

왕을 아하수에로 왕이라 불렀다. 기원전 483년경 당시 유대민족은 페르시아의 식민 하에 있었다. 아하수에로 왕이 아스디 왕후의 잘못으로 노해 새로운 왕후를 맞게 되었다. 이때 유대민족 베냐민 지파의 후손 중에 모르드개의 사촌 여동생인 에스더가 새로운 왕후가 된다.

에스더는 자신이 유대인임을 밝히지 않았다. 당시 지위가 높았던 하만의 계략으로 유대민족이 핍박을 받아 모두 죽게 되었을 때 모르드개와 에스더의 지혜로 유대민족은 구원을 얻게 된다. 페르시아의 왕후들은 왕 이외의 남자에게 몸과 얼굴을 드러내서는 안 되며 황제가 자신을 찾기 전까지는 황제를 알현할 수 없었다. 이때 에스더가 죽음을 각오하고 왕 앞에 나아가 간청을 해 자기 민족을 살렸던 것이다. 이를 기념하여 부림절이란 유대민족의 명절이 생겼다.

서양인 의식 깊숙이 자리 잡은 그리스의 자유 추구 사상

서양인들은 페르시아 전쟁에서 그리스의 승리야말로 동양의 서양 지배를 막았던 기념비적 전쟁으로 여긴다. 이 빛나는 승리에 고무되고 감동한 사람은 그 시대 사람들만이 아니었다. 훗날 유럽인들에게 페르시아 전쟁은 자유를 추구하는 인간의 마음을 표현하는 동의어가 되었다. 그 대표 주자가 영국의 낭만파 시인 바이런이다.

그는 천재 시인이자 미남 독신 귀족이
라 런던 사교계의 총아로 등장했다. 그러
다 스무 살 때 새로운 바람을 쐬려고 스페
인, 그리스, 중동 일대로 여행을 떠났다. 퇴
폐적인 서양 문명에 싫증을 느낀 그에게
동방은 이국적인 꿈의 나라였다. 바이런은
동방 여행에서 깊은 감명을 받았다. 그 인
상을 바탕으로 쓴 것이 장문의 시 〈차일드

∴ 바이런

해롤드의 여행〉이었다. 시가 세상에 발표되자 분방하고 자유로운 시
상은 독서계에 큰 반향을 일으켰다. "어느 날 아침에 일어나 보니 유
명해져 있었다"는 말이 당시 바이런의 감상이었다.

바이런은 오스만 제국의 압제 아래 있었던 19세기 초의 그리스를
노래하는 가운데 2000년 전에 싸운 한 전투 장면을 다음과 같이 읊
었다.

"신들은 마라톤의 들판을 내려다보고 마라톤의 평야는 바다를
바라본다. 나 홀로 이 땅에 서서 그리스가 아직도 자유스러움을 꿈
꾸었노라. 페르시아인의 무덤가에 서서 나 자신을 노예로 생각할 수
없었노라."

실제로 영국 상원의원이었던 바이런은 '자유'의 가치를 되찾기 위
해 1823년 그리스 독립군을 도우러 대 터키 해방전쟁에 참전했다가
이듬해 그곳에서 죽었다.

바이런, 반유대의 선봉

한편 바이런은 반유대 정서의 선봉이었다. 그는 이를 시로 표현했다.

영국은 얼마나 부자인가! 물론 광산이 많은 것도 아니고 평화와 풍요, 옥수수와 기름, 혹은 와인으로 넉넉한 것도 아니며 젖과 꿀이 흐르는 가나안도 아니고 돈이 많은 것도 아닌데…. 하지만 진실을 외면해선 안 될 일, 언제 기독교도들의 땅이 이토록 유대인으로 부자였던 적이 있었던가? 존 왕에게 이빨을 뽑혔던 자들이 이제는, 그래, 왕이 되었다네! 그리고 그들은 느긋하게 당신의 이빨을 뽑는구려…. 그들이 조종하는 모든 나라, 모든 것, 모든 군주, 그리고 북극에서 인더스까지 깔려 있는 그들의 대부금, 은행가-중개인-남작-형제가 된 그들, 파산한 우리의 불쌍한 폭군들을 구하는 데 바쁘다…. 신에게 선택받은 민족, 두 명의 유대인이라면 그 어느 왕국에서도 그들의 경전 속에 나오는 약속의 땅을 호령할 수 있다네. 사마리아인이 아닌 두 명의 유대인이 그들 특유의 민족정신으로 세계를 좌우하네. 그들에게 지상의 행복이란 무엇일까? 그들이 모이는 곳은 '새로운 예루살렘', 고관대작은 오, 거룩한 아브라함을 초대하네! 그대의 눈에 보이는가? 당신의 후손들이 왕실의 돼지들과 어울리는 것을, 유대인에게 침 뱉지 못하는 저들과 어울리는 것을…. 샤일록의 해안에 새로이 서 있는 저들을 보라, 모든 나라의 가슴으로부터 살 한 덩어리를 베어내기 위해…."

04

알렉산더 대왕과 헬레니즘의 등장

아리스토텔레스 경제사상, 행복론

그리스의 아리스토텔레스는 고대 최고의 학자였다. 그는 문학 이론부터 역사, 정치학, 논리학, 생물학에 이르기까지 수학을 제외한 거의 모든 분야에서 큰 업적을 남겼다. 더욱이 그는 이 분야들을 하나로 포괄하는 거대한 체계를 만들어냈다. 그의 위대성은 그 시대까지 내려온 모든 업적을 종합 정리하여 그의 사상체계로 다시 창조한 점에 있다.

그는 올바른 사고(논리, 로고스)와 올바른 행동 (윤리, 에토스)에 대해서도 글을 쓰고 시학과 문학 의 아름다움, 그리고 보이지 않는 신에 대한 생각 도 글로 적어놓았다. 그 뒤의 학문은 그에게서 해 답을 찾았고 한편으로는 그를 뛰어넘기 위한 부 단한 시도였다. 그는 실로 모든 학문의 선구자로

∴ 플라톤과 아리스토텔레스

서 근대에까지 영향을 미치고 있다.

아리스토텔레스는 '경제학Oikonomia'이라는 용어를 처음 만들어냈다. 경제사상에도 많은 영향을 미쳤다. 아리스토텔레스는 인간을 사회적 동물로 규정했다. 따라서 그의 경제사상도 인간 자체의 본성과 인간들이 구성하는 사회구조라는 2가지 관점에서 설정되었다. 그의 경제사상의 핵심은 행복론이다.

인간이 행복을 추구하는 삶의 형태에는 쾌락을 추구하는 삶, 명예와 평판을 추구하는 삶, 선과 지혜의 삶의 3가지 유형이 있는데, 그는 쾌락이나 명예와 평판보다 선과 지혜의 삶이 진정한 행복이라고 보았다.

그는 행복을 인간 최고의 선인 덕에 있다고 보았다. 참된 행복은 덕을 소유함으로써가 아니라 이를 실천하는 데서 찾을 수 있다고 했다. 즉 행복은 어떤 상태state와 소유possession가 아니라 본질적인 '활동activity'으로 보았다.

아리스토텔레스의 사유재산 지지, 시장 탄생에 기여

당시는 노예경제와 화폐경제 사회였다. 그는 당시의 노예제도를 옹호했다. 노예들 덕분에 일반 시민이 여가를 활용해 아고라에 모여 토론을 즐겼다. 이 토론이 민주주의의 싹이 되었다.

아리스토텔레스는 그의 스승 플라톤의 견해와는 달리 사유재산 제도를 지지했다. "그는 화폐만을 추구하는 것은 옳지 않으나 각자가 자기 재산을 보호하고 자신의 일에 전념하면 좀 더 진보가 빠를 것이요, 재산 공유로 인한 상호 간의 불평과 마찰을 적게 함으로써 공동생활을 원활히 영위할 수 있을 것이다"라고 했다.

그는 사용가치를 교환가치보다 높이 평가했다. 아리스토텔레스는 화폐를 교환의 매개물, 계산의 단위와 가치 저장의 수단으로 이해했다. 그는 이자의 수취를 부당한 것으로 간주했다. 그는 사유재산과 사적 이윤에 대한 확실한 지지자였다.

"사람이 어떤 물건을 자기 것이라 생각할 때 말할 수 없는 즐거움을 느낀다. 왜냐하면 자기 자신과 자기 것을 사랑하는 감정은 태어날 때부터 느끼는 감정이다. … 사람들이 모든 것을 공유한다면 관대한 모범을 보이는 사람은 한 사람도 없을 것이다. 왜냐하면 관대함이란 자기 재산을 사용하는 과정에서 생기기 때문이다." 그의 이러한 사상은 그리스가 시장을 탄생시키고 민주주의를 수립하는 데 크게 공헌했다.

아리스토텔레스, 알렉산더 왕자의 스승이 되다

영어에는 아리스토크래트aristocrat라는 형용사가 있다. 아리스토텔레스의 이름에서 유래된 것이다. 그런데 재미있는 것은 이 단어의 뜻이다. 아리스토크래트는 귀족주의자, 귀족 티를 내는 사람을 뜻한다. 아리스토텔레스는 한마디로 귀족주의자였다. 소크라테스가 가난한 시민이었다면, 아리스토텔레스는 당대 최고 권력자들의 친구이자 스승이었다. 아리스토텔레스의 아버지는 알렉산더 대왕의 할아버지였던 아민타스 3세의 시의侍醫였다. 그래서 그는 어려서부터 마케도니아 궁전과 인연을 갖게 된다.

그 뒤 기원전 343년에 마케도니아의 필리포스 대왕은 당대 최고의 학자인 아리스토텔레스를 초빙하여 아들 알렉산더의 교육을 맡겼다. 알렉산더의 행운이자, 나아가 그리스의 행운이었다.

위대한 스승에게서 교육받은 알렉산더는 평생 학문에 대한 사랑을 그치지 않았다. 훗날 알렉산더 대왕이 페르시아, 인도 등의 원정 시에도 학자들을 대동하여 탐험, 측량 등을 시키고 변함없이 그리스 문화를 사랑한 일은 스승에게서 받은 영향이 컸다.

아리스토텔레스가 알렉산더를 가르치기 시작했을 때 당시 그의 나이는 열세 살이었다. 이때부터 아리스토텔레스도 장래 통치자의 스승으로서 정치학에 관심을 기울이기 시작했다. 그 뒤 아리스토텔레스는 그리스 통일론자로 유명해졌다. 그의 주장은 페르시아에 대항하기 위해서는 통일국가가 분산된 도시국가보다 더욱 효과적이라는 것이었다. 158개 그리스 도시국가들의 정치제도를 수립한 정치제도집을 구상한 것도 이 무렵이었다.

당시 알렉산더 왕자는 스승인 아리스토텔레스로부터 서구 문명의 모든 것을 배우며 흡수했다. 스승은 왕자에게 그리스인과 그리스 정치제도의 우수성과 자부심을 주입했다. "추운 지방에 사는 사람들과 유럽인들은 기백이 뛰어나지만 때로 지성과 기교가 모자라며, 따라서 그들은 비교적 남의 지배를 받지 않으나 인접국을 다스릴 만한 능력과 정치조직이 결여되어 있다. 반면 아시아 사람들은 체질적으로 지성과 기교가 뛰어나나 기백이 부족하며, 따라서 항상 복종과 예속 상태에 묶여 있다. 그러나 지리적으로 바로 중간에 자리하고 있는 까닭에 그리스인들은 2가지 성격을 두루 갖추고 있으며, 따라서 그들은 기백이 담대함과 동시에 지성이 출중하다. 그 덕에 그들은 계속 자유를 누리며 아주 좋은 정치제도를 갖추고 있다. 그리고 만일 그리스인들이 통일된 체제를 갖출 수만 있다면 인류 전체를 지배할 수도 있을 것이다."

그 뒤 필리포스가 죽고 알렉산더가 왕위를 계승하자, 아리스토텔레스는 3년간의 스승으로서 임무를 끝내고 다시 아테네로 돌아왔다.

마케도니아, 경제력을 기반으로 군사력을 키우다

기원전 4세기에 접어들면서 그리스는 점차 쇠퇴해갔다. 스파르타에서 주도권이 테베로 넘어가고 다시 무주공산이 되면서 여러 도시국가가 중심 세력 없이 제각기 독립하여 빈번하게 싸움을 벌였다. 마케도니아의 필리포스는 기원전 356년 트라키아를 정복해 금광을 뺏었는데 금의 산출량이 당시 아테네 은광의 10배 가치였다.

이를 기반으로 필리포스 2세는 대량의 금화와 은화를 발행하면서 제우스와 자신의 얼굴을 넣었다. 그가 최초로 화폐에 인간의 얼굴을 넣었다. 마케도니아의 재정이 튼튼해지고 국력이 커졌다. 곧 경제력이 부강해지자 당연히 이를 기반으로 군사력도 강대해졌다. 그는 보병으로는 농부들을, 기마병으로는 귀족들을 징집하여 강력한 군대를 구성했다. 여기에 금을 받고 지원한 용병들이 가세하여 막강한 군사력을 보유하게 되었다. 이 시기에 그리스를 평정한 나라가 마케도니아였다.

마케도니아, 기병을 처음으로 주력부대로 키우다

더구나 마케도니아가 이렇게 강할 수 있었던 데는 나름의 이유가 있었다. 새롭고 강력한 중장기병이 기원전 4세기 마케도니아에서 탄생했다. 필리포스 왕은 기병들에게 처음 갑옷과 투구를 입혔다. 그리고 긴 창을 들고 적진에 돌격해서 적의 대오를 부수는 일을 맡겼다. 그 무렵 어느 나라도 생각지 못했던 전술이었다. 기병이 긴 창을 들고 전투의 선봉에 서는 주력부대가 된 것이다. 당시 다른 나라들도 기병이 있었지만 이들은 주로 활을 쏘는 보조부대로 전투의 주력은 보병이었다.

♣ 영화 〈알렉산더〉의 한 장면

알렉산더의 등장

기원전 336년에 필리포스 왕이 죽자 알렉산더는 20세의 젊은 나이로 마케도니아의 왕으로 즉위했다. 그 무렵 오리엔트 세계는 페르시아 제국이 지배하고 있었다. 페르시아 제국은 소아시아에 있는 그리스 도시국가들을 점령하고 있었다. 젊은 알렉산더가 이끄는 마케도니아와 연합군은 그리스 도시국가들을 식민지 상태에서 해방시키고자 했다. 이리하여 두 나라 사이에 전쟁이 일어난다. 기원전

334년에 그는 보병 3만, 기병 5000명의 연합군을 이끌고 해협을 건너 소아시아로 가 페르시아의 지배 아래 있는 그리스가 세웠던 여러 도시를 되찾았다. 이 3만 5000명의 병력이 알렉산더 대왕의 지휘 아래 거대한 페르시아의 100만 대군을 쳐부순다.

기원전 333년 알렉산더, 유다 왕국 점령하다

이어 북시리아를 정복하고 알렉산더 대왕의 4만~5만 정예병력이 가나안 땅 입구인 '이수스'에서 다리우스 3세의 20만 대군을 격파한 것이 기원전 333년이다. 아시아에 대한 유럽인 최초의 침입이었다.

이수스 전투에서 알렉산더는 기병대를 주력부대로 활용한 전략을 펼쳤다. 당시 전투는 통상적으로 양측의 군대가 정면으로 맞부딪치는 형태였다. 따라서 20만이 넘는 페르시아군의 대승은 당연한 듯 보였다. 그러나 알렉산더는 밀집방어형 보병대를 앞세우고 역사상 최초로 기병대를 주력부대로 사용하여 적의 뒤를 돌아 후미를 공격했다. 이른바 적을 가두어놓고 앞뒤로 공격하는 '모루와 망치' 전술이었다. 그는 새로운 전술을 선보이며 이 전투를 승리로 이끌었다.

이수스 전투에서 다리우스 3세를 물리친 알렉산더는 페르시아의 심장부를 향해 진격한다. 유다 왕국은 바람 앞에 등불이었다. 유대인들은 알렉산더 대왕의 정복 위협과 페르시아 군주에 대한 충절로 분열되었다. 그러나 결국 유대인들은 알렉산더 대왕에게 항복하여 환대를 받았다. 이로써 에즈라와 느헤미야가 이끌고 있었던 유다 왕국은 이 일대를 점령한 알렉산더 대왕의 치하로 들어갔다. 당시 에즈라와 느헤미야는 유대인의 정체성을 지키기 위해 이민족과의 결혼을 금지시키고 토라를 완성하여 유대교의 재건에 힘쓸 때였다. 이때부터 유대는 그리스의 속국이 된다.

페니키아 멸망: 그리스 지중해 상권을 독점하다

알렉산더는 팔레스타인을 거쳐 이듬해 페르시아 함대의 근거지인 티레(두로)와 가사를 침공하여 페니키아를 역사에서 지워버렸다. 이로써 지중해 상권은 완전히 그리스의 독무대가 되었다. 그리고 차례차례 페르시아의 주요 도시들을 함락한다. 그 뒤 알렉산더 대왕은 발길을 돌려 기원전 322년 이집트마저 정복한다. 이때는 이미 이집트 땅에 많은 유대인이 거주하고 있었다. 유대인들은 바빌론 느부갓네살 왕의 이스라엘 정복으로 피난 나온 난민들이 아스완 남쪽 엘레판틴 등에 정착하여 여러 대를 살아온 사람들이었다.

∴ 바빌론에 입성하는 그리스군

헬레니즘 문화의 세계화

알렉산더는 이집트에서 '신의 아들'이라는 신탁神託을 받았다. 그 뒤로 그는 신의 아들답게 만민이 한 핏줄이라는 '만인동포관'을 갖게 되었다. 이러한 세계관은 헬레니즘 문화의 세계화에 크게 공헌하게 된다. 알렉산더의 꿈은 그리스 제국을 세우는 것뿐 아니라 헬레니즘 문화를 전 세계에 확산시키는 것이었다.

그는 모든 사람이 그리스어로 말하고 그리스인처럼 행동하여 그리스인이 되기를 원했다. 모든 정복지를 그리스화시켜 그의 목적을 달성하려 했다. 점령지에서 그리스 문화를 제도화시키기 위해 그는 무력을 사용하지 않고 그리스인들에게 원주민들과 결혼하여 아이를 많이 가질 것을 권했다. 그의 교화 방법은 간단했지만 효율적이었다.

페르시아의 멸망

기원전 330년 알렉산더는 다시 군대를 돌려서 메소포타미아로 가 가우가멜라 평원에서 다리우스 3세와 다시 한 번 맞선다. 사람을 반으로 가를 수 있는 무시무시한 큰 낫이 달린 200대의 전차와 불사조 부대의 페르시아군. 알렉산더가 그들 앞에 나타나기 전까지 그들은 세계 최강의 군대였다. 알렉산더는 그 탁월한 전술로 가우가멜라 전투에서 5배가 넘는 적군에게 승리하며 궤멸적 타격을 주었다. 다리우스 3세를 추격하면서 알렉산더는 페르시아의 수도를 함락하고 대부분의 페르시아 지역을 점령한다.

그 사이 다리우스 3세는 다시

∴ 샤를 르 브룅, 〈알렉산더 대왕의 영광스러운 바빌론 입성〉, 부쉐 드 페르트 미술관

∴ 베로네세, 〈알렉산더 대왕 앞의 다리우스 일가〉

힘을 모아 이듬해 알렉산더와 대적하려 하지만 부하 장수의 배신으로 그만 죽임을 당한다. 알렉산더 대왕은 자신을 페르시아의 계승자로 부르면서 다리우스 3세의 장례식을 장엄하게 거행해주었다. 다리우스 3세가 죽자 페르시아는 완전하게 알렉산더의 손에 들어왔다. 이로써 페르시아가 역사에서 사라졌다. 알렉산더는 다리우스의 딸 스타데이라와 결혼했다.

인더스 강까지 진출해 실크로드의 기틀을 놓다

페르시아가 완전히 정복되자 부하들은 기뻐하며 고향으로 돌아갈 것을 기대했다. 하지만 알렉산더 대왕의 꿈은 이제부터가 시작이었다. 마케도니아 군단의 진군은 계속됐다. 그는 다시 동쪽으로 원정했다. 이란 고원을 정복한 뒤 불패의 전사 스키타이 부대도, 뜨거운 사막과 하늘을 찌르는 험준한 산맥도, 인도 왕 포로스의 포악한 코끼리 부대도 그들을 멈춰 세울 수 없었다. 기원전 327년에 인도의 인더스 강에 이르렀다. 이때 동서양을 가로지르는 실크로드의 서방 측 길이 완성되었다.

당시 그리스인들은 인더스 강 너머에 세계의 끝이 있고 그 앞에는 넓은 바다가 펼쳐져 있다고 생각했다. 세계의 끝에 도달하여 그곳에 자신의 이름을 새겨 넣는 것이 알렉산더의 꿈이었다. 그러나 그 꿈은 실현될 수 없었다. 인더스 강을 넘어서도 아시아 대륙은 끝없이 펼쳐져 있었기 때문이다. 게다가 군사들에게 열병이 퍼지고 장마가 계속되는 데다 원정에 지칠 대로 지친 병사들이 알렉산더에게 원정의 중지를 요청했다. 이틀이나 고민하던 알렉산더는 마침내 철수 명령을 내렸다. 페르시아 도시 수사로 돌아온 것은 기원전 324년으로 마케도니아를 출발한 지 10년 뒤였다.

막대한 양의 화폐 발행

세계 최대의 제국을 이룩한 알렉산더의 꿈은 단순히 군사적·정치적 세계 통일이 아니었다. 그는 세계를 하나의 정신, 곧 헬레니즘으로 통일하고자 했다. 알렉산더의 꿈은 1차로 지중해와 오리엔트 세계를 하나로 통합하는 것이었다. 그는 페르시아의 금고를 열어 막대한 양의 금과 은을 화폐로 만들어 유통시켰다. 그 결과 생산이 늘어나고 상업이 눈부시게 발전했다.

그리고 알렉산더는 도시와 문화를 창조했다. 다양한 언어, 민족, 문화가 하나의 제국 안에서 어우러지는 세계의 건설이 그의 이상이었다. 스승 아리스토텔레스의 민주주의가 실현되는, 모든 문화가 하나 되는 나라의 성군이 되는 것이 그의 꿈이었다.

∴ 알렉산더 은화

세계 최초의 계획도시, 알렉산드리아

그는 자신의 이름을 붙인 세계에서 가장 장엄한 도시를 건설할 계획을 세웠다. 그리하여 이집트의 나일 강 하구에 아름답고 화려한 거대 도시를 건설했다. 세계 최초의 계획도시였다. 그리고 처음 계획대로 자기 이름을 따 그 도시를 알렉산드리아로 불렀다. 아리스토텔레스에게서 가르침을 받았던 그는 가는 곳마다 헬라풍의 도시를 세워 시민권을 주고 원로원을 두어 민주제도를 실시하여 그리스 도시국가 형태의 정치체제를 갖추도록 하였다.

알렉산더는 지리적 정복만이 아닌 문화적 정복을 함께 꿈꿨다. 그는 스스로 페르시아 여인과 결혼했을 뿐 아니라 국제 결혼과 문화 교류를 장려했다. 심지어 마케도니아의 지도층 시민에게 페르시아 여인들과 결혼할 것을 명령했다. 그는 동서 문화가 융합하는 세계제국의 실현을 위해 아시아에 그리스 정신이라는 새로운 피를 주입했다.

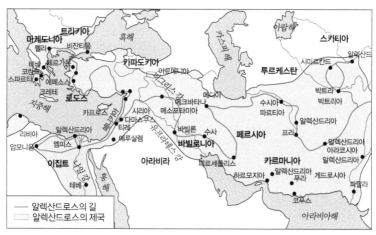

∴ 알렉산더의 제국(기원전 323년)

그 상징이 자신의 이름을 붙여 각지에 건설시킨 도시 알렉산드리아였다.

그 뒤 알렉산더 대왕은 정복한 지역마다 도시를 건설하고 자신의 이름을 따서 '알렉산드리아'라고 이름 붙였다. 곧 알렉산더의 도시라는 뜻이다. 그 뒤 그는 10년 사이에 근동 지역에서만 25개의 계획도시를 세웠다. 헬라 정책을 통한 세계 통일이라는 알렉산더의 원대한 꿈은 그의 사후에도 계속 퍼져나갔다.

그리스군의 경쟁력, 밀집장창대의 '밀집방어진'

알렉산더 대왕은 수많은 전투에서 한 번도 져본 적이 없다. 전쟁사에서 알렉산더 대왕을 으뜸으로 치는 이유의 하나이다. 당시 그리스군의 전투대형은 전사戰史에서 유명하다. 그리스군은 모두 기다란 창과 방패를 갖고 행진했다. 적군을 만나면 밀집대형으로 형태를 변형하여 수비태세에 들어간다. 이를 유명한 '밀집방어진'이라고 부른다. 전면에 있는 군인이 부상당하면 바로 그 자리를 뒤에 있던 군사가 채워 넣었다.

'환타생'이라고 불린 이 밀집방어진은 고대 전투사상 평지의 보병전에서 단 한 번도 패배하지 않았다. 알렉산더가 구사했던 전략의 중심에는 모든 방향의 공격에서 방패로 보호되는 촘촘히 결집된 이 밀집대형이 있었

∴ 마케도니아의 밀집장창대

다. 이렇게 뛰어난 방어진에다 무기도 훌륭했다. 이들이 사용한 '사리사스'라고 불리던 6m 길이의 창은 적군이 짧은 창으로 자신들의 털끝도 건드리기 전에 이미 적군을 무찌를 수 있었다. 페르시아 대군은 정면 전투에서 한 번도 이를 이길 수가 없었다. 알렉산더 대왕이 불과 13년이라는 짧은 시간에 대제국을 건설할 수 있었던 것은 뛰어난 전술의 힘 때문이었다. 훗날 로마군이 주변국에 승리할 수 있었던 것도 밀집대형으로 군 체제를 운용했기 때문이다.

가우가멜라 전투는 전쟁사에서 항상 언급되는 유명한 전투다. 횡대로 뻗은 전열의 길이만 30km가 넘었던 25만 대군을 맞아 알렉산더가 도저히 이길 수 없는 전투에서 승리를 거두었기 때문이다. 밤중에 기습공격을 하자는 제안에 "나는 승리를 훔치러 오지 않았다"는

♣ 이수스의 전투를 묘사한 폼페이의 모자이크 벽화

유명한 말을 남긴 그는 결코 혈기만 넘치는 젊은이가 아니었다.

망치와 모루 전술의 대표적 전투가 기원전 331년 알렉산더와 다리우스가 결전을 벌인 가우가멜라 전투였다. 당시 알렉산더는 4만 5000명의 병력을 가지고 다리우스의 25만 병력을 상대했다. 6m 길이의 장창으로 무장한 창병을 모루로 삼아 다리우스군을 움직이지 못하게 묶어놓고, 기병대를 망치로 이용해 대파하였다. 이 전술로 알렉산

더는 5분의 1의 병력 열세를 극복하는 대승을 거두며 페르시아를 멸망시켰다. 그리고 그 효용성이 인정된 망치와 모루 전술은 마케도니아 이후 유럽의 중세까지 주요 전술로 활용되었고, 6·25 인천상륙작전에서와 같이 현대전에서도 응용되고 있다. 폼페이의 한 저택 벽화에 남아 있는 거대한 모자이크는 이수스의 전투를 묘사한 것이다. 적의 정중앙을 파고드는 젊은 영웅과 겁에 질린 눈으로 그를 응시하는 무너지는 제국의 군주 다리우스 모습을 잘 묘사하고 있다.

유대 상인들의 중흥기, 그리스 제국 곳곳으로 스며들다

유대 전승에 따르면 예루살렘 성문에서 대사제가 알렉산더 대왕을 만났다고 한다. 대사제는 어느 나라 편에 가담해야 할지 결정하지 못하다가, 꿈을 꾸고 난 뒤 대왕을 맞이하러 나갔던 것이다. 대사제를 만난 알렉산더 대왕은 마케도니아를 출발하기 전에 꿈속에 나타나 동방을 정복하도록 용기를 북돋아준 인물이 대사제와 일치한다는 사실을 깨닫는다. 이 전승은 당시 알렉산더 대왕이 누렸던 인기를 잘 보여주는 것이다.

그는 성전에 제물을 바쳤으며, 또한 유대인에게 종교의 자유와 더불어 7년마다 오는 안식년에 세금을 면제해주겠다고 약속했고, 알렉산드리아 건설을 돕도록 유대인을 이집트로 데려갔다. 알렉산더는 유대인들을 존중해주었다. 알렉산드리아의 5분의 2를 유대인들에게 할당한 것이 그 증

∴ 기원전의 상거래 모습을 보여주는 이집트 벽화

거이다. 알렉산드리아에 유대인이 많았던 이유이다.

이렇게 유다 왕국과 바빌론의 유대인 디아스포라가 그리스의 지배를 받게 되자 많은 유대인이 그리스 제국 내 각 도시로 옮겨 갔다. 이때부터 유대인의 디아스포라가 지중해 연안 및 이집트의 알렉산드라는 물론 알렉산더가 인도 침입 시에 길을 닦아놓은 중앙아시아의 실크로드 주변으로도 많이 진출했다. 중앙아시아의 실크로드는 사실 한나라 무제 이전에 알렉산더가 닦아놓은 길이다. 그리고 이 길을 가장 잘 이용한 민족이 바빌론의 유대 상인들이다. 알렉산더의 세계 정복이 유대인의 활동반경을 넓혀주었다.

알렉산드리아 인구 40%가 유대인

이후 지중해 연안의 유대인 커뮤니티가 주도하는 해상무역이 급속도로 발전했다. 특히 알렉산드리아가 해상무역으로 번성하자 유대인들이 알렉산드리아에 대거 몰려들었다. 인구 100만 명 가운데 40%가 유대인이었다. 당시 지중해에서 가장 큰 상업도시였다. 세계 제1의 상업도시 중심에는 항상 유대인이 있었다.

또한 동서양을 잇는 실크로드 교역도 활성화되었다. 이들 교역의 중심은 바빌론의 유대인 디아스포라였다. 이들로부터 퍼져나간 실크로드 곳곳의 유대인 커뮤니티들이 중앙아시아와 인도에 이르는 실크로드 길의 유통을 도와 교역을 활성화시켰다. 기원전 11세기의 이집트 미라에서 발견된 비단 조각으로 미루어보아 이미 이 시기에 중국으로부터 비단이 수입되고 있었다.

알렉산더, 국제통화를 만들다

알렉산더 대왕이 그리스의 드
라크마화를 흑해에서 이집트까
지, 그리스에서 인도 경계선까
지 유통되는 국제통화로 만들어
버렸다. 페르세폴리스 등 유서
깊은 페르시아 도시들의 파괴를

⁂ 기원전 310년경의 드라크마화

통해 노획한 막대한 양의 귀금속은 그 대부분이 주화로서 유통되어
헬레니즘 시대의 경제적 호황을 가져온 한 요인이 되었다. 페르시아
유적에서 얻은 귀금속은 대왕의 모습을 새긴 수천, 수만의 드라크마
화가 되었다. 이것들은 알렉산더 대왕의 사후에도 오랫동안 유통되
었다. 알렉산더는 이렇게 역사상 최초의 국제통화를 만들었다. 이후
화폐의 역사는 경제사뿐만 아니라 정치사와 분리할 수 없는 부분이
되었다.

이때부터 화폐의 법칙이 적용된다. 곧 화폐의 공급량과 상품의 공
급량 사이에 균형을 유지해야만 하는 법칙이다. 이 균형을 깨는 요인
은 어떤 것이든 화폐를 값싸게 만들어 인플레이션으로 치닫든지, 화
폐를 비싸게 만들어 디플레이션으로 인도하였다.
그러나 알렉산더 대왕 자신은 이 법칙에 대해 아
무것도 몰랐다.

그가 페르시아를 멸망시키고 거기서 얻은 귀
금속으로 만든 대량의 경화가 그리스 제국의 교
역 팽창으로 화폐의 수요와 멋지게 들어맞았다.

⁂ 알렉산더 금화

순전히 우연으로 화폐의 공급과 상품의 공급이 거의 일치되었다. 새 시장이 그의 제국으로 흡수되었을 때 이에 맞추어 수많은 경화를 유통시킨 것은 행운이었다.*

알렉산더의 죽음과 그리스의 분열

알렉산더 대왕은 기원전 323년 바빌론을 대제국의 수도로 정하고 그곳에서 통치하며 아라비아 원정을 준비하던 중 말라리아에 걸려 33세의 젊은 나이로 갑자기 죽었다. 알렉산더 대왕은 13년이라는 짧은 세월 동안 지중해와 아시아에 걸친 대제국을 이룩했다. 그리고 자기가 정복한 땅에 알렉산드리아라고 이름 지은 도시를 70개나 건설했다. 이 도시들은 그리스 문화 동점東漸의 거점이 되어 헬레니즘 문화의 형성과 파급에 큰 구실을 했다. 이후 도시 이름이 바뀌거나 도시가 아예 없어져 현재 알렉산드리아로 명명되어 불리는 도시는 이집트의 알렉산드리아 한 군데밖에 없다.

알렉산더는 스승의 영향 때문인지 학문과 문화 전파에는 큰 가치를 두었으나, 죽을 때 후계자를 지목하지 않고 그저 '가장 강한 자'가 자신의 뒤를 이으라는 유언만을 남겨 측근들의 전쟁을 불러왔다. 알렉산더가 죽은 뒤 그의 장군들 사이에 이른바 후계자 전쟁이 전개되었다. 이 전쟁은 50년 이상 계속되어 결국 대제국의 영토는 마케도니아, 시리아, 이집트의 세 나라로 갈라졌다.

❖ 김학은 지음,《돈의 역사》, 학민사, 1994

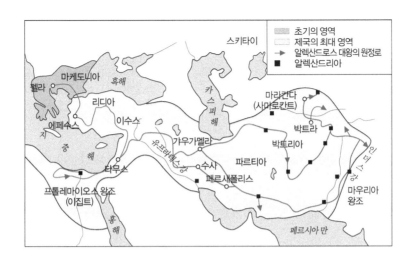

초기의 영역
제국의 최대 영역
→ 알렉산드로스 대왕의 원정로
■ 알렉산드리아

스키타이

마케도니아
펠라
흑해
리디아
에페수스
지중해
이수스
타우루스
프톨레마이오스 왕조
(이집트)
홍해

카스피해
유프라테스
가우가멜라
수사
페르세폴리스
파르티아

마라칸다
(사마르칸트)
박트라
박트리아
마우리아 왕조
인더스
페르시아 만

알렉산더의 시신은 당시 바빌론의 관습대로 황금관 속의 꿀에 담겨 마케도니아로 호송되었다. 그의 시신 행렬은 고향에 이르지 못하고 이집트에서 멈췄는데 그의 장군이었던 프톨레마이오스와 후손들이 알렉산더의 시신을 납치해 이집트 땅 어딘가에 몰래 숨겨둔 것으로 보인다. 옛날에는 후계자들의 싸움에 누가 전임 왕의 시신을 갖고 경배함으로써 그 권위와 정통성을 이어받느냐가 중요한 관건이었다. 왕조의 멸망과 함께 알렉산더 대왕의 시신은 영원히 비밀 속에 묻혀버렸다. 칭기즈 칸의 무덤이나 알렉산더 대왕의 무덤 둘 중 하나가 발견된다면 세계는 다시 한 번 경이로움 속으로 빠져들 것이다.

서양 문화의 두 뿌리, 헤브라이즘과 헬레니즘

서양 문화의 양대 기둥은 유대교 기독교적인 헤브라이즘과 그리스

·로마적인 헬레니즘이다. 헤브라이즘은 유대교에 기원을 둔 것이다. 신 중심적 초월적·영적인 성향을 지닌다. 반면 헬레니즘은 그리스인의 문화에 기원을 둔 것으로 인간 중심적·합리적·현세 중심적 성향을 지닌다. 이 둘은 서로 대립하면서, 또 보완 발전하면서 오늘날의 서양 문화를 만들어왔다.

철학적 측면에서 헬레니즘과 헤브라이즘의 실재관이 다르다. 헬레니즘은 근본적으로 합리주의를 본질로 한다. 우주와 인간사 모든 것은 어떤 합리적 법칙이나 원리로 질서 지워져 있다고 본다. 그리고 인간의 정신은 합리적 질서를 발견하고, 그 질서에 맞도록 인성을 도야함으로써 폴리스 국가처럼 이상적 인류 공동체를 만들 수 있다고 확신한다. 그러나 헤브라이즘은 열려진 실재관으로 만물은 새로움을 향해 전진한다고 본다. 헤브라이즘은 본래 유목생활과 유랑생활을 경험한 백성이기 때문에 역사적 실재란 약속이나 비전이 실현되어가는 과정이라고 본다.

정치사상, 곧 바람직한 공동체에 대한 견해에서도 크게 다르다. 헬라인의 폴리스는 본질적으로 귀족정치이며, 인간들은 이념적으론 평등하다고 말하지만 현실적으론 차별이 불가피하다고 생각한다. 그리고 헬라 법정신은 폴리스가 혼동과 무질서로 빠지지 않도록 지켜주는 경찰 기능이다. 반면 히브리적 예언자들의 정치사상은 자유와 평등을 토대로 하는 공동체의 실현에 있다. 인간은 하느님 앞에서 철저히 평등하고 존엄하며, 왕일지라도 평민의 인격 존엄성과 권리를 박탈할 수 없다고 본다.

구약의 계약사상과 모세 율법 정신은 강자의 권익을 지켜주는 데 있지 않고, 철저하게 사회의 약자들을 보호하고 그들의 생존권과 인간 존엄성이 권력이나 이념체계에 의해 침해당하지 않도록 수호하려는 데 있다. 민주정치는 정의를 갈망하는 정신과 불의에 빠지기 쉬운 인간의 경향 때문에 필요한 것이라고 본다. 결론적으로 헤브라이즘은 자본주의 사회의 자유로운 창의성과 사회주의가 꿈꾸는 정의로운 평등성을 동시에 살려낸 사회를 꿈꾼다. 헬레니즘과 헤브라이즘은 서로 대립하고 보충하면서 유럽 문화의 원동력을 이루고 있다.[※]

유대의 프톨레마이오스 왕국 시대

기원전 323년 알렉산더 대왕이 죽자 그의 죽음으로 이제 갓 탄생하려던 제국은 여지없이 무너지고 말았다. 그의 지휘관들은 제국을 셋으로 분할해 통치하였다. 그리스 본토에 마케도니아 왕국, 이집트 방면에 프톨레마이오스 왕국, 페르시아 제국의 중심지에 들어선 셀레우코스 왕국이 그것이다.

알렉산더가 죽은 뒤 알렉산더의 휘하에서 사령관으로 활동했던 프톨레마이오스는 이집트로 들어가 이집트의 마지막 왕조가 되는 프톨레마이오스 왕가를 세우고 알렉산드리아를 수도로 삼았다. 이후 프톨레마이오스 왕국은 유대와 예루살렘을 통치했다. 유대는 자치령으로 유지되었다.

이 시기에 관한 정보는 매우 적다. 그러나 이 기간에 예루살렘은 상당한 번영을 가져왔다. 집회서(50:1-4)를 보면 정치적인 안정으로

※ 김경재, 〈헤브라이즘의 본질은 무엇인가?〉, 《한신학보》, 2007년 3월

폐허가 되었던 도시와 성벽들이 재건되었고 방어용 연못도 만들어졌다. 인구도 꾸준히 증가했다. 이 시대 당시 팔레스타인은 빠른 발전으로 무역과 상업이 왕성하게 이루어졌고 필리스틴인들의 전통을 흡수한 도자기가 만들어졌다.

세계 최대 도서관, 유대인이 연구를 주도하다

기원전 280년 프톨레마이오스 2세는 알렉산드리아의 왕궁 내에 연구교육기관인 무세이온을 설립했다. 학식 있는 많은 유대인 학자들이 연구원으로 참여했다. 프톨레마이오스 왕가는 알렉산드리아에 있는 모든 책을 필사하도록 하는 법을 제정해서 시행했다. 무세이온 도서관은 이집트, 유대, 그리스 사상의 기록물들을 집중적으로 수집하여 집대성하고 검증하며 체계화하는 장소가 된다. 이에 따라 도서관은 수십만 권의 파피루스를 소장하게 되었다. 유대인 학자들은 유대의 기록물 수집에 머무르지 않고 그것들을 그리스어로 번역했다.

특히 기원전 3세기 이후 프톨레마이오스 9세가 그리스 학자들을 알렉산드리아에서 추방한 뒤에는 유대인 학자들이 중책을 맡아 연구를 주도하였다. 알렉산드리아에서 그리스인들이 사라진 이후 유대인들에 의해 알렉산드리아의 학문이 견인되어 갔다. 도서관은 처음에는 프톨레마이오스 왕가에 의해, 그리고 나중에는 로마 황제의 후원 아래 기원전 140년에서 서기 80년 사이에 크게 융성했다. 도서관에 있는 엄청난 양의 장서는 당시까지의 모든 책을 모아놓은 그야말로 고대 문화의 보고였다.

기원전 47년 로마의 정복자 율리우스 카이사르Julius Caesar(시저, 기원전 100~기원전 44년)가 이집트를 침공할 때 무세이온에 있던 책들 일부가 소실되었다. 당시 카이사르는 전술적인 필요에 의해 항구에 정박하고 있는 모든 배에 불을 질렀는데, 이 불이 육지에 있는 무세이온으로 번져 그곳에 있던 수만 권의 두루마리 책이 불탔다. 이 전쟁에서 카이사르는 마침내 이집트에 승리했고, 이집트의 여왕 클레오파트라를 아내로 맞아 로마로 돌아갔다.

카이사르가 죽은 뒤 이집트로 돌아온 클레오파트라는 불에 탄 무세이온을 재건하려고 마음먹었다. 클레오파트라의 새로운 연인이 된 안토니우스는 클레오파트라에 대한 사랑의 표시로 기원전 40년경 알렉산드리아의 무세이온과 쌍벽을 이루던 페르가몬 도서관을 강점하고 이곳에 있는 20만 권의 두루마리를 사랑하는 클레오파트라에게 선물했다. 이리하여 카이사르에 의해 불태워졌던 무세이온에는 소장하고 있는 장서의 수가 과거보다 오히려 늘어났다고 한다. 서기 80년경까지 알렉산드리아에서 학문이 융성할 수 있었던 배경에는 클레오파트라의 책에 대한 깊은 애정이 자리 잡고 있었던 것이다. 이 도서관은 이후에도 유대인들의 학문 고양에 크게 공헌한다.

유대인, 헬라 문화에 빠지다

알렉산더 대왕이 기원전 330년 페르시아를 멸망시켜 당시에 페르시아의 속국이었던 유다 왕국의 많은 유대인이 그리스 정복 지역인 지중해 연안 국가들에 흩어져 살게 된다. 곳곳에 흩어져 살면서도 유대인들이 정체성을 유지할 수 있었던 것은 공통으로 간직한 성서 덕분이었다.

알렉산더 대왕의 유다 왕국 점령은 짧은 기간이었지만 유대인들에게 문화적인 충격을 주었다. 이른바 헬레니즘 문화 쇼크이다. 기원전 3세기경에 이르러서는 헬레니즘 제국 내의 유대인들이 우수한 헬레니즘 문화에 푹 빠져 벌써 헬라인이 다 되어 있었다. 그들에게 히브리어는 이미 외국어나 다름없었다. 성서를 못 읽는 유대인들이 많아 민족의 정체성을 유지하기 어려웠다.

이때는 유다 왕국이 멸망한 지 이미 300년이 훨씬 지난 때로 유대인들은 나라 없는 백성으로서 여러 나라에 흩어져 고달픈 삶을 살고 있던 시기였다. 이산 유대인은 생업 때문에 그리스어를 아주 자연스럽게 익히고 있었다. 특히 젊은이들은 그들의 언어였던 히브리어를 거의 잊어버리고 그리스어를 사용했다. 따라서 유대 젊은이들은 히브리어로 쓰인 구약성서는 읽을 수가 없어 그리스어로 번역해야 할 필요가 생겨났다.

유대인의 정체성을 유지해준 70인역 성서

이러한 위기를 맞아 당시 이집트의 수도인 알렉산드리아에 살고 있던 유대인들은 토라를 그리스어로 번역하기로 하고 이집트 왕 프톨레마이오스 3세에게 도움을 청한다. 역대로 프톨레마이오스 왕조는 유대인에게 우호적이었다. 프톨레마이오스 1세는 유대인들을 제국 내에 산재해 있는 알렉산드리아 도처에 안주시켰으며, 정착 후 경제·문화적 지원을 아끼지 않았다. 그 뒤를 이은 프톨레마이오스 2세와 3세 역시 유대인들에게 우호적이었다.

당시 알렉산드리아는 지중해 무역의 중심지이자 문화의 보고였다. 이곳에서 제일 중요한 곳은 알렉산드리아 도서관이었다. 이 도서관은 당시 세계 최대로 파피루스로 된 책들만 70만 권 이상이 있었다. 이러한 도서관들이 그리스 문화를 전파하는 힘이었다. 이 서적들이야말로 세계를 정복한 그리스 문화 홍보대사들이었다. 고대 유럽의 학문과 예술이 알렉산드리아에서 나왔고 동양과 서양을 잇는 헬레니즘 문화의 사상적 체계도 여기에서 탄생한 것이다.

고대 알렉산드리아의 관리들은 도시에 배가 기항하면 그 배에 실린 모든 필사본을 일단 거두어서 또 다른 필사본을 만든 후 돌려주었다고 한다. 때로는 원본을 갖고 필사본을 돌려주는 '사기'도 서슴지 않았다. 훌륭한 도서관이야말로 뛰어난 학자와 기술자들을 유치하는 가장 좋은 방법이었기 때문이다. 그리고 그것은 학문과 기술의 발전으로 이어졌다.

이곳은 계속 번성하는 무역 중심 상업도시로 발전했고, 상업에 종사하던 많은 유대인이 이곳으로 몰려와 살고 있었다. 당시 알렉산드리아에 거주하는 유대인 수가 예루살렘보다 많았다. 지금의 뉴욕 격이었다. 이들 유대인이 주축이 되어 성서의 그리스어 번역 작업이 이루어졌다. 왕은 유대인들의 부탁을 받아들여 적극 도와주었다.

왕은 사신을 보내 유대의 12지파에서 각각 6명의 현자를 선출해 알렉산드리아로 데려왔다. 직접 이들의 지혜를 시험해보고 만족한 왕은 파로스 섬에 건물을 짓고 72칸의 방에 이들을 각자 들여보내

토라를 번역하라고 명한다. 약속한 72일이 지나 이들이 방에서 나왔다. 그런데 기적이 발생했다. 그들의 손에 들린 72개의 번역본이 놀랍게도 글자 하나 틀리지 않고 완벽하게 일치했다. 이로써 여호와의 손길이 미친 것임을 입증했다. 유대인의 정체성을 지켜준 구약에 얽힌 이야기다.

기원전 300년경에 만들어진 이 그리스어로 번역된 구약성서를 '70인역Septuagint'이라고 부른다. 최초의 구약 번역성서로서 역사적 의의가 크다. 원래 정확히는 72인역이지만 편의상 70인역이라 부른다. 그런데 70인역은 구약을 번역했을 뿐만 아니라, '4분법'이라는 새로운 원칙에 따라 구약 책의 순서도 재배치했다. 오늘날 우리가 읽고 있는 구약성서의 순서는 '70인역'의 순서를 따르고 있다.

시련의 시작: 시리아 왕국의 유대 정복

그 뒤 기원전 200년에는 또 다른 알렉산더 대왕의 부하 장수였던 셀레우코스 왕조가 지배하던 시리아 왕국의 안티오쿠스 3세가 유대를 정복했다. 그때 예루살렘의 유대인들은 안티오쿠스 3세가 이집트의 프톨레마이오스 수비대로부터 도시 요새를 빼앗는 데 협조했다. 그리하여 기원전 2세기 초반에는 시리아가 예루살렘의 자치행정을 허용했다.

두 왕조의 영향으로 헬레니즘 문화가 도시에 사는 부유한 유대인들 사이에 널리 퍼져갔다. 유대인 지배층들은 그리스어를 자유롭게 사용했고 지식층, 특히 사제 계급은 헬레니즘의 영향을 상당히 많이

받았다. 이에 대해 율법학
자와 랍비들은 반발했는데,
그들은 토라와 유대교 생활
방식을 고수하며 헬레니즘
에 맞서면서 하시딤이라 불
린 보수적 유대교 경건주의
자들과 함께 활약했다.

실패한 반란, 화를 부르다

당시는 유대인들이 천거한 대제사장을 총독으로 임명하였다. 유
대 제사장 야손은 이스라엘 이름인 '여호수아'를 '야손'으로 바꾼 사
람으로서 친헬라파 인사 가운데 비들기파에 속해 전통을 중시하는
보수파와도 대화할 수 있는 인물이었다. 그는 유대인의 그리스화에
협력했다. 성전을 개방해 이교도 의식을 진행토록 했고 지성소에 그
리스인 동상을 세웠다. 유대 제사장들은 그리스 의상을 입고 숭배의
식을 그리스식으로 치렀다.

그러자 이에 대한 유대인들의 분노가 표출되기 시작했다. 유대인
들은 두 파로 나뉘었다. 헬라파와 정통파가 그것이었다. 그리하여 그
들은 대제사장 자리를 놓고 싸우게 되었다. 많은 유대인이 경건자 그
룹의 하시디안 운동에 동참하게 된다. 자연발생적인 것이었다. 그리
고 기회를 틈타 그리스화를 부르짖는 공직자와 제사장들을 성전의
담장 위에서 떨어뜨려 처벌했다.

기원전 171년 합법적인 대제사장 야손이 다른 나라에 가 잠깐 자리를 비운 사이에 제사장 가문 출신이 아닌 메넬라우스가 그를 지지하는 극렬 헬라파의 세력을 업고 대제사장이 되었다. 기원전 168년 이집트를 공격한 안티오쿠스는 알렉산드리아를 거의 정복하려는 순간에 그를 견제하는 로마에 의해 실패하고 이집트에서 물러나게 되었다. 이때 팔레스타인에서는 안티오쿠스가 전쟁 중 죽었다는 소문이 돌았다. 예루살렘의 유대인들은 이때가 멍에를 벗어던질 좋은 기회로 여겨 반란을 일으켜 다시 야손을 대제사장 자리에 앉혔다.

소문은 잘못된 것이었다. 이러한 반란 소식을 들은 안티오쿠스 3세는 예루살렘으로 진격해 1만여 주민을 무자비하게 학살하여 반란을 진압하고, 예루살렘 근처에 시리아 병사들을 주둔시켰다. 그리고 자치권을 박탈하고 탄압정책으로 돌아섰다. 그는 이상하고 배타적이며, 비타협적인 유대민족의 종교를 타도하기로 했다. 카스피 해까지 이르는 지역의 여러 종족을 통일하여 광대한 제국을 만들기 위해 그는 종교를 통일키로 계획했다. 그는 스스로 자신이 제우스의 지상 현신이라고 주장하며 제우스 숭배를 강요하였다.

유대교 말살정책

먼저 유대교 종교의식을 금지시켰다. 그 뒤 새로운 동상들이 성전에 세워지고 이교도를 예루살렘에 이주시켜 유대인과 피를 섞게 하는 정책을 폈다. 또한 그는 유대교 말살을 위한 칙령을 선포했다. 그 내용은 유대인의 안식일과 종교적 공휴일 그리고 할례를 지키는 자는 사형에 처한다는 것이었다. 예루살렘 성전에 제우스와 같은 그리스 우상을 들여놓는가 하면 유대인이 제일 혐오하는 돼지를 제물로 바쳤다. 율법이 금하는 동물이었다. 예루살렘의 유대교 성전을 제우스 신전으로 바꾸자 이에 반발하여 유대인의 거센 저항이 다시 시작되었다.

예언자들은 이스라엘을 야훼가 선택한 백성이라고 가르쳐왔다. 이스라엘은 '모든 민족을 밝혀주는 빛'으로 하느님이 선택한 백성이었다. 야훼와 이스라엘의 특별한 관계가 지니는 의미를 세상에 입증하는 것이 이스라엘의 존재 이유였다. 이스라엘의 임무는 인간의 힘에 의해서가 아니라 하느님의 사랑과 정의에 의해 지배되는 올바른 인간 사회를 만들어서 하느님의 계시를 의미 있게 하는 것이었다. 이스라엘에서 유대교를 빼앗으면 더는 이스라엘이 아니었다.

역사상 첫 종교전쟁, 마카베오 반란

기원전 166년에 안티오쿠스 4세는 장대한 군사 열병식을 벌여 만방에 그의 힘을 과시했다. 열병식에는 2만 명의 마케도니아군과 4만 6000명의 보병이 참가했고, 그 뒤를 8500명의 기병과 306기의 장갑 코끼리 부대가 따랐다. 이때 반란이 다시 시작된 것을 보면 유대인의 투쟁정신은 놀라웠다. 유대교 정통파들은 마카베오 가문의 지도로 반란을 일으켜 곳곳에서 승리를 거두고 마침내 예루살렘에서 제우스 신상을 파괴했다. 이것이 역사상 첫 종교전쟁이다.

마카베오 5형제를 중심으로 하는 유대민족의 저항은 게릴라전을 통해 몇 번의 소규모 전투에서 승리를 거둔다. 왕의 토벌군을 유대 마카베오는 간단히 물리쳤다. 그러자 왕은 이번에는 군사령관 세론을 직접 보냈다. 하지만 이번에도 마카베오의 용맹에 밀려 퇴각했다. 왕은 이제 마카베오 5형제의 힘이 만만찮다는 것을 알게 된다. 이들 5형제를 놔두었다가는 제국 전체에 위협이 될 수 있었다. 왕은 당시 페르시아와의 전쟁에 신경을 써야 할 형편이었다. 그런데 이런 작은 반란군 무리조차 제대로 다스리지 못한다면 체면이 설 수 없었다. 그래서 5형제 군대를 괴멸시키기 위한 대규모 군대를 편성했다. 예루살렘을 비롯한 가나안 땅 전체가 술렁이기 시작했다.

진압군은 보병 5000명에 정예기병 1000명이었다. 이에 대항하는 마카베오 5형제의 병력은 3000명에 불과했다. 기병도 없었다. 또 진압군은 갑옷 등 무장이 완벽했다. 게다가 병사 대부분이 전투 경험이 풍부한 용병들이었다. 하지만 마카베오 5형제의 병사들은 전투에 익숙하지 않았을 뿐 아니라, 갑옷과 칼 등 무기조차 제대로 갖추지 못했다. 두 군대가 부딪친 곳은 예루살렘에서 서북쪽에 자리한 엠마오 평원이었다. 그러나 이 전쟁에서 예상을 깨고 영웅적으로 싸운 마카베오 군대가 이겼다.

그러나 왕은 물러서지 않았다. 이듬해 다시 섬멸작전에 나섰다. 이번에는 정예보병 6만 명과 기병 5000명을 동원했다. 1년 전보다 10배가 넘는 병력이었다. 이에 마카베오는 보병 1만 명으로 맞섰다. 하지만 용병 중심으로 편성된 진압군은 목숨을 바칠 각오로 싸우는 유대인들을 당해내지 못했다.

그리스인들은 유대인들이 소유가 아닌 관념을 위해 영웅적으로 싸우는 모습을 경이롭게 생각은 했지만 이해하지는 못했다. 2년간의 끈질긴 싸움 끝에 기원전 164년에 결국 예루살렘을 함락시킨다. 이로써 독립을 쟁취하여 자치령이 되었다. 이것이 유대인의 명절 '하누카'의 기원이 된다. 마침내 독립을 쟁취하여 자치령이 되었다.

하스모니안 왕조 시대: 하누카 의식

그래서 탄생한 것이 하스모니안 왕조이다. 마카베오 가문의 조상 하스몬의 이름을 따 지은 왕조 이름이다. 그리하여 예루살렘은 이후 100년간 하스모니안 왕조에 의해 다스려졌다. 당시 반유대주의 및 마카베오 가문의 반란은 구약 외경 마카베오 상·하에 나와 있다. 이들은 제우스 신상이 들어선 이후 3년 반 만인 기원전 164년 12월에 성전을 정화하고 희생제사를 부활시켰다. 이때 성전 반환을 기념하여 하루 분량의 올리브유로 예루살렘 신전에 불을 켰는데 그 불이 8일 동안 계속되는 기적이 일어났다. 유대인들은 이를 하느님의 응답으로 여기고 '성전봉헌일'이라는 명절을 만들어 매년 이 기간에 가정에서 8일 밤 동안 촛불을 밝힌다. 이 축제는 '봉헌절'이라는 이름으로 지금까지도 이어져 내려오고 있다. '수전절'이라고도 하는데 유대인들은 이를 '하누카'라고 부른다.

유대인들이 성스러운 성물로 여기는 유대인 고유의 촛대 메노라menoroh가 바로 '하누카 촛대'이다. 하누카는 봉헌dedication이라는 뜻이다. 황금의 메노라(7가지 촛대)

∴ 백악관의 하누카 의식과 유대민족의 상징물 7개의 촛대 메노라

는 고대 예루살렘의 솔로몬 성전의 예배의식 때 사용된 중요한 도구였다. 그 후부터 이것은 여러 가지 형태로 유대 유물의 상징이 되었다.

유대인들의 성전 반환전쟁 승리를 기념하는 하누카는 12월 하순이라 기독교인들은 유대인들의 크리스마스라고 부른다. 유대인 아이들이 가장 좋아하는 명절 하누카 때는 부모들과 조부모들로부터 8일 동안 매일 선물을 하나씩 받는다.

정통파 하시딤이 바리새파와 엣세네파로 분리되다

독립전쟁에 승리한 하스모니안 가문은 그만 과욕을 부려 기원전 152년에 요나단이 정권과 대제사장직을 독식하는 잘못을 범했다. 대제사장직은 대대로 그간 사두개파의 직분이었다. 일이 이렇게 되자 그때까지 독립군에 가담하던 유대교의 경건자 그룹인 하시딤이 양분되기에 이르렀다. 요나단을 지지하는 경건자들이 바리새파를 만들었고, 그를 반대하는 경건자들이 엣세네파를 만들었다.

바리새파는 사두개파를 보수주의로 간주했고 엣세네파를 광신자로 보았으며 자신들은 진보주의자라고 주장했다. 그들은 헬레니즘을 반대했고 종교는 진보하는 것이라고 믿었다. 그래서 모세의 율법을 재해석하는 구전율법을 존중했다. 이들은 유대교에 융통성을 부여한 것이다. 그것이 미래의 곤경에서 유대교를 살아남게 한다.

헬라의 영향을 받다

하스모니안 왕조는 기원전 165년부터 기원전 63년까지 약 100년간 계속되었는데, 기원전 142년 유대는 면세 특권과 화폐주조권을 얻어내고 시리아 방위군이 모두 팔레스타인에서 철수함으로써 명실상부한 독립국가가 되었다. 요나단 사후 통치권은 대사제가 된 시몬에게 계승되고, 시몬의 아들인 히루카누스는 왕국의 영토를 다윗 시대와 비슷한 규모로 만들었다.

이 시기에 그리스와 페르시아의 자연관과 역사관의 영향을 많이 받았다. 구약성서의 지혜서들은 그리스 사상의 영향을 받은 것으로 보이며, 그 특징은 신앙의 이성적 측면과 사고의 지적 측면을 강조한 것이었다. 1세기 알렉산드라의 유대인 철학자 필로는 유대교 신학의 지혜와 그리스 철학의 로고스를 의도적으로 종합하려고 노력했다.

로고스는 헬라어로 '말씀'이란 뜻이다. "한처음, 천지가 창조되기 전부터 말씀이 계셨다. 말씀은 하느님과 함께 계셨고 하느님과 똑같은 분이셨다." 요한의 복음서 1장 1절에 나타난 '말씀', 즉 '로고스'에 관한 것처럼 많은 사고와 논쟁을 가져온 말이 없다.

이는 원래 스토아 철학자들이 우주 만물을 이루는 이성적인 원리라는 의미로 사용된 말이다. 이 말을 유대인들에게 신적 의미로 보급시킨 유대인 철학자가 필로였다. 필로는 '로고스'를 사람들에게 하느님의 형상을 부여하며 사람들을 하느님께 인도하는 존재로 이해했다. 필로의 활약과 당시 철학 사조의 영향으로 1세기 후반 로고스란 말이 유대인과 이방인을 막론하고 익숙한 용어가 되었다.

내전: 잔혹한 복수

기원전 103년 알렉산더 얀네우스가 왕이 되었다. 그의 통치 아래 유대 영역은 최고에 달했다. 당시만 해도 아직은 로마가 그리스를 대신할 만한 힘을 가지고 있지 못했다. 더구나 시리아의 쇠퇴로 기원전 90년경에는 알렉산더 얀네우스가 세력을 북동쪽으로 확산하려 했으나 오히려 패하여 병력을 대부분 잃었다. 그의 패배로 유대 내에서는 바리새파에 의한 반란이 일어났다.

알렉산더 얀네우스는 6년에 걸쳐 잔혹하고 야만스럽게 반란을 진압했다. 유대 역사가 요세푸스에 의하면 내전으로 유대인 5만 명이 목숨을 잃었다. 내전이 끝나자 알렉산더는 포로들을 이끌고 예루살렘으로 개선하여 자신은 물론 애첩들이 지켜보는 가운데 예루살렘 왕궁 앞에 800명의 포로를 십자가에 매달았다. 그리고 아직 숨이 끊어지지 않은 그들이 보는 앞에서 그 자녀들과 아내의 목을 자르게 했다.

알렉산드라 여왕, 최초의 의무교육 실시

기원전 76년 얀네우스가 죽자 그의 부인 살로메 알렉산드라가 왕위를 계승했다. 그녀는 지적이고 온화한 사람이었다. 살로메 알렉산드라 여왕의 집권기가 하스모니안 왕조의 최고 황금기로 꼽힌다. 비록 통치기간은 9년으로 짧았지만 폭넓은 사회개혁이 단행되었다. 로마가 그리스와 다투던 시절만 해도 로마는 유대인의 동맹이었다. 로마인은 약소국가의 존재를 인정하고 어느 정도 독립성을 인정했다.

하스모니안 왕가는 이두매인을 비롯해 자국 내 이방인은 물론 주변 국가의 많은 이방인을 유대교로 강제 개종시킨 바도 있었다. 따라서 1세기 로마 제국 내에서 유대교를 표방하고 있는 700만 중에 400만이 가계로 보아 진정한 유대인이고 나머지는 개종한 이교도 또는 그들의 후손이라는 견해는 결코 무리한 추측이 아니다.

그러나 확장주의적인 유대 왕국이 영토를 넓혀가려는 야심을 지닌 데다 이웃 여러 민족을 강제로 유대교로 개종시키는 것을 로마의 원로원은 보고만 있을 수 없었다. 유대 국가가 내부 분열을 일으켜 피폐해지고 틈을 드러내기를 조용히 기다렸다. 이런 점을 눈치챈 알렉산더의 미망인 살로메는 내부 단결을 도모하였다. 당시 반대파로서 대중적 세력을 넓혀가던 바리새인들을 산헤드린으로 받아들이고 그들의 구전율법도 나라의 법제 안으로 수용했다. 이를 통해 나라의 안정적 통일을 시도했다.

특히 여왕은 종교를 중심으로 나라를 통일하려고 했다. 그녀는 유대교를 재건하기 위해서는 모든 국민이 성서를 읽고 율법을 배울 수 있어야 한다고 판단했다. 그러기 위해서는 최소한 가정예배를 이끄는 남자들은 먼저 글을 깨우쳐야 한다고 생각했다. 여왕은 전국에 걸쳐 학교를 짓고 노소를 가리지 않고 남자들에 대한 의무교육을 실시했다. 그리고 교사 양성소도 설치했다.

유대 성인 남자, 사라진 문맹

이후 유대인 사회에서 최소한 가장들 사이에서는 문맹이 사라졌다. 거의 모두가 문맹이었던 당시로는 파격이었다. 이후 유대인들은 어느 곳에 가든 뛰어난 경쟁력을 갖출 수 있었다. 글을 읽고 쓰고, 그리고 계산에 능한 유대인들은 쉽게 자리 잡았다. 또한 그들 간의 서신 연락에 의한 정보의 교류는 곧 무역으로 연결되어 막대한 부를 모으는 중요한 수단이 되었다.

그 뒤 유대인들은 3세가 되면 히브리어를 배운다. 율법을 암기하고 배우기 위해서다. 특히 13세 때 성인식을 치르기 위해선 모세오경(창세기, 탈출기, 레위기, 민수기, 신명기) 중 한 편을 반드시 모두 암기해야 한다. 그리고 성인식에 참석한 사람들을 대상으로 성서를 토대로 자기가 준비한 강론을 해야 한다. 이러한 전통은 고대 이래로 유대민족의 탁월한 지적 능력으로 연결되었다.

유대인의 정체성에 타격을 입힌 헬레니즘 문화

알렉산더 대왕은 그리스 문화와 오리엔트 문화를 융합시킨 새로운 헬레니즘 문화를 만들고 또 그것을 전파하였다. 이 시기에 많은 유대인은 헬라화된 이방 도시들로 강제 이주당했다. 이런 결과로 형성된 유대인 디아스포라들이 아시아뿐 아니라 유럽 각국에 널리 확산되었다. 그리고 이들은 그들이 받았던 헬라화의 영향을 다시 그들의 조국인 팔레스타인에 전했다. 이로써 히브리즘과 헬레니즘의 애증의 역사가 시작되었다.

알렉산더 시대부터 그리스가 로마 제국에 합병된 기원전 30년까지 약 300년을 헬레니즘 시대라 부른다. 헬레니즘 사상은 뒤에 로마와 기독교 사상에 큰 영향을 미친다. 유대인 세계에도 헬레니즘 문화가 만연되어 젊은이들이 정체성에 큰 혼란을 겪게 되면서 히브리즘과 충돌하며 심각한 문화적 갈등을 빚었다. 그리스인들은 주변 종족들을 '바르바로이Barbaroi'라고 불렀는데 이는 원래 그리스 말을 못 하는 사람들을 가리켰다. 이 단어가 단순히 그리스 말을 못 하는 사람을 넘어 야만인이라는 경멸적인 뜻으로 사용된 것이 바로 이 시기부터였다. 헬레니즘은 점차 그리스 문화를 최고로 생각하는 문화적 이데올로기로 변화한다.

헬레니즘의 특징, 개인주의와 세계시민주의

헬레니즘이 유일신을 기초로 하는 유대인의 헤브리즘과 왜 갈등을 일으켰는지 헬레니즘 사상에 대해 알아보자. 헬레니즘 문화의 특징은 '개인주의'와 '세계시민주의cosmopolitanism'이다. 당시 철학에서 쾌락주의를 대표하는 에피쿠로스 학파와 엄격한 금욕을 강조한 스토아 학파가 있었다. 두 학파의 공통점은 어떻게 하면 인간이 합리적으로 생활하며 행복을 얻는가 하는 점이었다.

일반적으로 에피쿠로스 학파의 쾌락주의를 편협하게 생각하기 쉬우나 사실은 육체적 쾌락이 아닌 더욱 승화된 정신적 쾌락을 뜻한다. 한마디로 이들은 육체적 금욕주의자들이다. 이들은 은둔을 통해 정신적 쾌락을 증진시키는 것을 중요시한 정신적 '개인주의'자들이었다. 그리고 스토아 학파는 인간이란 한 국가의 시민이 아니라 세계의 시민이며 신의 소산이라 했다. 그리스의 분립주의적 성격을 넘어선 '세계시민주의'를 추구했다. 세계시민이란 민족과 국가를 초월하여 이성을 가진 존재로서 모두가 평등한 시민을 말한다. 곧 어떤 사회적 구속에서도 해방되고, 어떤 공동체에서도 해방된 사람들로 구성된 국가가 세계국가이다. 세계국가에서의 시민이란 철저한 개인주의 정신에 입각하여 살아가는 사람을 뜻한다.

바로 에피쿠로스 학파의 '개인주의'와 스토아 학파의 '세계시민주의'가 헬레니즘의 특징 사상이다. 얼핏 상반되는 두 특징처럼 보이지만 사실 이 둘은 폴리스 문화의 극복이라는 하나의 뿌리에서 나온 것이다. 곧 비좁고 고립 분산된 폴리스라는 공동체를 뛰어넘어 벗어난 개인, 좀 더 큰 세계를 지향하는 인간을 강조한 것이다.

헬레니즘 문화는 이러한 사상을 기초로 '세계시민'이라는 시대에 앞서나가는 사회상을 이루었다. 유대인들은 헬레니즘 초기에 거대한 그리스 문명에 빨려들어 갔다. 그러자 유대인들은 헬레니즘 문화를 받아들이는 무리와 이를 배척하려는 무리로 나누어진다. 주로 사제 계급과 지도층에서 이를 받아들였다. 이에 반발한 유대인들과 이를 수용하려는 유대인들 사이에서 유대교의 본질을 규명하려는 운동이 일어났다. 이런 경향 속에 일어난 운동이 지혜 사상, 묵시 사상, 하시딤 운동 등으로서 유대교 분파의 다양성을 이루는 기초가 되었다. 이렇게 유대교 분파의 뿌리는 히브리즘과 헬레니즘의 충돌에서 탄생한 시대적 부산물이다.

헬레니즘과 간다라 문명

헬레니즘은 인도에 영향을 미쳐 간다라 양식이란 예술 조류를 낳았다. 인도 북부는 알렉산더 대왕의 침입을 통해 헬레니즘 문화를 접했다. 알렉산드로의 동방 원정 이후 많은 외지 사람들이 인도 대륙 안으로 밀고 들어왔다. 그 뒤 기원전 3세기에는 인도 북부 지역에 세력을 구축하고 있던 아리안족의 아쇼카 왕이 드라비다족을 인도 남부 지역으로 몰아냈다. 아쇼카 왕은 이후 드라비다족 대량 학살을 뉘우치고 불교에 귀의하여 간다라 문명을 꽃피우게 했다. 간다라 문명은 헬레니즘 문화를 받아들여 여기에 인도 고유의 불교 문화가 합쳐진 것이다. 두 문화가 본격적으로 섞이게 된 것은 기원 전후에 인도 북부의 쿠샨 왕조와 로마 제국이 빈번한 교류와 통상을 가지면서부터다.

그리스인에 의해 서양인의 모습을 한 초기 불상이 탄생하다

헬레니즘 문화와 불교 문화가 만나 꽃피운 간다라 문화의 가장 극적인 예가 초기 불상의 모습이다. 원래 초창기 불교에는 석가모니의 사망부터 약 500년 동안 불상이 없었다. 곧 석가모니는 한 사람의 위대한 선

각자로 여겨졌고, 그의 존재는 보리수나 발자국 혹은 빈 대좌 등을 통해 간접적으로만 암시될 뿐 그를 어떤 신적 존재로 여겨 숭배하지는 않았던 것 같다. 어쩌면 존엄한 부처의 모습을 인간이 감히 상상한다는 것이 엄두가 안 날 때였는지도 모른다.

⚬ 국립중앙박물관

그러한 모습이 당시 인도 북부에 진출한 그리스인들이 보기에는 이상했다. 그래서 여기에 변화가 생겨났다. 드디어 기원후 1세기경에 그리스인들에 의해 불상이 처음으로 탄생했다. 이렇게 그리스인들이 주도한 간다라 문명에 의해 탄생한 것이 곱슬머리에 서양인 모습이 완연한 초기 불상이었다. 부처가 그리스인의 옷을 입고 심지어 콧수염을 기르고 있다. 이 같은 간다라의 불교 미술은 실크로드를 통해 동아시아 전역으로 전해져 불교 미술 발달의 원동력이 되었다. 한국의 대승불교 미술에도 중요한 영향을 미쳐 경주 석굴암 불상의 미소와 조각 양식도 간다라 미술 양식의 영향을 받았다. 그 뒤 불교가 중국 등 동양에 뿌리를 내리면서 불상도 동양인의 모습으로 바뀌었다.

⚬ 간다라 불상, 라호르박물관

III

로마의 득세

JEWISH ECONOMIC HISTORY

인류 문명 탄생 이래로 인간이 살아가는 데 꼭 필요한 요소가 식량과 불 이외에 3개가 더 있었다. 물, 땔감, 소금이 그것이다. 그러다 보니 인류는 땔감과 소금을 구할 수 있는 범위 내의 강가에 모여 살게 되었다. 인류 역사상 가장 오래된 도시로 알려진 예리코는 소금을 쉽게 구할 수 있는 사해 근처에서 탄생했다. 페니키아가 해상무역을 석권할 수 있었던 원동력도 소금으로부터 시작되었다. 경제사를 추적해보면 문명의 탄생은 물론 도시와 국가의 탄생이 소금과 관계가 깊다.

01

모든 길은 로마로

로마의 소금길

로마가 발전한 이유 중 하나도 소금이었다. 페니키아 시대에 이미 로마 근교 티베르 강 하구에 건설된 염전에서 소금이 만들어졌다. 당시 북유럽 내륙 염호나 암염갱에서 불로 구워 만든 소금은 생산비도 높았지만 특히 운송비가 비쌌다. 낙타 4마리에 실려 온 소금의 운송비로 3마리 낙타에 실려 온 소금을 주어야 했다. 게다가 오는 동안에 통행세 격인 수입세와 관세 등을 많이 물어야 했다. 따라서 그 무렵 소금은 생필품이자 동시에 대단히 비싼 귀중품이었다. 이렇듯 큰 이문이 남는 소금 무역에서는 장기간의 내륙운송이 큰 문제였다. 그런데 티베르 강 하

∴ 로마 시내를 관통하는 티베르 강

구의 소금은 하천을 통해 바로 로마 시내로 운반되었다. 이 소금이 로마 건국의 일등공신이다.

기원전 640년에 로마인들은 로마 인근 바닷가에 대규모 제염소를 건설했다. 이것이 유럽 최초의 인공 해안염전이다. 해안염전에서 만들어져 하천을 통해 배로 운반된 소금은 품질도 좋았고 가격도 훨씬 저렴했다. 하천이 물류혁명을 가능케 한 것이다. 이로써 로마는 중요한 소금 유통의 중심지가 되어 소금을 대륙으로 수출하였다. 이 수출길이 로마 발전의 원동력이 된 그 유명한 '소금길'이다.

무거운 소금을 나르는 상인들에게는 2가지 골칫거리가 있었다. 하나는 너무 울퉁불퉁한 길이고, 다른 하나는 도적들의 공격이었다. 다행히도 문제점을 영주들이 자기 영토를 지나갈 때 해결해주었다. 우선 길을 편편하게 잘 닦아 마차가 불편 없이 왕래하게 해주었다. 또 그곳 기사들이 안전을 책임져주었다. 물론 공짜가 아니다. 통과세를 내야 했다. 이것이 바로 '소금 세금길'이다.

이들 덕택에 영주와 도시들이 앉아서 많은 돈을 벌어들였다. 얼마 후 이러한 소금길이 로마로부터 유럽 대륙 전역에 퍼져나가기 시작했다. 당시 소금장수들이 소금으로 막대한 부를 축적해가자 너도나도 이 돈벌이에 뛰어들었다. 이를 눈여겨본 귀족들이 동참했고 나중엔 수도원들이 장사 대열에 끼어들었다. 그 뒤 소금길만 가지고 장사하던 도시들이 이젠 소금 무역에 직접 참가하자 시의 재정은 점점 불어났다. 이것이 훗날 전매제도로 자리 잡게 된다.

소금길이 모든 길을 로마로 통하게 하다

이런 귀한 소금을 로마인들이 해안에서 대량으로 생산해내기 시작하자 소금 교역이 꽃을 피웠다. 북유럽의 호박, 모피, 노예와 교환되었다. 또 사용가치가 높은 귀중한 교역품이었던 만큼 적에게 소금을 판매할 경우에는 사형을 당하기도 했다. 일부 황제들은 인기 유지를 위해 로마 시민에게 그 귀하던 소금을 무상으로 배급하기도 했다. 국가의 전매사업인 소금 수출이 늘어나면서 로마는 자연스럽게 부강해졌다. 나라가 잘살게 되자 인구가 로마로 몰려들었다. 결국 "모든 길은 로마로 통한다"는 말도 따지고 보면 티베르 강 하구에서 만들어진 소금에서 유래한 것이다.

이곳에서 만든 소금은 이탈리아 반도를 횡단하여 로마를 경유한 뒤 내륙 각지로 운반되었다. 소금의 수요는 미지의 대륙은 물론 대양을 가로지르고 사막길을 개척하여 무역로를 닦았다. 소금 때문에 전쟁이 벌어지기도 했다. 이미 기원전 4세기 전반에 소금 운반을 위해 로마로 통하는 길이 다 닦아졌다. 특히 북유럽의 호박, 모피, 노예와 교환되던 소금이 운반되던 길을 '비아 살라리아Via Salaraia'라고 불렀다.

나중에는 이 길들이 원거리 교통로로 이용되어 로마 제국 부흥의 기반이 되었다. 훗날 로마가 부강해져 로마 인구가 200만에 다다르면서 이 소금길로 운송된 소금 유통량만도 연

1만 톤이 넘었다고 한다. 지금도 로마 근교에 가면 '소금길(비아 살라리아)'이란 도로가 있다.

그 뒤 켈트족과의 전쟁에서 승리한 로마는 켈트족의 농업, 소금, 철, 승마술 같은 것들을 바탕으로 쉽사리 부와 문명을 이룰 수 있었다. 이들은 소금의 경제적 가치에 일찍부터 눈을 떴기 때문에 켈트족의 소금 광산뿐만 아니라 영토 확장과 더불어 다른 나라의 소금 산지도 손에 넣었다. 또 해안과 습지, 소금 연못 부근에 수많은 제염소를 건설했다. 얕은 연못에 바닷물을 가두거나 항아리에 바닷물을 넣고 끓여서 소금을 생산했다.

로마 초기에는 소금이 귀해 화폐의 역할을 했다. 관리나 군인에게 주는 급료를 소금으로 지불했다. 이를 '살라리움salarium(라틴어로 소금이라는 뜻)'이라 했다. 그 후 로마 제정시대 때부터 급료를 돈으로 지급했지만, 이를 여전히 '살라리움'이라 불렀다. 봉급생활자를 일컫는 샐러리맨은 바로 여기서 유래한 말이다. 참고로 'soldier(병사)', 'salad(샐러드)' 등도 모두 라틴어 'sal(소금)'에 어원을 두고 있는데, 채소를 소금에 절이면 채소의 쓴맛이 없어진다는 뜻에서 'salad(샐러드)'는 salada(소금에 절인salted)에서 나왔다. 심지어 사랑에 빠진 사람을 'salax'라 불렀다. 사랑에 취해 소금에 절인 것처럼 흐물흐물해졌기 때문이다.

이렇게 로마 제국의 부흥은 소금과 관계가 깊다. 하지만 로마의 소금경제가 마냥 지속되지는 않았다. 1세기경 해수면이 높아지면서 염전을 상실한 로마는 흑해에서 소금을 수입하게 되었다. 이후 중요한 부의 근원을 상실한 로마의 경제력은 급격히 쇠퇴하기 시작한다. 그럼에도 이탈리아는 소금의 덕을 단단히 본 나라이다. 고대의 로마가

소금 덕분에 발흥할 수 있었고, 중세의 베네치아도 소금 생산 덕분에
해양교역의 중심지로 발돋움할 수 있었다.

포에니 전쟁

그리스의 알렉산더 대왕이 죽은 후 알렉산더 제국이 분열되자 이
탈리아 반도의 통일을 꿈꾸던 로마에는 좋은 기회가 왔다. 로마는 티
베르 강을 중심으로 중부 이탈리아를 점령했다. 로마는 여세를 몰아

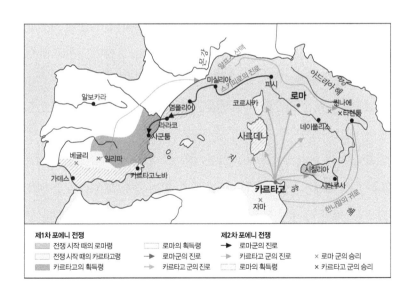

그리스 식민도시들이 지배하던 남부 이탈리아를 평정했다. 그 후 로마는 이탈리아 반도 대부분을 정복하고 그 세력은 시칠리아 섬을 마주 보는 메세나 해협에까지 미치게 되었다.

로마가 이탈리아 반도를 통일한 시점(기원전 272년)과 진나라가 춘추전국시대를 끝내고 중국을 통일한 시점(기원전 221년)은 거의 일치한다. 동서양의 양대 제국이 같은 시기에 탄생한 것이다.

기원전 2세기에 로마는 건국 이래 최대의 위기를 맞는다. 이탈리아 반도와 좁은 바다를 사이에 두고 자리해 있는 시칠리아 섬을 카르타고가 지배하려고 노린 것이다. 카르타고는 페니키아인들에 의해 오늘날 북부 아프리카 튀니지 공화국의 수도인 튀니스에 세워진 도시국가였는데 오랫동안 지중해 무역을 주도하였다.

전설에 따르면 카르타고를 세운 인물은 티레의 공주였던 디도Dido였다. 과부가 된 디도는 추종자들과 함께 배를 타고 지중해 서부 지역으로 떠났다. 아프리카 북부 해안을 따라 항해하여 지금의 튀니지에 상륙했다. 그녀는 이곳에 새로운 도시를 건설했다. 이들은 자신들이 건설한 도시를 카르트 하다시트Kart-Hadasht('신도시'라는 뜻)라고 불렀다. 로마인들은 카르타고Carthago라고 불렀다.

고고학자들은 카르타고가 성립된 시기를 기원전 8세기 중반으로 본다. 카르타고는 페니키아의 중심도시 시돈과 티루스가 쇠퇴함에 따라 급격히 발전하였다. 카르타고인은 그들의 상업이익을 보호하기 위해 지중해에서 어느 국가도 따라올 수 없는 강한 해군을 보유했다. 그 뒤 스페인 동남 지역, 사르디냐, 코르시카, 시칠리아의 일부를 포함해 지중해 서쪽 절반을 세력권으로 하는 제국을 건설했다.

로마는 방위 차원에서 카르타고와 전쟁을 단행한다. 이것이 로마로서는 사활이 걸린 포에니 전쟁의 시작이다. '포에니'라는 말은 라틴어로 페니키아인을 가리킨다. 지중해 세계의 패권을 둘러싸고 기원전 3세기 중엽에서부터 기원전 2세기 중엽에 이르기까지 3차례에 걸친 세계적 전쟁이다.

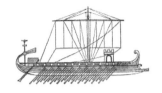

∴ 로마의 3단 노선

전쟁 초기에 해군력이 카르타고에 미치지 못하는 로마로서는 함대를 증설할 필요를 느꼈다. 로마는 그리스의 원조로 군함을 건조하기 시작했다. 카르타고는 노를 5단으로 장치한 5단 노선 배를 120척이나 갖고 있는 데 반해 로마는 돛대가 3개 있는 3장선 배와 3단 노선들로 구성된 뒤떨어진 함대만을 갖고 있었다. 로마의 새로운 함대들은 기원전 260년에 완성되었다.

당시의 해전은 먼저 배와 배를 충돌시켜 적의 군함을 격파한 다음, 적의 배에 올라타 육탄전을 벌이는 것이었다. 따라서 새로운 함대는 뱃머리를 쇠로 무장하고 적함의 약한 부분에 충돌함으로써 배를 부수어야 했는데 그런 항해 기술과 기법은 예상외로 실전에서 매우 어려운 방법이었다. 게다가 로마로서는 항해 기술이나 뱃머리의 뾰족한 부분에 씌우는 금속철을 만드는 기술도 해군국인 카르타고를 앞지를 수 없었다.

로마, 적교 개발로 해상권 장악

그래서 고안한 것이 적교弔橋이다. 사다리로 된 긴 다리였다. 밧줄

A Roman ship is using a "corvus" or wooden plank (also called a "crow") to connect to a Carthage ship so soldiers can cross & fight.

로 적교를 돛대에 묶어놓았다가 적 함대가 나타나면 먼저 쇠갈고리를 던져 끌어당기면서 재빨리 배 앞에 설치해놓은 사다리를 내려 적함의 갑판에 내려놓고 그 다리를 통해 적함에 뛰어들어 전면공격을 개시하는 전법이었다. 이를 통해 쇠갈고리로 고정시켜 적함과의 연결을 튼튼히 함으로써 배의 파손 없이 적의 배에 올라 격투를 벌일 수 있게 되었다. 이러한 기습전법은 큰 효과를 거두었다. 이를 이용해 기원전 256년 로마는 시칠리아 남부에서 카르타고의 대함대를 격파하였다.

이 무렵 로마의 부유한 몇 사람이 사재를 털어 함대를 마련할 군자금을 만들어주었다. 200척의 함대와 6000명의 수병을 모아 대병력을 구성한 로마군은 카르타고의 남은 함대를 전멸시켰다. 이로써 로마는 바다의 여왕 카르타고를 무찌르고 해상권을 장악하여 북아프리카에 상륙했다. 해상권의 장악 여부가 사실상 이 전쟁의 승부를 갈라놓았다. 세계사를 살펴보면 바다를 지배한 민족이 결국 세계를 지배했다.

해상권 잃은 카르타고, 한겨울에 알프스 넘다

해상권을 잃어버린 카르타고는 한겨울에 험준한 알프스 산맥을 넘어 먼 길을 돌아 로마로 진군해야 했다. 세계 유수의 사관학교 교본에 반드시 등장하는 전투가 제2차 포에니 전쟁 시에 있었던 칸나에 전투다. 기원전 216년에 이탈리아 중부 칸나에 평원에서 벌어진 이 전투에서 애꾸눈 한니발이 지휘하는 카르타고군은 완벽한 포위작전으로 로마군을 섬멸하였다. 현대에도 포위 섬멸전의 교본으로 남아 중요하게 다루어지고 있다.

당시 로마군은 8만 7000명이었고 카르타고군은 5만 명이었는데 이 전투에서 로마군 7만 명이 전사했다. 로마 역사상 한 번의 전투에서 이렇게 많은 수의 로마군이 사망한 경우는 없었다. 이러한 한니발 장군의 맹활약에도 스키피오가 카르타고 본

∴ 한니발의 대장정

국을 공격하자 결국 이 전쟁에서 로마에 졌다. 그 뒤 로마는 지중해 패권을 차지하고 세계로 뻗어나가는 계기가 되었다.

프롤레타리아의 유래

로마가 이처럼 세력을 넓혀감에 따라 정복지로부터 들어오는 노예와 막대한 세금은 더 늘어나 지배층들을 더 부유하게 만들었다. 그들은 호화로운 넓은 저택과 별장들을 건설하고 퇴폐적인 낭비 풍조에 물들어갔다. 그들은 노예들에게 농사일과 집안일을 시키며 상업을 이방인이나 천한 사람 혹은 노예들이 하는 하찮은 일로 여겼다. 그러나 자비로 무장을 갖추어 전쟁에 참가했던 중소 자영농민층은 전사하거나 부상을 당해 불구가 되었고, 다행히 무사하게 귀향했어도 자신의 토지는 오랫동안 돌보지 않아 황폐해져 있었다.

그래서 이들의 토지는 헐값에 부자들에게 넘어가고 빈곤에 허덕였다. 결국 이들은 부자들의 농장에 고용되거나 로마 시내로 들어가 국가의 보호를 받는 '프롤레타리아'가 되는 수밖에 없었다. 오늘날 무산계급을 지칭하는 프롤레타리아 개념은 여기에서 유래하였다.

그리스마저 로마의 속주로

제3차 포에니 전쟁을 통한 로마의 철저한 복수로 페니키아는 기원전 146년 역사에서 영원히 사라지게 된다. 4년간의 처절한 농성전 끝에 카르타고는 무려 17일 동안 이나 불탔다. 카르타고 500년의 번영과 영화는 이렇게 한 줌의 재로 변했다.

❖ 카르타고 유적

폐허가 된 땅에 로마군은 소금을 뿌렸다. 저주받은 땅에 소금을 뿌리는 것이 로마군의 풍습이었다. 로마는 경쟁자가 사라진 유럽 대륙과 아프리카 북부를 휩쓸며 정복사업을 통해 거대한 로마 제국을 형성했다. 카르타고를 멸망시킨 로마는 같은 해 그리스마저 속주로 편입시켰다. 이러한 정복전쟁으로 로마는 지중해 전역을 손에 넣었다. 그러나 이때부터 그리스 문화는 로마의 삶을 정복하기 시작했다.

고대 로마는 노예경제 사회

노예는 대개 전쟁포로 출신이었다. 로마가 팽창을 거듭하던 기원전 3~기원전 1세기 중 많은 포로가 노예로 잡혀 왔다. 이들이 논밭이나 공방, 광산에서 노역을 하는 것은 로마 경제 운영에 필수적이었다. 로마 제국에서는 거의 모든 부문에서 노예가 사용됐다. 가장 널리 쓰인 분야는 물론 농업이었다. 다만 순전히 노예들만 일하는 농장은 거의 볼 수 없었고, 대개 자유민들과 섞여 함께 일했다. 노예들은 가내하인으로도 많이 쓰였다. 큰 가문에는 수백 명의 노예가 존재했다.

로마 노예제의 큰 특징은 직능 분화가 상상하기 어려울 정도로 크게 진척됐다는 것이다. 주인 대신 배를 관리하는 노예 선장 밑에서 자유민들이 노를 젓는 일도 가능했다. 심지어 황실 노예는 오늘날 장관 혹은 수석비서관에 해당하는 직위의 일을 했다. 전문적 능력을 가진 노예들은 통역이나 회계 업무를 맡기도 했다. 이런 사람 중 일부는 해방된 후 부와 권력을 누리기도 했다. 지식인 노예들도 있었다. 학교 교사나 의사, 약사 중에 노예 혹은 해방노예들이 많았다. 로마 시민은 자질이 의심스러운 외국 출신 의사들보다 실력 있는 노예 의사들을 더 신뢰했다.

역사가들이 많이 주목하는 현상은 관리인 역할을 하는 노예의 존재다. 주인 대신 공방이나 가게, 선박을 운영하는 노예는 비록 수는 적지만 경제적으로 아주 중요한 역할을 했다. 이들은 사업 이윤을 주인과 나누어 가졌으며, 거상巨商으로 성장한 사람은 이렇게 모은 돈으로 노예 신분에서 해방되기도 했다. 사회 각 분야마다 다양한 노예들이 큰 영향을 끼쳤다. 기원전 1세기에는 로마 제국 내에 200만~300만 명에 달하는 전쟁노예들이 농업에 종사하여 거대한 농업이 꽃을 피웠다.✧

그 뒤 기원전 64년 로마는 시리아마저 멸망시켰다. 이후 로마는 지금의 이란 땅에 있는 파르티아 왕국도 침공했지만 기마술과 궁술에 뛰어난 파르티아 기마궁사들에게 격퇴당했다. 기원전 67년 로마의 폼페이우스는 폰투스 왕 미트라다테스가 이끄는 흑해의 해적들을 조직적으로 분쇄함으로써 평화로운 교역 발전에 크게 이바지했다.

✧ 주경철 서울대학교 교수, 〈경제사 뒤집어 읽기〉, 《한국경제》

그 뒤 폼페이우스는 유명한 동방 정벌을 시작해 시리아를 로마 속주로 병합하고 로마 식민지를 건설했다.

유다 왕국, 로마의 속주로

다음 차례는 유다 왕국이었다. 그 무렵 하스모니안 왕조는 로마에 대항하기보다는 로마의 보호 아래 번영을 구가하는 편이 전쟁에 휩싸이는 것보다 바람직하다고 생각했다. 그래서 기원전 63년 시리아에 주둔하고 있던 로마 장군 폼페이우스에게 화평을 요청했다. 이때 유다 왕국은 로마의 속국이 되어 로마의 유다이아₍Judaea₎ 주로 편입되었다.

이로써 전 시대 지중해 패권을 놓고 각축을 벌였던 페니키아, 그리스, 유다 왕국은 모두 차례로 로마의 속주가 되었다. 유대인 역사에서 '로마 시대'라고 불리는 이 시기는 바로 폼페이우스가 이스라엘을 접수한 이때부터 시작되어 7세기에 무슬림이 팔레스타인을 점령할 때까지 계속되었다.

그 무렵 공화정 말기의 로마 제국의 상황을 보자. 로마 제국이 지중해 세계의 통합하기 위해서는 극복해야 할 어려움이 많았다. 그중 하나는 로마의 낡은 도시국가적 제도였다. 이를테면 도시국가 시대의 직접민주정치의 전통을 물려받아 전 시민의 참가를 전제로 한 민회가 로마 최고의 결정기관으로서 엄존하는 것은 광대한 영토 국가로 팽창한 로마의 현실에는 맞지 않았다. 또 이 무렵부터 정치적으로 큰 세력이 된 기사들은 징세청부인徵稅請負人 또는 고리대금업자로서 속주민들을 착취하였다.

　지중해 세계 전체에 눈을 돌리는 정치가는 로마의 시정市政에만 관심이 있는 보수적인 원로원에 반대하여 오히려 민회를 이용하였다. 이리하여 지중해 세계 전체를 살리려는 정치가는 공교롭게도 로마의 이해를 대표하는 그룹과 충돌하였다. 이와 같은 여러 세력이 뒤엉켜 격렬한 당파 싸움이 일어났다. 이는 원로원이나 민회를 혼란 속으로 몰아넣고, 다시 사병私兵의 무력을 사용하여 지중해 세계의 동서에서 처참한 혈투를 전개한 것이 공화제 말기의 내란이었다.

카이사르, 삼두정치를 고안해내다

폼페이 대제　크라수스　율리우스 카이사르

SENATE
원로원

♣ 기원전 59년 삼두정치

　카이사르가 기원전 60년 스페인을 정복하고 돌아와 개선식과 집정관 출마권을 요구하자 원로원은 이를 묵살했다. 이에 카이사르는 자신이 직접 집정관에 출마하였다. 카이사르가 당선되는 데 2가지가 부족했다. 지지자와 선거자금이었다. 이를 위해 그는 부하가 많은 폼페이우스와 로마 제일의 거부인 크라수스를 끌어들여 삼두정치를 시도했다. 카이사르가 집정관으로 당선되고 이들의 권한이 원로원을 압도하는 지경에 이르렀다.

　그리고 크라수스는 동부, 폼페이우스는 서부, 카이사르는 갈리아를 맡아 권한을 나누어 가졌다. 카이사르는 그 후 많은 공을 세웠다. 특히 그 유명한 갈리아 정복에서 수많은 전공을 세워 로마 최고의 장군으로 존경받게 된다. 크라수스는 동방 파르티아를 공격하다 로마군이 파르티아의 복합궁 때문에 몰살당하고 그도 전투 중 사망했다.

왔노라, 보았노라, 이겼노라

카이사르의 갈리아 정복전쟁 때 이야기다. 당시 로마의 생산활동을 담당했던 것은 노예였다. 로마인들은 모든 것을 노예들에게 시켰다. 이들은 상품처럼 거래되었으며 노예의 공급원은 전쟁이었다. 카이사르는 갈리아 정복 때 무려 100만 명의 노예를 얻었다고 한다. 이때 초기 전쟁에서 그가 남긴 말이 "왔노라, 보았노라, 이겼노라veni, vidi, vici"였다. 이 유명한 말이 그때 나왔다. 그렇게나 빨리 승리를 거둔 것이었다.

그렇다고 무자비한 정복전쟁만 일삼았던 것은 아니었다. 갈리아 전쟁은 총 8년간 진행됐다. 8년의 시간이 필요했던 것은 일방적인 전쟁이 아니라 갈리아를 정신적으로, 정치적으로 로마화하려는 시도를 동시에 진행했기 때문이다. 갈리아 역시 그러한 카이사르의 시도를 꿰뚫고 전 갈리아가 하나로 뭉쳐 카이사르에 대항한다. 전쟁 7년째에 갈리아 전역에서 로마에 반기를 들고 34만 명의 대군이 5만 명의 카이사르군을 공격해 온다. 카이사르는 제일 꼭대기 망루에서 붉은 휘호(망토)를 펄럭이며 전투 지휘를 이끈다. 그는 천재적인 전술로 이 전투에서 대승한다. 8년 전쟁으로 게르만 민족은 이후 갈리아 땅에 발을 못 붙이고 갈리아 민족은 로마 지배 아래 들어오게 된다. 카이사르는 직접 〈갈리아 전쟁기〉를 써 기록으로 남겼다.

노예시장

이렇게 전쟁포로로 잡혀 온 많은 노예가 로마로 보내졌다. 기원전 1세기 말에는 200만~300만 명의 노예가 농업에 종사했다. 당시 대표적인 노예시장이 있었던 델로스 섬에는 하루 1만 명 정도의 노예가 거래되었다.

로마 노예경제의 대부가 카이사르였다. 로마가 외부로 팽창하면서 온갖 민족이 노예화되어 유럽과 지중해 세계 전역에서 노예가 대량으로 공급되었다. 다양한 민족 출신의 노예가 노동뿐 아니라, 가령 검투사나 성 노예 등 오락을 목적으로 쓰였다. 이러한 억압으로 말미암아 노예 반란이 일어나기도 했는데, 스파르타쿠스가 일으킨 로마의 세 번째 노예 반란이 가장 격렬했다. 로마 공화정 말기에 노예제는 로마 경제의 중요한 기반이 되었으며, 로마 사회의 큰 부분을 이루었다. 고대 로마의 인구 중 25% 이상이 노예로 추산된다. 어떤 학자들은 로마의 노예 비중이

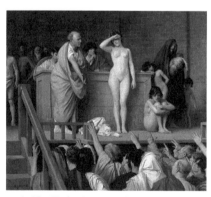

∴ 장 레옹 제롬, 〈로마의 경매시장〉, 상트페테르부르크 에르미타슈미술관

35% 이상을 점했다고 주장하기도 한다. 로마가 건국되어 쇠퇴하기까지 1000년 동안 지중해와 그 배후지 전역에서 노예로 잡히거나 팔린 사람이 최소 1억 명은 되었다.

일반적으로 여자 노예들은 노동 이외에 성을 제공하여 노예시장에서 비싼 가격에 팔렸다. 노예의 수에 따라 집안의 재정 상태를 알 수 있었기 때문에 상류층들은 필요치 않아도 많은 노예를 부렸다. 그런 상류층의 수요를 감당하기 위해 노예상인들은 군대를 따라다니며 전쟁터에서 노예를 사들여 시장에서 팔았다. 상인들은 시장에서 노예들을 알몸으로 팔았는데 노예의 몸 상태에 따라 가격이 형성되었다. 건강한 노예가 질 좋은 노동을 제공했기 때문이다. 노예시장에서 교육자, 배우, 요리사 출신의 노예들은 비싼 가격에 팔렸고 여자 노예들은 노동력과 생식 능력 때문에 남자 노예들보다 가격이 높았다. 여자 노예들이 아이를 낳으면 그 아이도 노예가 되었다. 여자 노예들의 출산을 통해 수입 증대까지 생각했던 구매자들은 여자 노예들의 외모와 체격을 중요시했다.

주사위는 던져졌다

한편 카이사르가 로마를 비운 동안 경쟁자인 폼페이우스는 원로원과 결탁하여 그를 무력하게 만들려고 책동했다. 기원전 49년 1월 로마 원로원이 갈리아 지방 총독 카이사르의 소환을 결정했다. 갈리아 총독의 지위와 그 지휘 아래 있는 군대까지 박탈하려 한 것이다. 이에 카이사르는 먼저 화해를 제의했으나 거절당하자 마침내 마지막

결심을 하지 않을 수 없었다. 혼자 로마로 돌아갔다가는 법정으로 끌려갈 것이 분명했기에 로마와 가까운 라벤나로 와서 태연한 모습으로 무술 연습장, 건축 현장을 시찰하며 연회에 참석했다.

해가 저물자 그는 몰래 그곳을 빠져나온 뒤 샛길로 달려가 5000명가량의 군대를 이끌고 로마와의 경계인 루비콘 강에 다다랐다. 그리고 "주사위는 이미 던져졌다"라고 외쳤다. 이 소식이 전해지자 로마는 공황 상태에 빠졌다. 폼페이우스 일당은 해외로 도망쳤다. 그는 루비콘 강을 긴니 이틸리아로 진격해 로마를 점령했다.

그의 동지였다가 정적으로 돌아선 폼페이우스와의 마지막 접전인 그리스 파르살로스 전투가 백미다. 자신의 기병보다 7배 많은 7000기의 말을 이끌고 적군이 공격해 온다. 어린 시절부터 말의 습성을 잘 이해해왔던 카이사르는 자신의 보병들에게 공격해 오는 기병으로부터 도망가지 않고 버티도록 한다. 그러면 말은 자신이 넘지

못할 장애물 앞에서 본능적으로 멈춰버리는 습성이 있다고 독려한다. 카이사르를 믿고 중무장 보병들은 달려오는 기병을 향해 목숨을 걸고 버틴다. 결국 7000기의 말을 포위해서

승기를 잡는다. 이 때문에 전투는 너무나 손쉽게 카이사르의 승리로 끝나버린다. 그 뒤 카이사르는 이집트를 공략하고 시리아에서 소아 시아의 폰투스 지방까지 로마 제국의 영토를 넓혔다.

유대인에게 관용을 베풀었던 카이사르

그러나 유다이아 주로 편입된 예전의 유다 왕국에다 로마의 패권을 확립하기 위해 애쓴 카이사르도 유다 왕국을 속주화할 생각은 하지 않았다. 로마의 패권을 인정하는 동맹관계, 곧 로마의 우방이 되는 것만으로 충분하다고 생각했다. 카이사르는 알렉산드리아 전쟁 승리 후 로마의 속주나 동맹국들을 지나면서 기원전 48년에 유대에 들른다. 유대 땅에 들른 카이사르는 정교일치를 특징으로 하는 유대 민족의 특수한 사정을 당연한 것으로 인정했다. 그는 여기서 유대인들에게 여러 가지 관용과 특전을 베풀었다.

먼저 유대인의 최고제사장에게 유대 지상권의 최고위 자리를 돌려주었다. 또한 예루살렘 성벽을 재건하는 것도 허락했다. 로마가 제패한 뒤 몰수한 유대의 주요 항구 야파도 반환했다. 게다가 로마군 월동 숙영지에 식량을 공급하는 의무도 동맹국 대우로 해제했다. 또한 영구적인 조치는 아니라는 조건을 붙여 속주세까지 면제해주었다.

카이사르는 종교적 관용도 베풀었다. 그는 적을 정복하되 그들의 신을 모독하지 않고 종교적 관용을 베풀었다. 로마의 신 유피테르, 유노, 미네르바의 축일을 정했지만 이 신들을 믿지 않으면 그냥 내버려두었지 강요하지 않았다. 따라서 유대인들의 종교인 유대교도 인정하였다. 특히 카이사르는 동방 세계의 지배계급인 그리스인과 경쟁관계에 있는 유대인에게 경제적으로 동등한 권리를 주었다. 그간 그리스계 상인이 특권을 누려온 세계에서 줄곧 2위를 감수해온 유대 상인에게 열광적인 지지를 받았다. 그들은 카이사르를 구세주처럼 환대했다.

카이사르의 경제개혁

카이사르는 천재였다. 정치와 전쟁에서의 천재적인 재능뿐 아니라 경제의 본질도 꿰뚫어 보았다. 집정관이 되자 그는 정치개혁과 사법개혁을 단행한 후 경제개혁에 착수했다. 먼저 원로원 의원들이 많이 하는 고리대금업의 이자를 대폭 낮추었다. 나중에 카이사르를 살해한 브루투스는 연 48% 고율의 이자를 받기도 했다. 카이사르는 속

주 전역에서 6%의 이자율을 권고했으며 이자율 상한선을 12%로 제한했다. 유대에도 동일하게 적용했다.

또한 카이사르는 일정 금액 이상의 현금 보유도 금했다. 장롱예금을 금지해 돈이 바깥으로 돌도록 한 것이다. 이자율 인하와 장롱예금 금지는 돈의 흐름을 촉진해 경제에 활기를 불어넣었다. 더 나아가 카이사르는 서민의 빚을 4분의 3으로 탕

감하여 대중의 마음을 사로잡았다. 게다
가 탕감된 채권의 회수도 활발해 돈의 흐
름이 더 좋아졌다.

카이사르는 조세정책에서도 파격적인
개혁에 착수했다. 세율을 절반으로 낮추
었다. 로마는 물론 정복지에 대해서도 관
대한 세금정책을 펼쳤다. 그러자 오히려 더
많은 세금이 걷혔다. 세금을 피해 도망 다니던 피정복민들의 자진 납
세가 확산되었기 때문이다. 의사나 교사 등 전문직에는 인종과 민족
을 가리지 않고 로마 시민권을 내줬다.

그는 화폐제도에도 손을 댔다. 그 무렵 로마에는 금과 은이 많지
않았다. 전쟁 군비로 바닥난 것이다. 그는 로마 전역 신전의 봉납물을
공출하여 그것으로 화폐를 주조했다. 화폐의 뒷면에 카이사르의 얼
굴과 카이사르 황제라는 문자를 새겼다. 날마다 보고 만지는 화폐를
선전매체로 활용한 최초의 로마인이었다. 유다 왕국과 아테네 같은
자치권을 인정받은 속주는 그곳 화폐가 계속 통용되었다. 따라서 환
전상이 번창했다. 당시 로마에는 오랫동안 은화와 동전밖에 없었다.
이때 금화를 통화로 편입시킨 것은 카이사르였다. 그리고 로마 화폐
가 기축통화가 되기 위해서는 금화와 은화의 교환가치가 고정되어야
했다. 당시 그가 정한 금과 은의 교환비율 1:13.5는 유럽에서 19세기
까지 쓰였다.

화폐주조권 다툼이 암살로 이어지다

그가 가장 역점을 둔 사업은 화폐주조권을 국가로 귀속시킨 것이다. 국립조폐창을 만들어 원로원의 주조권을 가져온 것이다. 예나 제나 이것은 기득권의 거센 반발을 무릅쓴 혁명적인 조치였다.

이 밖에도 카이사르는 북부 이탈리아와 스위스 지역에 거주하는 속주 사람들에게 로마 시민권을 주었고 갈리아 지방 같은 그 밖의 속주에도 라틴 시민권을 주어 선거권을 제외한 모든 분야에서 로마 시민권과 동등하게 대우하였다. 그리고 해방 노예제도를 만들어 능력 있는 노예들에게 로마 시민권을 주어 공직의 문을 개방하였다.

그는 로마 제국의 질서뿐 아니라 시간의 질서까지도 확립해놓있다. 기원전 46년 카이사르는 전격적으로 한 해의 날수를 445일로 정해버린다. 오랫동안 사용됐던 당시의 공식 달력은 오차가 누적되면서 실제 태양력과 너무나 어긋나 춘분이 달력상 겨울에 올 지경에 달했다. 이 같은 상황에서 실제 태양력과 사용하는 달력 간 격차를 해소한 사람이 카이사르였다. 그는 단숨에 새로운 달력을 도입해 과감하게 실제 태양력과의 차이를 없애버렸다. 대신 한 해가 80일 가까이 늘어나버린 기원전 46년은 '혼란의 해'라는 별명이 붙어버렸다. 이처럼 카이사르가 '율리우스력'을 도입한 역법개혁 이후 한 해는 365일이 됐고, 하루가 더 많은 윤년을 4년마다 두도

∴ 카이사르의 무덤, 아직도 그의 무덤 위에는 그를 기리는 생화가 놓이곤 한다.

록 했다. 이 율리우스력은 이후 1500년 동안 서구 사회에서 표준달력 역할을 했다.

우리가 지금 사용하는 달력과 흡사하게 1년을 12달로 나누고 윤년을 만들어 이를 그의 이름을 따 '율리우스력'이라 부른다. 7월july 또한 그의 이름Julius을 따서 불렀다.

화폐주조 차익을 빼앗기고 고리대금업의 수익이 낮아진 귀족들의 불만은 독재자로부터 공화정을 지킨다는 명분 아래 결국 암살로 이어졌다. 이유는 원로원의 반발이었다. 카이사르의 친서민 정책이 원로원의 경제적 이권을 많이 빼앗았기 때문이다.

카이사르가 암살당하자 유대인들은 그의 죽음을 참으로 슬퍼했다. 카이사르가 유대인들에게 특별한 호의를 갖고 있었던 것은 아니다. 단지 다민족, 다종교, 다문화를 하나로 통합해야 한다는 그의 신념에 따라 행동했을 뿐이다.

카이사르 사후에도 유대의 자치를 존중하다

카이사르가 공화파 귀족들에게 암살당한 후 공개된 그의 유언장은 로마 귀족 사회에 일대 파란을 일으켰다. 카이사르가 그의 정치적 후계자로 스무 살도 채 안 된 옥타비아누스(훗날 아우구스투스)를 지목했기 때문이다. 아들 카이사리온이 카이사르의 후계자가 될 것을 믿어 의심치 않았

♣ 옥타비아누스

던 클레오파트라와 카이사르를 오랫동안 보필했던 안토니우스는 카이사르의 유언장에 배신감을 느꼈다.

옥타비아누스는 카이사르의 친인척이라는 사실 외에는 로마 귀족 사회에 거의 알려지지 않은 인물이었다. 카이사르의 안목은 정확했다. 옥타비아누스는 훗날 로마의 전권을 장악하고 제정 로마 시대를 여는 초대 황제가 되어 선정을 베풀었다. 모든 로마인이 존경했다. 세상에서 가장 존엄한 자를 뜻하는 아우구스투스로 불렸다.

그 뒤 아우구스투스를 이어 황제가 된 티베리우스 역시 로마인들의 대외정책을 그대로 계승하였다. 로마인들의 점령지라도 자치권과 문화는 인정하였다. 특히 유대인들의 유일신앙을 이해했기 때문에 유대인들에게만 시행한 것들이 몇 가지 있다.

먼저 유대인들이 우상숭배를 하지 않는 것을 존중하여 로마 군대의 상징인 은 독수리를 유대 내로 가지고 들어가지 않았다. 이것은 굉장한 의미였다. 로마인들이 파르티아와 전쟁을 하다가 대패하고, 로마 군대의 상징인 은 독수리 깃발을 파르티아에 빼앗긴 적이 있었다. 로마가 십수 년이 흐르고 나서 파르티아와 강화를 맺을 때 요구한 것이 십수 년 전에 빼앗긴 은 독수리 깃발이다.

또한 갈리아 지역에서 게르만족에게 2개 군단이 전멸했던 일이 있는데, 5년 뒤에 로마군이 이 깃발을 다시 찾아온다. 로마 군단에게 은 독수리는 그런 중요한 의미였다. 하지만 유대인들이 싫어한다는 이유만으로 로마는 은 독수리기를 유대 땅으로 들여오지 않았다. 빌라도 총독의 실수가 그것이다. 유대 땅에서 일어난 작은 소요를 진압하기 위해 군대를 투입할 때 은 독수리기를 가지고 간 것이다. 이것이 빌라도가 로마로 소환되고 문책을 받은 사유 중의 하나이다. 또한 마찬가지 이유로 로마 통화에는 황제의 얼굴을 새겼지만 유대에서 통용되는 로마 통화에는 황제의 얼굴을 넣지 않았다.

유대의 자치법을 인정하였다. 말 그대로 유대인들이 율법에 따라서 자국민을 재판할 수 있는 사법권을 인정한 것이다. 로마 시대 팔레스타인 유대인의 일상생활에 실질적으로 가장 커다란 영향을 미친 것은 '산헤드린(대공회)'이다. 지방 도시들의 소규모 공회가 23인으로 구성된 데 반해 예루살렘의 산헤드린은 의장인 대제사장을 포함하여 71인으로 구성되었다. 성전이 건재한 동안 산헤드린의 모임은 성전 한쪽에 있는 커다란 방에서 열렸다. 본래 산헤드린은 최고법원의 역할을 하였다. 다만 사형만 시키지 못하게 하였다. 사형에 관련된 것은 총독의 관할이었다.

또한 로마인들은 유대인들의 병역 거부도 받아들였다. 황제를 섬기는 것은 배교 행위라 해서 당시 유대인들이 병역을 거부했다. 티베리우스 황제는 이것도 인정했다. 대신 세금을 내면 된다. 물론 세금은 10%이다. 이것은 로마 제국 내 속주민들에게 동일하게 부과된 것이다. 로마는 적정 이자율 이상의 고리대금업을 금지시켰다. 당시 일반 시민이나 속주민들이 세금을 내기 위해 돈을 빌리는 경우가 있는데, 이때 이자율이 높았다. 특히 로마 제국 내의 수천 개의 종교 사당 가운데 티베리우스 황제는 유일하게 예루살렘 성전에만 헌금을 보냈다. 그만큼 초기 로마 제국은 유대를 특별 대우했다. 다만 제국의 통치에 반항하는 언동만은 절대 용서치 않는다는 조건이었다.

유대인의 종파들

당시 유대에는 여러 종류의 종교적·정치적 당파가 있었다. 최고 정점에 친로마파인 헤롯당과 사두개파들이 있었다. 헤롯당은 헤롯 왕가의 지지들이며 사두개파들은 구전율법을 배척하고 오직 모세오경만 성서로 받들어 대사제직을 맡고 있는 종교 지도자들이었다. 그러나 민중에 대한 지도력을 갖고 있었던 계층은 바리새파들이었다. 당시 6000명 정도였다. 이들은 성서와 구전율법을 다 지켰다. 율법학자의 다수가 이 파 출신이었다. 그들은 반로마적이었지만 무력 사용에는 반대하였다. 반면 유대인의 독립을 무력에 호소하는 열심당원들이 있었다.

다른 한편으로 속세를 버리고 황야와 사해 부근 쿰란에서 금욕적인 공동체 생활을 하는 엣세네파가 있었다. 이들 수도자는 사악한 제사장들이 봉직하는 바람에 예루살렘 성전이 더럽혀졌다고 보았다. 그들은 사막에 살면서 곧 빛의 아들들과 어둠의 아들들 사이에 종말전쟁이 일어난다고 보았고, 결국 빛의 아들들이 승리하여 다윗 계통 임금 메시아와 사두개파 계통 제사장 메시아가 이스라엘의 12지파를 다스릴 것이라고 믿었다. 쿰란 수도자들은 본래의 제사장들이 지키던 정결법을 철저히 준수하며 독신생활을 했다. 예수가 올 것을 예언한 세례 요한도 이 파였다.

헤롯의 경제치세

당시 헤롯은 경제치세에는 공을 들였다. 그는 솔로몬과 마찬가지로 통상로에 대한 지배력을 이용해서 상인들에게서 세금을 거둬들였다. 그리고 공업 발전에도 신경을 써 아우구스투스 황제로부터 키프로스에 있는 구리 광산을 빌려 그 산출량의 반을 자신의 것으로 삼았다. 광대한 지역에서 세금을 거두고, 로마와 이익을 나눠 가졌다.

그는 자기 영토에 많은 도시와 요새를 건설했다. 예루살렘에 수도시설을 정비하고, 새로이 왕궁을 건설하고, 국경에 마사다와 같은 요새를 새로이 정비하기도 했다. 또한 유대인이 솔로몬 시대의 영광을 추억하면서 가장 소중히 여기던 예루살렘 성전을 더 크고 화려하게 재건했는데, 이것을 헤롯의 성전 또는 그냥 두 번째 성전이라고 부른다.

유대 역사가 요세푸스에 의하면 세출이 세입을 능가하는 바람에 국민에게 가혹해졌다고 한다. 그러나 그의 치세를 통해 팔레스타인의 일반 경제는 상승 곡선을 보여주었다. 이것은 외적인 위협의 소멸, 질서 회복, 확대 통상 덕이었다.

로마 제국 곳곳에 유대인 커뮤니티

유대의 인구는 본디부터 유대인이던 사람들에 더해 개종자들로 급속하게 늘어났다. 헤롯 시대에 팔레스타인 지역에 살았던 유대인 수는 약 240만 명 정도로 추정된다. 예수가 살았던 시대에 지중해 일대와 북아프리카를 아우르는 로마 제국 내에서 조사된 유대인 수는 694만 4000명이었다. 이는 로마 제국 인구의 약 10%가 넘는 큰 민족이었다. 이 수치는 48년 클라우디우스 황제 때 실시한 인구조사에 근거한 것이다. 민족의 인구 증가와 이산 유대인의 번영이야말로 바로 헤롯의 부와 영향력의 원천이었다.

66~73년 로마에 대한 유대인의 대항쟁 직전 유대인 인구는 대략 800만 명으로 추정된다. 그 가운데 로마 제국 통치 밖에 있었던 파르티아 왕국(바빌론)에 100만 명가량이 살았으며, 나머지 700만 명은 로마 제국 내의 유대인이었다. 이 가운데 240만 명이 예루살렘을 중심으로 한 가나안 지역에 모여 살았다. 그 무렵 예루살렘 일대의 인구는 거의 100만에 달한 것으로 추정되며, 명절이 되면 일시적으로 나마 그보다 훨씬 많은 숫자로 증가하였다. 당시로는 대단히 큰 도시였다. 그리고 나머지 460만 명은 로마 세력이 미치는 제국 내 전 지역에 흩어져 살았다.

헤롯은 해외의 이산 유대인들에게 관심을 기울였다. 그는 아우구스투스 황제의 중요한 장군 아그리파와 절친했다. 이 우정 때문에 로마 제국 판도 안에 흩어져 때로는 그 존재를 위협받으면서 큰 인구를 떠안고 있는 유대인 공동체는 두터운 보호를 받게 된다. 이산 유대인은 헤롯을 최대의 후견인으로 생각했다. 헤롯은 또한 가장 인심이 후한 후원자이기도 했다. 시너고그, 도서관, 공공 목욕탕, 자선단체에 자금을 제공하였다. 이렇게 해서 헤롯 시절 유대인 커뮤니티는 여기저기에 설립된 작은 복지국가라고 간주할 정도로 유명해진다. 알렉산드리아, 로마, 안티오키아, 바빌론, 그 밖의 땅에 있었던 그들 공동체에서는 병자와 가난한 자, 과부, 고아의 뒤치다꺼리를 해주었다.

팔레스타인 유대인의 사회적 상황

디아스포라에 비해 팔레스타인 유대인들의 삶은 힘든 편이었다. 밭농사, 수공업, 소매업으로 근근이 생활비를 벌었다. 해안과 갈릴리 호수에서는 고기잡이를 했고, 일부 평야에서 농업이 이루어졌으며, 요단 골짜기에서는 올리브나무, 포도나무와 무화과나무를 키웠다. 수공업자들, 곧 직조공, 피혁공, 재단사, 대장장이, 필사공, 도공들 역시 그리 형편이 낫지 않았는데, 특히 직업 자체가 부정한 것으로 여겨지는 사람들이 있었다. 일례로 피혁공은 늘 동물 시체에서 가죽을 벗겨내는 일을 했기 때문에 부정한 자로 여겨졌고, 세리는 이교 지배자에게 충성하기에 무시당해야 했다. 이외에도 율법의 정결 규정에 배치된다고 여겨지는 직업을 가진 사람들은 모두 부정한 자들로 여겨졌다. 성서에서 '죄인들'이라고 부르는 사람들은 범죄자들이 아니라 이런 직업을 가진 사람들이었다. 생계를 유지하기 어려웠던 가난한 사람들이 이런 직업을 선택할 수밖에 없었고, 종교적 부정함을 피하기 위해 차라리 가난과 구걸생활을 선택하는 사람들도 많았다. 그들은 돈 벌 기회가 있다면 어디로라도 떠날 수 있는 사람들이었다.

유대인 가정은 대개 창문이 없는 단칸방에서 살았다. 가족 모두가 한방에서 잠을 잤고 아버지는 가장으로서 율법을 가르쳐야 했다. 혼인은 하느님의 계명으로 여겨졌기 때문에 독신생활은 거의 찾아볼 수가 없었다. 남자는 대개 20세 전후에 결혼했고, 여자는 13세를 넘기지 않았다. 결혼은 남자와 여자의 아버지 사이에 합의를 통해 이루어졌다. 일종의 중매였다. 당시 여자는 남자에게 종속되어 있었다. 여자는 증인으로서 법정에 나설 수 없었고, 예배에조차 참석할 수 없었으며, 성전에서도 여자들이 갈 수 있는 영역이 구분되어 있었다. 회당예배에서는 방청만이 가능했고, 율법의 금지사항을 준수해야 했지만 율법을 공부할 의무는 없었다.

노예들 역시 율법의 금령들만 지킬 뿐 율법을 배우고 지킬 의무는 없었다. 유대인 노예들은 7년간 노예생활을 한 후 마지막 해에는 풀려났다. 이렇게 유대인 노예들은 율법에 의해 보호되었기 때문에 이방인 노예들은 율법의 보호를 받기 위해 할례를 받고 유대교로 개종하려는 경우가 많았다. 유대인이 이방인의 종이 되었을 때에는 동족들이 될 수 있는 한 빨리 그를 자유롭게 하려고 전력을 기울였다. 이렇게 여자들과 어린아이들, 노예들은 당시의 율법과는 거리가 있는 자들로 여겨졌다. 예수님 주위에 여자들이 모여들었다는 사실과 가까이 오는 것을 막지 않으신 것 등은 당시의 사회적 상황에 비추어 상당히 혁신적인 것이었다.

로마 최초의 황제 아우구스투스, 지중해를 정복하다

로마는 하루아침에 이루어진 것이 아니라 600여 년에 걸쳐 이루어졌다. 그 뒤 300년간 세계를 지배했다. 이 시기의 평화를 '팍스 로마나Pax Romana'라 부른다. 그리고 그 뒤 300년에 걸쳐 기독교의 세계화에 길을 열어주며 서서히 무너져갔다.

로마의 통치자 율리우스 카이사르가 암살되자 그의 유언장에 따라 옥타비아누스는 그 뒤를 잇는 후계자가 된다.

세력을 키운 옥타비아누스는 같이 제2차 삼두정치를 펼치던 마르

쿠스 안토니우스를 악티움 해전에서 물리치고 공화정을 세우나 실질적 통치자가 되어 황제나 다름없었다. 아우구스투스의 통치는 로마의 평화라 불리는 태평성대를 이루었다. 기원전 1세기 옥타비아누스 초대 로마 황제는 지중해 유역을 모두 정복했다. 지중해는 마치 로마 제국의 영토에 둘러싸인 커다란 호수처럼 보였다.

옥타비아누스는 로마의 원로원과 시민들로부터 독재권을 부여받았지만 거절하였다. 옥타비아누스에게 원로원이 그의 권위를 인정해 '존엄자(아우구스투스)'라는 호칭을 부여했다. 이후 그는 아우구스투스로 불렸다. 그는 원로원과 국민의 절대적인 신임을 얻었다. 서기 14년 그가 죽은 직후 원로원과 민회는 아우구스투스를 신으로 선포했고 로마인들의 숭배

✲✲ 악티움 해전

를 받았다. 또 그가 태어난 달인 8월을 아예 '아우구스투스Augustus'로
바꾸고 2월에서 하루를 빼내와 원래 30일로 돼 있던 8월을 31일로 만
들었다. 로마인들에게 그는 위대한 황제였다.

팍스 로마나: 가장 융성했던 오현제 시대

아우구스투스 이래 3명의 황제가 암살당하고 네로는 자살했다.
서기 96년 원로원은 네르바를 황제로 즉위시켰는데 그는 지금까지
의 세습제를 바꾸어 게르마니아 총독 트라야누스를 양자로 지명했
다. 이때부터 가장 유능한 인물을 양자로 맞아 제위를 계승케 하는
관례가 이어져 2세기 무렵까지 오현제라 불리는 5명의 현명한 황제
들이 로마 제국을 다스렸다.

117년 트라야누스 황제 때 로마 제국의 영토가 가장 넓었다. 그는

∴ 로마의 최대 영토

도나우 강 건너 다키아 지방을 정복하여 주민들을 이주시켰다. 이곳은 '로마인들의 나라'라 하여 지금도 이름이 루마니아다. 이후 로마 제국의 영토는 유럽 대륙에 국한되지 않았다. 섬나라 영국을 포함해 서유럽 일대와 라인 강 서쪽과 도나우 강 남쪽의 유럽 지역뿐 아니라 아프리카와 아시아에 속하는 북아프리카 해안 지역, 이집트, 팔레스타인, 터키 지역까지도 포함했기 때문이다. 그 무렵 수도인 로마의 인구는 50만 명을 헤아렸다.

예수, 유대인과 이방인의 벽을 허물다

기원전 4년 베들레헴에서 예수가 탄생했다. 아우구스투스 황제가 로마 제국을 다스리고 헤롯이 유대인 공동체를 위임받아 통치하던 때였다. 예수는 여호수아의 약어로 '야훼는 우리의 구원'이라는 뜻이다. 로마의 속주였던 팔레스타인에서는 외국 지배에 시달려온 유대인들이 자기 민족을 구원해줄 메시아를 기다리고 있었다. 이미 기원전 8세기경에 활동한 이사야라는 선지자가 민족의 멸망을 예견하고 경고하면서 "처녀가 잉태하여 아기를 낳고 그 이름을 임마누엘이라 하리라(이사야 7:14)"라고 메시아의 탄생을 예언했기 때문이다. 임마누엘이란 '하느님께서 우리와 함께 계시다'는 의미다.

메시아_{Messiah}란 구세주를 가리키는 말이다. 히브리어로는 '기름 부음을 받는 자'라

는 뜻인데 희랍어에서는 '크리스토스'라 하여 '예수 그리스도'의 이름도 여기서 유래되었다. 구약 시대에는 예언자, 사제, 왕 등에게 성유를 붓는 습관이 있었다. 인류를 구제하기 위해 이 세상에 강림한 그리스도는 하느님으로부터 기름 부음을 받은 구세주라 하여 '메시아'라고 부른다.

당시 유다 왕국의 헤롯은 메시아가 태어날 것이라는 예언에 두 살이하의 아기는 모조리 죽이라는 명령을 내렸다. 다행히 아기 예수는 이집트로 피난 가 있었기 때문에 헤롯의 손아귀에서 벗어날 수 있었다. 목수였던 아버지 요셉은 예수가 세례를 받기 전에 세상을 떠났다. 그리스어 신약성서에 나타나는 요셉은 히브리어 이름이지만, 예수의 어머니 마리아는 히브리어 미리암Miriam이 그리스어화한 이름이다. 그리고 예수라는 이름 자체가 히브리어 여호수아의 그리스어형이다.

예수는 성장하여 서기 27년 예루살렘으로 와서 사랑과 박애와 평등을 부르짖는 설교를 하며 만민 구원의 복음을 전파하였다. 그때까지만 해도 하느님의 축복은 유대인에게만 유효했다. 그리고 사람이 병들고 어려운 것은 그가 지은 죄 때문이라고 생각했다. 그러나 예수는 이것을 뒤집었다. 그가 말한 복음은 유대인이건 아니건, 사람이 병들건 건강하건, 가난하건 부자이건, 신분이 높건 낮건, 주인이건 노예이건, 위대한 사상가이건 단순한 어린애이건 간에 그것은 중요한 게 아니라는 것이다. 사람은 모두 하느님의 자녀이고 신의 사랑은 무한하다는 것이다.

그 무렵 세계의 종교는 모두 '상선벌악'이 핵심이었다. 착한 일을 한 사람은 상을 받고 죄를 진 사람은 벌을 받는다는 것이었다. 그러나 예수는 이것도 뒤집었다. 죄를 진 사람도 하느님 앞에 진심으로 회개하면 구원받을 수 있다고 선포한 것이다. 하느님 앞에서는 모두가 죄인인 우리를 신은 긍휼히 여긴다는 것이다. 정의가 아니라 신의 은총이 가르침의 핵심이었다. 은총은 우리에게 아낌없이 주고 용서해주는 신의 큰 사랑을 말한다. 따라서 신이 우리에게 사랑을 베풀 듯 우리도 이웃에게 똑같이 베풀라는 것이다. 예수는 그를 통해 하느님을 믿고 회개하면 누구든지 하느님 나라에 들어갈 수 있다고 가르쳤다. "때가 다 되어 하느님의 나라가 다가왔다. 회개하고 이 복음을 믿어라."(마르코의 복음서 1:15)

예수, 율법의 본질을 설파하다

이 청년은 유대인임에도 유대민족의 배타적인 선민사상과 형식화된 율법주의에 대해 비판적이었다. 그 무렵 바리새파가 주도하는 유대교에는 신앙의 본질인 '사랑'이 쏙 빠져버리고 십계명과 율법의 껍데기로만 기준을 재는 율법주의가 판을 쳤다. 그것을 예수는 뒤집었다. '사랑'으로 뒤집었다. 예수는 의로움의 잣대로 '사랑'을 명시했다. 그것은 격식을 파괴하는 혁명적인 선언이었다. 그는 어린 양들이 율법에 갇힌 자 되지 않도록 율법의 자리를 '사랑, 믿음, 소망'으로 대치하였다. 한마디로 그는 율법을 곧이곧대로 지키는 게 능사가 아니고, 하느님과 이웃을 등진 인간이 하느님과 이웃에게로 '돌아섬'을 강조했다. 이는 신선하고 충격적인 외침이었다.

예수는 십계명과 율법의 정신을 묻는 바리새파 질문에 하느님의 계명을 다음과 같이 요약했다. "'네 마음을 다하고 목숨을 다하고 뜻을 다하여 주님이신 너희 하느님을 사랑하여라.' 이것이 가장 크고 첫째가는 계명이고, '네 이웃을 네 몸같이 사랑하여라.' 한 둘째 계명도 이에 못지않게 중요하다. 이 두 계명이 모든 율법과 예언서의 골자이다."(마태오의 복음서 22 37-40) 십계명과 율법의 알맹이는 하느님 사랑, 이웃 사랑이라 요약했다.

예수, 복음을 선포하다

더구나 유대인들이 받아들이기 어려운 내용의 복음을 전파했다. 율법과 할례로 유대인만 선택받고 구원받는 게 아니라 율법과 할례 없이도 모든 인류가 그를 통한 믿음으로 구원을 받을 수 있다고 가르쳤다. 예수가 전한 것은 인간이 만들어낸 온갖 고통과 억압으로부터의 해방이었다. 그가 외친 하느님 나라는 '정의가 강물처럼 흐르고', '누르는 자도 눌린 자도 없는' 그런 나라였다. 그의 사상은 열심당Zealot의 무장봉기나 에세네파의 금욕생활을 뛰어넘어 인간 평등을 지향하는 것이었다.

그의 가르침은 가난한 사람, 병든 사람, 멸시받고 손가락질당하는 사람들의 가슴에 파고들었다. 제사장이나 율법학자들처럼 사람들 위에 군림하려 들지 않고 신분이 낮은 비천한 사람들과 거리낌 없이 어울려 먹고 마셨다. 그런가 하면 부와 권력을 믿고 위세를 부리는 자들을 신랄하게 비난했다. 예수의 제자들은 예수를 구세주로 믿고 그리스도교를 전파하기 시작했다.

예수는 사두개파나 바리새파에게는 위험 인물이었다. 유대인들이 생각하기에 유대인과 이방인의 가장 큰 차이점은 하느님과 직접 계약을 맺었는지의 여부이다. 곧 하느님으로부터 '선택받았는지의 여부'이다. 바로 이 구분과 증거가 율법과 할례였다. 유대인에게 율법과 할례는 그들의 정체성이자 종교요 목숨이었다. 하지만 예수는 율법과 할례 없이도 그를 통해 하느님을 믿고 회개하면 누구나 하느님의 백성이 될 수 있다는 새로운 복음을 전파하였다. 유대인과 이방인의 벽을 허문 것이다. 그는 모든 인간을 평등하게 구원하는 하느님에 대해 설파하고 다녔다. 이로써 하느님이 유대인만의 하느님이 아닌 모든 인류의 보편적인 하느님이 되신 것이다.

예수를 십자가의 죽음으로 내몰다

예수는 계층의 장벽을 허물었다. 바리새인들과 사두개인들은 예수가 세리, 창녀, 문둥병자들과 어울리는 것을 비판했다. 고대 유대교의 교리에 따르면, 예루살렘 성전에 들어가 자신의 죄를 회개하고 사제의 축복을 받은 사람만이 구원받을 수 있었다. 장애인은 성전에 들어가지 못했기 때문에 구원도 받을 수 없었다. 유대인들은 장애가 죄 때문에 발생했다고 믿었기 때문이다.

그러나 예수는 온갖 병자와 장애인들의 병을 고쳐주고, 그들이 성전에 들어갈 수 있도록 했다. 예수의 이런 행동은 종교적 공동체의 범위를 새로 설정한 중요한 사건이었다. 기독교가 지금까지 놀라운 생명력으로 이어지고 있는 것은 종족과 계층의 장벽을 뛰어넘는 포용력 때문이다.

한 율법학자가 예수에게 당신 제자들이 왜 전통을 어기고 손도 씻지 않고 음식을 집어 먹는지 따지자 그는 다음과 같이 가르쳤다. "너희는 내 말을 새겨들어라. 무엇이든지 밖에서 몸 안으로 들어가는 것은 사람을 더럽히지 않는다. 더럽히는 것은 도리어 사람에게서 나오는 것이다."(마르코의 복음서 7:14-15) 예수가 한 이 말은 우리가 먹는 음식물의 깨끗함에 비해 인간 마음속의 더러움과 악을 나타낸 말이기도 하지만 구원 과정에서 유대인의 율법이나 전통이 어떠한 역할도 할 수 없음을 우회적으로 표현한 것이기도 했다. 유대인의 입장에서 보면 이는 구제와 의인義認(하느님이 옳다고 인정함)의 과정에서 율법이 지니는 의의와 역할을 부정하는 것이었다.

예수는 설혹 가난하고 무지하며 죄 많은 자라 하더라도 인간은 하느님과 직접 관계를 가질 수 있다고 말했다. 그리고 오히려 하느님의 응답은 토라에 대한 복종으로 얻어지는 것이 아니라, 믿음이 깊은 인간에 대해 부어지는 하느님의 은총이라고 말했다. 하느님을 향한 믿음 때문에 사람들은 계율을 지킨다는 것이다. 유대 지식인 대다수의 입장에서는 이것은 잘못된 교의였다. 왜냐하면 예수는 토라를 부조리한 것이라고 배제하면서 다가올 최후의 심판 때 구제를 받기 위해 필요한 것은 율법에 대한 복종이 아니라 믿음이라고 단언했기 때문이다.

유대인의 입장에서는 이같이 토라를 부정하는 것은 있을 수 없는 일이었다. 더구나 선택받지 않은 이방인들이 자신들의 하느님을 같이 모신다는 것을 받아들일 수 없었다. 게다가 그러한 복음을 전하는 예수를 자기들이 기다리던 메시아로 인정하는 것은 더더욱 어려

∴ 밀라노 산타마리아 델레 그라치에 성당 벽화, 〈최후의 만찬〉

웠다. 그들은 율법과 관습이 깨져 나가는 것을 그대로 방치할 수가 없었다. 유대교 신앙 공동체의 정체성을 지키기 위해 유대인들은 예수를 배척하고 박해했다. 결국 예수를 십자가의 죽음으로 내몰았다.

예수는 십자가에 못 박히기 전날 저녁에 제자들과 '최후의 만찬'을 가졌다. "예수께서는 다시 이렇게 말씀하셨다. '정말 잘 들어두어

라. 만일 너희가 사람의 아들의 살과 피를 먹고 마시지 않으면 너희 안에 생명을 간직하지 못할 것이다. 그러나 내 살을 먹고 내 피를 마시는 사람은 영원한 생명을 누릴 것이며 내가 마지막 날에 그를 살릴 것이다. 내 살은 참된 양식이며 내 피는 참된 음료이기 때문이다. 내 살을 먹고 내 피를 마시는 사람은 내 안에서 살고 나도 그 안에서 산

다. 살아 계신 아버지께서 나를 보내셨고 내가 아버지의 힘으로 사는 것과 같이 나를 먹는 사람도 나의 힘으로 살 것이다. 이것이 바로 하늘에서 내려온 빵이다. 이 빵은 너희의 조상들이 먹고도 결국 죽어간 그런 빵이 아니다. 이 빵을 먹는 사람은 영원히 살 것이다.'"(요한의 복음서 6:53-58) 그 뒤 이 말씀은 가톨릭 미사 의식의 요체가 되었다.

유대인들은 예수를 십자가에 못 박으라고 빌라도에게 아우성치면서 "그 사람의 피에 대한 책임은 우리와 우리 자손들이 지겠습니다"(마태오의 복음서 27:25)라고 외쳤다. 예수께서는 십자가에 처형당하시려고 끌려가시면서 뒤따라오는 무리와 여인들에게 이렇게 말씀하신다. "예루살렘의 여인들아, 나를 위하여 울지 말고 너와 네 자녀들을 위하여 울어라."(루가의 복음서 23:28) 유대인들이 유월절에 예수를 십자가에 못 박음으로써 무죄한 피를 흘리게 한 대가는 참으로 엄청난 것이었다. 유대인들은 자신들의 이러한 행동이 훗날 후손들에게 얼마나 지난한 고통의 역사를 가져다줄지 그 당시에는 미처 몰랐다.

예수의 옆구리를 찌른 군인, 성인이 되다

론지노는 빌라도의 지시를 받고 주님의 십자가 곁에 서 있다가 창으로 주님의 옆구리를 찌른 백부장이었다. 그리고 예수의 무덤을 지키고 있던 사람들과 함께 지진과 그 밖의 일들이 일어나는 것을 보고 "이 사람이 참으로 하느님의 아들이었구나"라며 몹시 두려워했다는 바로 그 백부장이다. 그 뒤 그가 병들어 누웠을 때 창에 묻은 주

님의 피를 자기 눈에 갖다 대자 병이 나았다. 그는 군인생활을 포기한 뒤 사도들의 제자가 되었다.

그 뒤 그는 수도생활을 하면서 지내다 박해를 맞았다. 집정관은 그의 이를 뽑고 혀를 잘랐으나 그의 설교를 중단시킬 수는 없었다고 한다. 그는 도끼를 들고 이방인의 신상을 때려 부수면서 "이게 무슨 신들이람!" 하고 외쳤다. 그러자 집정관은 즉석에서 참수하도록 명했다. 그의 유해는 이탈리아 북부 만투아(만토바)에 보존되어 성인으로 공경받고 있다.

예수 부활로 그리스도교 탄생하다

예수 사건은 십자가에서 막을 내리지 않았다. 인간들은 그를 처치했지만 하느님은 그를 부활시켰다. 제자들은 수시로 부활한 예수를 목격했다. 겁에 질려 예수를 3번씩이나 부정했던 베드로를 비롯한 제자들이 부활을 눈으로 직접 보고서야 확신할 수 있었다. 예수의 부활이 점차로 많은 사람 사이에서 광범위하게, 그리고 집요하게 믿어졌다. 마침내 서기 30년 오순절, 예루살렘에 순례 온 제자들이

그리스도교를 창교했다. 예수는 이단자가 아니라 메시아라고 확신했던 것이다. 예수를 직접 따라다닌 제자들은 예수의 죽음과 부활을 하느님 계획의 '새로운 계약'의 증거로 믿었다. 이로써 각 개인은 예수의

죽음과 부활을 통해 하느님과 새로운 계약을 맺을 수 있는 것이다.

∴ 엘 그레코, 〈사도 베드로와 바울〉

그 뒤 제자들은 복음을 전파하고 모두 혹독한 죽음을 받아들이며 순교했다. 믿음과 확신은 죽음보다 강함을 보여준 것이다. 그 뒤 유대교를 모태로 하여 나온 기독교는 예수의 죽음과 부활을 계기로 전 인류의 구원을 지향하는 '보편적인' 종교로 발전하였다. 특히 바울의 역할이 컸다. 그는 예수를 한 번도 만난 적이 없는 로마 시민권을 지닌 유대인이었다. 그는 그리스도교도들을 박해하러 다마스커스로 가던 중 그리스도의 음성을 듣는다. 일단 예수의 부활이 사실이고, 자신이 그리스도라는 예수의 주장이 참말이라는 확신이 서자 그때부터 그는 이방인들에게 그리스도를 전파하는 데 일생을 바쳤다.

초대교회에서는 사도행전에 나타나듯 '이방인들이 유대인이 돼야 하는가' 하는 문제에 관심이 집중됐다. 결국 회의를 열어 그럴 필요가 없다는 결론이 내려진 후 이방인 회심자들은 기하급수적으로 늘어났다. 당시에는 그야말로 다양한 곳에서 온 그리스도인들이 서로 다문화적인 연합을 추구했다. 바울 사도는 로마인들에게 보낸 편지(로마서) 10장 12절에서 "유대인이나 이방인이나 아무런 구별이 없습니다. 같은 주님께서 만민의 주님이 되시고 당신의 이름을 부르며 찾는 모든 사람에게 풍성한 복을 내리십니다"라고 말했다.

바울에 의하면 복음은 "믿는 사람이면 누구에게나 구원을 가져다 주시는 하느님의 능력"인데, "먼저 유대인들에게, 그리고 이방인들"에게까지 적용된다(로마인들에게 보낸 편지 1:16). 모든 사람의 불순종에도 하느님은 예수 그리스도를 믿는 믿음과 신실함을 통해 유대인과 헬라인을 모두 구원하시는 길을 마련하셨기 때문이다(로마인들에게 보낸 편지 3:21-26). 당시 헬라인은 유대인 이외의 이방인을 뜻했다. 이방인들은 율법을 행하는 유대인으로 개종하지 않고, 믿음으로 하느님의 백성이 될 권리가 있다는 것이다. 그러나 유대인들이 지금 불순종한다고 해서 이방인들이 유대인들을 차별하는 것은 참올리브나무에 접붙인 돌올리브 나뭇가지들이 우쭐대는 격이다. 잘려나간 가지들을 업신여겨서는 안 되며 "여러분이 뿌리를 지탱하는 것이 아니고 뿌리가 여러분을 지탱한다는 사실을 기억"하라고 바울은 경계한다(로마인들에게 보낸 편지 11:18).

하느님은 단지 아브라함의 자손들만의 번성을 약속한 것이 아니었다. 이 약속이 가시화되는 중심에 유대인 예수가 있다. 구원의 메커니즘은 구약뿐 아니라 이제 신약에도 주어졌다. 아브라함에게 주어졌던 계약의 약속들은 이제 그의 자손들에게만 주어지는 것이 아니라 모든 그리스도인에게 주어진 것이다. "그러므로 하느님께서는 사람의 믿음을 보시고 그를 상속자로 삼으십니다. 이렇게 하느님께서는 은총을 베푸시며 율법을 지키는 사람들에게만 아니라 아브라함의 믿음을 따르는 사람들에게까지, 곧 아브라함의 모든 후손들에게 그 약속을 보장해주십니다. 아브라함은 우리 모두의 조상입니다."(로마인들에게 보낸 편지 4:16)

이산을 예언한 예수

성서에 '이방인의 때'라는 표현이 있다. 예수는 유대인의 이산, 곧 뿔뿔이 흩어짐을 예언하였다. 예수는 유대인들에 대해 말하기를, "사람들은 칼날에 쓰러질 것이며 포로가 되어 여러 나라에 잡혀갈 것이다. 이방인의 시대가 끝날 때까지 예루살렘은 그들의 발아래 짓밟힐 것이다"(루가의 복음서 21:24)라고 하였다. 여기서 말하는 '이방인의 시대'는 이방인들이 예루살렘을 차지하는 기간을 가리키는 것이라고 해석할 수 있다.

예수의 제자 바울은 자신이 속한 유대인의 운명에 관하여 예언하기를, "형제 여러분, 여러분이 모든 것을 다 알았다고 장담할지 모르지만 아직 깨닫지 못하는 숨은 진리가 하나 있는데 여러분도 그것을 꼭 알아두시기 바랍니다. 그 진리란 이런 것입니다. 일부 이스라엘 사람들이 지금은 완고하지만 모든 이방인들이 하느님께 돌아오는 날에는 그 완고한 마음을 버릴 것이고 따라서 온 이스라엘도 구원받게 되리라는 것입니다"(로마인에게 보낸 편지 11:25-26)라고 하였다.

'일부 이스라엘 사람들이 지금은 완고하지만 모든 이방인들이 하느님께 돌아오는 날에는 그 완고한 마음을 버리고 온 이스라엘도 구원받게 되리라'는 말은 충분한 이방인들이 그리스도의 복음을 받아들일 때까지 유대인들이 그리스도의 복음을 거부할 것이라는 뜻으로 해석할 수 있다.

이 두 구절을 종합해보면 '이방인의 시대'라는 표현은 이방 세계에서 그리스도의 복음이 충분히 확산될 때까지를 가리킨다.

유대인 역사가 요세푸스의 예수에 대한 증언

교회가 세워진 지 7년 만인 서기 37년에 태어난 유대인 역사가 요세푸스는 그의 책《유대 고대사》(18권 3장 3절)에서 예수의 역사성에 관해 다음과 같이 기록하였다.

이 시대에 예수라고 불리는 현인이 있었다. 그의 행실은 선하였고, 그의 학식은 뛰어난 것이었다. 그리고 유대인들과 다른 나라들 가운데서 많은 사람들이 그의 제자가 되었다. 빌라도는 그를 정죄하여 십자가에 못 박혀 죽도록 하였다. 그리고 그의 제자가 되었던 자들은 그의 제자 되기를 포기하지 않았다. 그들은 그가 십자가에 못 박혀 죽은 지 3일 만에 그들에게 나타났고, 그가 살아났다고 보도하였다. 따라서 그는 아마도 선지자들이 놀라움으로 자세하게 말했던 메시아였을 것이다. 그리고 소위 그의 이름을 따서 그리스도인으로 불렸던 그리스도인들 족속은 오늘날까지 여전히 사라지지 않고 있다.

예수를 인정치 않는 유대교

이러한 예수에 대해 유대교는 탈무드(산헤드린)에서 "예수는 마술을 써서 이스라엘을 미혹시켜 배교하게 하였으므로 유월절 전날에 처형되었다"고 기록하고 있다. 이렇게 유대인들은 예수를 신의 아들 혹은 삼위일체 하느님의 한 지체로 보지 않는다. 예수를 '이샤'라고 부르는 이슬람도 유대교와 마찬가지로 예수를 신의 외아들로 보지 않는다. 그러나 처녀의 몸에서 태어난 사실과 기적을 행한 사실은 믿는다. 이슬람 신자들은 예수를 이스라엘 민족을 인도하기 위해 신이 보낸 중요한 예언자들 가운데 한 사람으로 존경한다.

IV

고대 동양과
서양의 해상교역

JEWISH ECONOMIC HISTORY

∴ 프랑스어로 된 이 지도는 고대 한민족 세력권을 표시하고 있다. 곧 한반도와 발해만 내역과 저우산군도를
비롯한 양자강 좌우, 그리고 왜의 구주 등이 같은 색으로 통일되어 있다.

바빌론 유수기의 유대인 상업활동

활발한 교역활동으로 중국까지 진출

기원전 6세기 유대인들이 집단 포로생활을 하던 바빌론 유수기
幽囚期(가두는 기간) 때 바빌로니아의 느부갓네살은 유대인들에게 자유
로운 생활을 보장했다. 유대인이 이주한 땅은 비옥했고, 바빌론과 니
푸르라는 대도시와 그 사이에 거주하여 경제활동이 활발했다. 바빌
론은 이미 기원전 18세기 함무라비 왕 때부터 국제무역 도시로 명성
을 떨치고 있었다. 니푸르 또한 고대 바빌로니아의 수도로서 경제적
으로 번영했던 도시다. 유대인들은 이 두 도시를 거점으로 국제무역
에 종사했다.

신바빌로니아 느부갓네살은 시리아, 페니키아, 이스라엘 등의 무역
도시들을 손에 넣고 바빌론을 중심으로 국제무역을 장악했다. 바빌
론은 동방무역의 중심이 되어 온갖 물자와 외국 상인들이 모여들었
다. 그의 시대에 바빌론은 세계 제일의 대도시로 성장했다. 이때부터

유대인은 세계 제일의 경제수도에서 활동하기 시작했다.

그 무렵 대부분의 사람이 문맹이었을 때 글을 읽고 쓴다는 것은 대단한 경쟁력이었다. 이것은 계산하고 상업 문서를 읽고 쓸 줄 아는 것을 뜻했다. 또 이것은 문서로 계약하고 장사를 해야 하는 먼 거리 무역에 특히 유리했다. 이로써 유대인들은 이러한 경쟁력을 밑천으로 국제적인 항구도시 바빌론과 니푸르에서 먼 거리 상인, 곧 무역상이 되었다. 기원전 586년부터 약 50년간의 바빌론 유수기에 유대인들은 바빌로니아 무역로를 통해 당시 세상에 알려진 곳곳에서 활약했다. 이때 많은 유대인이 이집트와 근동은 물론 중국까지 진출하게 된다. 유대인들의 경제적 성공에 따라 이때부터 반유대주의가 생겨난다.

사실 그 이전 기원전 10세기 솔로몬 시대부터 유대와 중국은 교류가 있었다. 성서 이사야서(49:12)에 보면 이스라엘 민족이 열국에서 피하여 고토로 돌아올 것을 예언하는 중에 "먼 곳에서 돌아가는 이 사람들을 보아라. 북에서도 서에서도 돌아가고 시님족의 나라에서도 돌아간다"라고 되어 있다. 성서 연구의 권위자들에 따르면 시님이 곧 중국이라는 데 일치하고 있다. 시님은 오늘날 중국 남부 광둥과 푸젠 지역을 가리키는 말로서 고대 중국 대외무역 기지였다.

중국학자에 따르면 유대인이 중국에 여러 시대에 걸쳐 여러 무리가 들어왔다고 한다. 중국의 옛 무역항의 하나였던 산둥성 지역에서 발견된 옛 비석에는 주나라 때 유대인들이 중국에 들어왔다고 기록되어 있다. 주나라는 기원전 1220년부터 220년까지 900년간 중국을 지배한 나라로 유대인의 바빌론 유수기가 그 사이에 있다.

그 뒤 유대인은 한나라 문제 때 또 한 차례 들어온 것으로 밝혀졌다. 한나라는 기원전 205년부터 서기 220년까지 계속된 나라로 문제는 서기 56년부터 75년까지 왕위에 있었다. 유다 왕국이 로마 제국에 의해 멸망되어 유대인들이 사방으로 뿔뿔이 흩어지던 바로 그때이다. 또한 역사학자인 팔 그레이스Parl Grace는 서기 231년경 바빌론의 혹심한 유대인 박해를 피해 다수의 유대인이 중국에 들어왔다고 말하고 있다.

비단, 기원전 6세기부터 서양에 전래되다

유대인들이 중국에 대해 처음 알게 된 솔로몬 왕 때 페니키아 히람 왕의 지원을 받은 솔로몬의 해상무역선들은 중국까지 항해해 갔다. 중국 측 자료에도 솔로몬 시대에 유대인들이 중국 곳곳의 항구에 드나들었고 중국과 이스라엘의 왕복에 3년 가까이 걸려 상당히 먼 거리를 항해해 왔다고 전하고 있다.

그러나 본격적인 왕래는 유대민족이 기원전 6세기 바빌론에서 포로생활을 할 때였다. 유대인들은 바빌론 상인들과 함께 육로로 중앙아시아를 경유하여 중국에 들어갔다. 유대인들이 육로를 통해 중국에 들어간 건 이때가 처음이다. 당시 중국에는 서양에서 보기 어려운 문물이 많았다. 그 가운데 가장 인기 있는 품목이 비단이었다. 중국은 이미 4500년 전에 비단을 생산했다.

험지를 통과해야 하는 중국과의 무역에는 위험 요소도 많았다. 하지만 성공하면 많은 이익이 보장되었다. 이 때문에 이재에 뛰어난 유대인들이 중국 무역에 본격적으로 참여했다. 그래서 많은 유대인이 자연적으로 중국은 물론 통행로인 중앙아시아와 인도 일대의 교역도시에 정착하게 된다.

∴ 중국 고대 상류층의 복장은 대부분 비단옷

이로써 기원전 6세기부터 비단은 유대인과 바빌론 상인에 의해 서양에 전해졌다. 비단은 그 독특한 아름다움으로 서양인에게 '천당에만 존재하는 물건'으로 찬양되었다.

서방 역사의 기록에 비단이 공식적으로 등장한 것은 기원전 4세기 알렉산더 대왕의 동방원정 때였다. 당시 그들은 아주 먼 동쪽에 '비단'을 생산하는 나라가 있는데 이 나라를 '세레스Seres', 곧 '새리사국'이라고 불렀다. 기원전 그리스의 역사가 스트라본은 알렉산더 군의 부副대장 네아르코스 일행이 인더스 강 유역 편자브 지방에서 비단을 목격했다고 기록하고 있다.

그 뒤 비로소 비단이 누에로부터 얻어진다는 사실이 알려졌다. 헬레니즘 시대 이후 서아시아와 로마의 대립에도 중국 견직물은 월지나 흉노에 의해 기원전 3세기부터 서방에 활발히 수출되기 시작했다. 특히 기원전 3세기 말부터 흉노는 매년 수많은 비단을 한나라로부터 공납 받았다. 이 비단의 일부만 흉노 사회에서 소화되고 나머지 대부분은 서방으로 전해졌다.

로마인들은 중국을 '세리카Serica', 중국인을 '세리스Seris'라고 불렀다. 그런데 이 단어는 모두 비단실을 나타내는 'Serge絲'에서 유래된 것이다.

고대 실크로드: 알렉산더 대왕과 한 무제의 합작품

역사적으로 실크로드의 존재를 가장 먼저 언급한 역사가는 그리스의 헤로도토스다. 그는 명저《역사》에서 스키타이 교역로에 관해 기술하면서 돈 강 하구로부터 볼가 강과 우랄 강을 건너 동북쪽으로 산재한 많은 민족을 묘사한 기록을 남겼다. 이미 그곳들과는 왕래가 빈번했다는 이야기다.

그 뒤 서양에서 실크로드의 완성에 가장 크게 공헌한 사람은 알렉산더 대왕이다. 그는 기원전 334년부터 11년 동안 벌인 동방 원정을 통해 실크로드 서쪽 방면의 도로망을 사실상 완성했다. 그리스의 마케도니아를 출발해 오늘날의 터키와 시리아를 거쳐 이스라엘과 페르시아를 정복한 다음 인도와 히말라야를 거쳐 인더스 강까지 이어진다. 곳곳에 자신의 이름을 따 '알렉산드리아'라는 계획도시를 건설하여 그리스로부터 히말라야에 이르는 서쪽 지역의 도로망이 대부분 그때 틀을 잡았다. 기원전 161년에 동로마 제국을 일컫는 대진大秦의 사절 안돈이 중국에 왔다는 기록이 있다.

이후 동양에서는 진나라와 한나라의 지속적인 서역 경영이 실크로드의 활성화에 결정적으로 기여했다. 특히 서역로를 직접 여행하

⁂ 고대 실크로드

고 기록을 남긴 장건과 중앙아시아 지역을 정복해 중국 쪽 실크로드 네트워크를 이룩한 반초의 공로를 빼놓을 수 없다. 기원전 138년과 기원전 119년 한 무제는 두 차례 장건을 서역에 파견했다. 사절단들은 수많은 비단과 도자기 등 중원의 물산을 갖고 대월지, 대하 등을 방문하여 현지의 모직물 및 향료 등과 교환했다. 이로써 비단길이 본격적으로 열렸다.

그 뒤 중국 측 대상들은 실크로드를 따라 비단을 중앙아시아나 로마 제국의 시리아까지 운반했고, 돌아오는 길에는 금속이나 유리 등 다양한 상품을 싣고 왔다. 그때까지 로마인과 중국인은 서로 한 번도 본 적이 없었지만 비단을 통해 서로를 인식했다. 한대부터 당대에 이르기까지 이 길은 무역거래가 끊기지 않았으며 실크로드도 이때부터 번영하기 시작했다.

빈번한 교역 및 다양한 수출입 품목

특히 서역의 명마에 심취한 한 무제는 좋은 말을 얻기 위해 사절단을 끊임없이 서쪽으로 파견했다. 기원전 중국의 역사가 사마천은 이렇게 기록했다. "사절단들이 길에서 서로 마주칠 정도로 빈번하게 오갔다. 사절단의 규모가 큰 것은 수백 명, 작은 것은 100여 명이었다. … 사절단이 많을 때는 해마다 수십 회, 적을 때도 5~6회씩 파견됐다."

이렇게 기원전부터 서방 상인들이 계속 장안으로 몰려들었다. 값비싼 보석류와 향료, 약품, 동물 등이 명마와 함께 장안성에 넘쳐났다. 사마천은《사기》의 〈대완전〉, 〈흉노전〉, 〈서남이열전〉 등 서쪽의 이민족에 대한 지식과 정보를 상당히 풍부하게 전하고 있다.[*]

그 뒤 실크로드를 통한 무역품목은 더욱 다양해졌다. 중국으로 가는 카라반들은 말, 금, 은, 보석, 검 등 무기류, 노예, 모직과 면직물, 상아, 호박琥珀과 유리 그리고 유리공예품들을 가지고 갔다. 중국에서 출발하는 대상들은 주종이 비단이었지만 이외에도 모피, 도자기, 철, 칠, 계피, 대황, 혁대, 청동 거울, 청동 제품 등을 가져갔다.

중국 측의 비단 등 비싸고 다양한 품목에 비해 로마 제국의 수출품은 종류와 수량이 한정되어 있었다. 이때부터 무역역조가 심해 유럽의 은이 중국으로 대량 흘러들어 가기 시작했다. 물자 이외에도 다양한 학문과 지식, 이국적인 예술과 생활양식, 심지어 갖가지 동식물까지도 활발하게 교류됐다. 유사 이래 가장 다양한 문명과 물자가 동서양 간에 광범위하게 뒤섞이기 시작한 것이다.

---

[*] 오귀환, 〈오귀환의 디지털 사기열전〉(역사를 바꾼 길 1),《한겨레》

비단 열풍과 실크로드

로마 제국에서 유행한 비단

기원전 53년 로마인은 파르티아와의 카레 전투에서 비단을 처음 목격한다. 살벌한 전투 속에서도 파르티아인이 두르고 있는 비단의 신비로움은 로마인의 눈길을 사로잡기에 충분했다. 기원전 45년 율리우스 카이사르가 쓸 차양을 만들기 위해 비단이 로마에 처음으로 수입되기에 이른다.

이때 중간에서 파르티아 제국(안식국)의 상인들이 중계무역을 통해 막대한 이익을 남기게 된다. 비단은 머나먼 중국에서 사막을 건너고 만년설이 덮인 산을 넘어 로마까지 왔지만, 실크로드 중간을 파르티아 제국이 막아 중국과 로마는 서로 실체를 몰랐다. 사막과 톈산산맥 그리고 파미르 만년설을 넘으며 죽은 목숨값, 도적에게 빼앗긴 물건값, 거기에 중간 중간의 통행세 및 파르티아 중간상의 폭리가 누적되어 로마에 도착했을 때 비단 가격은 같은 무게의 금값보다 비

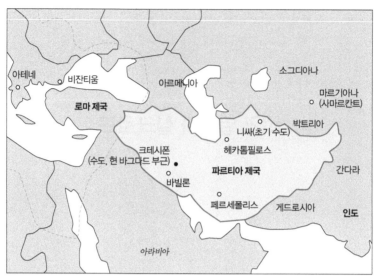

∴ 전성기의 파르티아 제국(1세기)

싰다.

카이사르는 극장에 나타날 때면 꼭 긴 겹옷의 비단옷을 입곤 했다. 이후 로마 귀족 사이에 비단은 최고급 옷감으로 큰 인기를 끌며 비단옷을 입는 풍조가 일어났다.

∴ 긴 겹옷의 비단옷을 입은 카이사르

귀족들은 가볍고 부드러우며 오색 찬연한 실크를 진귀한 물품으로 여겨 다투어 입었다. 비단은 세력과 돈을 가진 부자들에게는 자신과 대중을 구별하는 아주 적합한 도구였다. 비단옷이 주름지고 길수록 부의 상징이었다. 그 무렵 유대인들과 바빌론 상인들이 어렵게 가져온 비단은 금값이었다. 원산지인 중국에서도 고가품이었지만 그 먼 길을 지나 로마에 들어왔을 때는 가격이

100배나 올라 있었다.

비단의 수요는 긴 초원길과 사막을 가로지르는 무역로를 만들었다. 이른바 실크로드다. 길에는 도적떼가 자주 출몰해 상인들 자체가 무리지어 다니며 무장을 하거나 상인들의 안전을 지켜줄 호위대를 구성했다. 당시 상업은 이처럼 약탈과 교역이 혼합된 상태였다. 안전을 보장해주는 지역은 대신 통행세를 받았다. 도중에 여러 나라를 거치기 때문에 나라마다 세금(통행세)을 내야 했다. 당시에도 국내 산업 보호를 위해 수입품 세율이 수출품 세율보다 높았다. 그러나 귀족들에게 비단 가격은 문제가 되지 않았다.

1세기 초 로마에 비단 전문시장이 개설되다

로마의 비단 열풍은 대단했다. 그때까지 투박한 아마포와 면 그리고 양모만이 옷감의 전부라 생각한 로마 귀부인들에게 입어도 입은 것 같지 않은 황홀한 촉감, 안개처럼 흐느적거리는 유연한 질감에 천상의 빛처럼 은은한 광채, 깃털처럼 가볍지만 질긴 천을 로마인은 '세리카Serica'라 불렀다. 바로 비단이었다.

1세기 초 로마의 비쿠스 투스쿠스 지역에는 전문 비단시장이 개설되어 성황을 이루었다. 얼마 지나지 않아 로마에서는 남녀를 불문하고 비단옷을 입는 것이 일대 유행처럼 번졌다. 로마인들은 입은 듯 안 입은 듯 너무나 가볍고 얇고 신기한 비단옷을 유리옷이라 불렀다.

로마의 철학자 세네카는 "비단옷은 신체를 보호할 수도 없고 부끄러움조차 가리지 못하는 옷이다. 비단옷을 입어본 여성들은 마치 자

⁂ 에두아르 마네, 〈술탄 왕비〉

신이 벌거벗고 있는 게 아닌가 하는 느낌마저 받는다. 그런데 여성들은 자신의 몸매를 드러내기 위해 막대한 돈을 들여가며 상인들을 부추겨 이 옷감을 먼 미지의 나라에서 가져오게 한다"라고 개탄하면서 비단을 무척 경계했다.

급기야 서기 14년에는 비단옷의 그러한 풍조가 퇴폐를 조장한다고 여긴 티베리우스 황제는 비단옷 자체를 금했다. 당시 집정관이었던 플리니우스는 속이 다 비치는 이 새로운 의복에 대해 "여성을 나체로 만드는 것"이라고 불만을 표시하며 비단에 대한 로마 여성들의 갈망 때문에 경제가 고갈될 지경이라고 비난했다. 공식적으로 금지했음에도 비단 무역은 더욱 번창하였다. 그 뒤 비단 선호 풍조는 2세기 아우렐리우스 황제 시대에 더 심했다. 2세기 로마 제국의 비단 가격은 같은 무게의 황금 가격이었다. 비단 자체가 금이나 화폐처럼 통용되기도 하였다.

고대의 얇은 실크, 한민족 비단일 가능성 높다

그런데 이렇게 속이 다 보일 정도로 아주 얇고 고운 비단은 세초細綃 또는 박사薄紗라 하여 가는 실(세사)로 짠 비단이다. 기원 전후의 세초는 한민족 비단의 고유한 특성이었다. 당시 중국 비단과 함께 백제 등 삼국 비단도 수출된 듯하다. 그 무렵 중국 비단은 투박했다. '넉 세

두 모'라 하여 고구려, 백제, 마한 등 삼국시대 여인들은 고치에서 풀어내는 가느다란 고치실을 네 가닥 혹은 세 가닥, 심지어는 두 가닥을 갖고 꼬아 비단실(견사)을 만들었다. 실이 가늘수록 비단이 하늘거리고 특히 염색이 곱게 잘 먹었다.

게다가 고대 한국의 비단은 온돌 아궁이에서 타다 남은 재를 활용한 잿물로 실과 천을 삶아 이를 순백으로 만들어 염색을 해 색상이 잘 받았다. 사마천의 《사기》 〈화식열전〉에 "제나라의 자색 비단은 흰색 비단을 물들인 것이나 그 가격은 다른 비단보다 10배나 비싸다"라는 구절이 보인다. 제나라는 산둥반도에 위치해 고조선과 교역했던 나라이다. 주로 모피와 비단 그리고 활과 화살촉을 수입한 것으로 보인다. 당시 비단 한 필이 말 한 마리 값보다도 비쌌다. 자색 비단 한 필이면 말 10마리 이상을 살 수 있었다. 우리 비단은 중국에서도 명품으로 통했다. 한나라 무제가 등극했을 때 귀족 계층의 사치를 없애기 위해 고조선의 실크를 들여오지 못하도록 칙령을 내렸다고도 전한다.

이렇듯 우리 고대 한국과 삼국시대 비단은 얇고 부드러우면서도 고운 색상으로 유명했다. 고조선 번영의 밑받침이 비단과 쇠솥(가마솥) 염색이었듯이 삼국도 마찬가지였다. 그들의 세초는 중국 한나라에서도 소문난 명품이었다. 이들의 비단이 초원길 실크로드나 상하이 인근 저우산군도舟山群島로 진출한 백제촌을 통해 해상 실크로드로 로마로 들어간 듯하다. 당시 중국은 세초를 만들지 못할 때였다. 중국에서 세 가닥으로 실을 꼬아 만든 세초가 처음 소주에서 선보이기 시작한 것은 한참 후의 일이다. 《삼국유사》의 〈연오랑 세오녀〉 대목은 신라 세초의 우수성을 드러내는 은유적인 역사의 기록이다.

비단 열풍, 유럽 전역으로 퍼지다

비단 열풍이 유럽 대륙 전역으로 퍼졌다. 2세기 때 로마 제국의 서쪽 끝 런던에서조차 비단이 성행했으니 당시 비단이 얼마나 인기였는지 가히 짐작할 수 있다. 로마 황제 가운데 방탕과 사치로 악명을 떨친 엘라가발루스 황제(재위 218~222년)는 몸을 칭칭 휘감는 100% 순견 토가를 만들어 입어 질시와 부러움을 동시에 받기도 했다.

나중에는 비단 열풍이 일반 시민들에게까지 퍼졌다. 380년쯤 콘스탄티노플에서는 "귀족들에게만 사용이 허용되던 비단이 이제는 귀천을 가리지 않고 최하층까지 퍼졌다"고 4세기 역사가 마르첼리누스가 개탄한 바 있다. 410년 로마 황제 세례식에는 로마 시민 모두가 비단옷을 입고 참석하였다. 결국 로마는 막대한 비단 수입으로 금, 은 등 국부가 빠져나가 나라 경제가 심각한 위협을 받아 로마 제국 몰락의 한 요인이 되었다.

유대인, 기원전 3세기부터 중국에 정착

《유대백과사전》의 유대구전에 따르면 기원전 221년부터 206년까지 한나라 시대에 유대인들의 정착촌이 중국에 있었다고 한다. 그로부터 500년 뒤인 3세기에는 유대인 무역상들을 중심으로 비교적 대규모의 유대인 정착촌들이 중국과 인도에 생겨났다. 그 뒤 6세기에는 산시성에 수개 소의 시너고그가 세워졌다. 유대인들에 의해 동서 교역이 활성화되자 역사가 세네카나 플리니우스는 당시 로마 귀족들의 비단 등 지나친 사치품 소비를 비난했는데 이 비단이 바로 한나라로부터 들여온 것이었다.

당시 유대인들이 교역을 주도했던 가장 큰 이유는 대부분이 문맹이었던 서구 사회에서 유대인들은 모두 글을 알았기 때문이다. 그들은 로마와의 세 차례에 걸친 큰 전쟁에서 민족의 반 이상이 전멸하면서 사제 계급이 모두 죽어 평신도가 유대교를 지켜야 했다. 이 때문에 남자들은 모두 의무교육을 받고 예배 때 성서를 읽어야 했다.

∴ 비단으로 칭칭 감은 귀족 부인

실크로드의 끝은 한반도

실크로드는 한나라의 수도 장안(서안)에서 출발한다고 하나 고대에는 한반도와 만주, 산둥성 등 동이족 분포지에서 주로 비단이 생산되었기 때문에 이들 지역과도 왕래가 빈번했던 것으로 추정된다. 당시 서유럽과 중앙아시아 상인들이 한반도에 오고 간 흔적과 이후 신라와 고구려에도 대상들이 사용하던 낙타가 있었던 점들을 보면 한반도도 실크로드에서 중요한 위치를 차지하고 있었다.

중국은 처음에는 비단을 서역의 명마와 바꾸었다. 주변 유목민족들에게 대항하려면 좋은 말이 필수였기 때문이다. 그 뒤 비단과 향료를 서구의 금과 은, 말과 교환했는데 이로써 서구의 국부가 중국으로

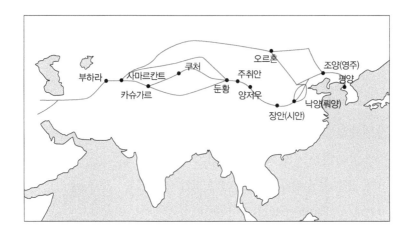

이동하였다. 이익의 상당 부분은 비단을 짜는 중국인들이 아니라 실
크로드 중개상들의 주머니로 들어갔다.

　당시 실크로드는 사마르칸트, 헤라트, 이스파한 같은 중앙아시아
중개지들을 통과해 지중해 동부 연안까지 이르는 장거리 운송로였
다. 그 무렵 고구려는 초원길을 거쳐 이 길을 따라 중앙아시아 국가
들과 비단과 모피 조공무역을 했다.

　우즈베키스탄 사마르칸트 궁전 벽화에서 고구려 사신이 보인다.
고구려는 실크로드 이외에도 중국을 거치지 않고 북방 유목민족과
서역을 잇는 또 하나의 길을 가
지고 있었다. 이른바 초원의 길
이다. 초원의 길은 고구려와 서
역을 잇는 고대의 고속도로였다.
고구려는 이 길을 통해 세계와
교류했다.

고대 동아시아 해상은 한민족의 바다

문명의 기원, 서해 갯벌

　서해는 원래 육지였다. 1만 3000년 전 북반구 육지의 30%가 두꺼운 얼음으로 뒤덮여있었다. 빙하기가 끝나면서 지구 기온이 따뜻해지자 그 많은 빙하가 녹기 시작했다. 그 결과 해수면이 차츰 올라가 1년에 약 1.2mm씩 올라갔다고 하는데 기온 상승이 심했던 100년간은 1년에 무려 5cm씩 높아지기도 하면서 육지였던 서해가 서서히 바다로 바뀌었다. 그래서 서해는 세계에서 가장 낮은 바다 중의 하나로 평균 수심이 44m에 불과하다. 육지의 연장인 낮은 대륙붕인 것이다.

　인류의 4대 문명은 모두 강 하류에서 발전하였다. 그 이유는 사람들이 다른 지역보다 손쉽게 '물과 식량 그리고 소금과 땔감'을 구할 수 있는 곳이었기 때문이다. 특히 강 하류의 퇴적층이 비옥한 농토를 제공해 농사짓기에 좋았고 바다와 가까워 소금을 구하기 쉬웠다. 그런데 여기에 갯벌이 발달해 있으면 더 많은 사람이 몰려들었다. 왜냐하면 갯벌에는 수많은 생물종과 해초류가 있고 얕은 바다에 고기들도 많아 농사 외에도 수렵채취 생활이 가능했기 때문이다.

세계 5대 갯벌이 있다. 우리나라 서해 갯벌을 위시해 북해의 아덴해 갯벌과 아메리카 대륙에 3개가 있다. 그 가운데서도 우리 서해 갯벌이 가장 넓고 다양한 생물종을 갖고 있다. 세계 최대의 갯벌인 것이다.

갯벌에는 3가지 종류가 있는데 펄갯벌, 혼합갯벌, 모래갯벌이 그것이다. 서해는 이 세 갯벌이 함께 발달되어 있는 곳이 많다. 썰물이 빠져나가면 육지 부근에 고운 진흙으로 이루어진 펄갯벌이 펼쳐져 있고 그다음에 진흙과 모래의 혼합갯벌, 그리고 바닷가에 모래갯벌이 있다. 이는 조수간만의 차가 크기 때문에 이루어진 특이한 형태이다. 조수간만의 차가 크지 않은 대부분의 외국 바닷가에는 모래톱만 있는 경우가 많다.

갯벌이 넓게 발달한 우리 서해 갯벌에 생물종이 많았다. 해조류를 비롯해 게, 조개, 낙지, 굴, 갯지렁이 등등. 게다가 이러한 연체동물들이 진흙 갯벌 속에서 숨을 쉬기 위해 갯벌 위에 구멍을 내고 있기 때문에 사람들이 채취하기도 쉬웠다. 그리고 이런 해산물에는 짠맛이 있어 염분 섭취에 큰 도움이 되었다. 더구나 펄갯벌 웅덩이와 바위 위 움푹 파인 곳이나 바위틈에는 소량이나마 햇빛에 마른 소금도 구할 수 있었다. 강 하구 갯벌에 사람들이 몰려들어 살면서 문명이 발달한 이유이다.

특히 발해만 일대는 평균 수심이 22m에 불과해 갯벌이 크게 형성되었다. 그리고 발해만으로 흘러드는 강이 많았다. 황하를 비롯한 40여 개의 강이 흘러내려 영양염류가 풍부하고 크고 작은 섬들도 많아 어류 산란장으로 좋은 조건을 갖추고 있다. 더구나 서해는 한류와 난류가 만나는 곳이라 어족도 풍부해 고기잡이도 일찍부터 발달하여 고대 인류가 가장 먼저 몰려들었던 곳이다. 지금도 발해만 연안에는 중국 인구의 21%가 몰려 산다.

같은 서해라도 중국 측 해안은 황하 등에서 탁류가 흘러드는 곳이고 우리 측 해안 강들에서는 맑은 물이 흘러들었다. 게다가 경사가 완만해 조수간만의 차가 커 갯벌이 중국 측보다 훨씬 넓고 좋았다. 홍산 문명 이전의 초기 문명이 요동반도 인근의 발해만과 압록강 하류에서 시작되었을 것으로 추정하는 이유이다.

고대 바다가 한민족의 바다였던 이유

우리나라 전통 배는 세계 조선사造船史에서 예외적이다. 선박 구조가 특이하기 때문이다. 우리 배는 선박의 종류와 연대를 막론하고 배밑이 평평한 평저선이다. 이런 구조를 가진 배를 통털어 '한선韓船'이라 불렀다.

중국, 일본 등 다른 나라 배들은 배 아래가 뾰족한 역삼각형인 첨저형이다. 유선형이기 때문에 평저선에 비해 속도가 빠르다. 따라서 해상 운행에 유리할 뿐 아니라 해상전투 시에도 기동력이 좋았다. 그래서 대부분의 나라는 첨저선을 선호했다.

그런데 우리나라만 평저선을 고집했던 이유는 뭘까? 갯벌에서 고기잡이에 사용할 수 있는 배는 밑바닥이 편평한 평저선이라야 했다. 그래야 썰물에 바닷물이 빠져나가도 갯벌 위에 쓰러지지 않는다.

우리 갯벌은 유라시아 대륙의 거의 유일한 대형 갯벌이다. 서해안이 6시간에 한 번씩 밀물과 썰물의 변화가 있다. 간조와 만조 때의 조수의 차이는 최고 8m 이상을 기록하고 있다. 이런 조건에서 고기잡이를 하려면 배 밑바닥이 편평해야 했다. 그래서 뗏목과 같은 편평한 밑바닥을 가진 평저선이 자연스럽게 발달했다. 평저선은 갯벌을 출입하는 데 안성맞춤이었다.

배 밑이 역삼각형인 V자 첨저형 배는 물이 나가면 갯벌에 쓰러진다. 그래서 접안시설이 되어 있는 항구에만 정박이 가능했다. 하지만 평저선은 썰물 때 배를 갯벌 위에 올려놓고 작업도 할 수 있을 정도로 안전했다. 게다가 항구가 아니더라도 어디에나 배를 정박시킬 수 있는 장점을 지녔다. 이로써 우리 배가 어느 바다나 사방을 휘젓고 다닐 수 있었다. 그 무렵 바다를 마음 놓고 돌아다닐 수 있는 배는 평저선뿐이었다.

첨저선은 접안시설이 건설된 항구에만 정박할 수 있다 보니 중국 배는 주로 강을 오르내리는 도강선이었다. 게다가 서양의 갤리선처럼 노꾼들이 노를 저어 운행하는 배들이 많았다. 고대 바닷가에는 접안시설이 부족해 첨저선은 연안항해도 쉽지 않았다. 고대에 서해를 비롯한 동남아 바다 전체가 한민족의 바다였던 결정적인 이유이다.

게다가 우리는 중국과 달리 전 국토가 대부분 산악이라 발전하려면 바다로 나가야 했다. 서양에서 페니키아가 지중해를 석권했던 이유도 그들 뒤로 레바논 산맥이 가로막고 있어 바다로 나갔던 결과였다. 제노바나 베네치아가 해양강국이 된 이유도 마찬가지다.

배 제작 쉬워 어업도 발달

배 제작도 평저선이 훨씬 유리했다. 첨저선은 용골을 지지해 줄 받침대를 먼저 만들고 그 위에서 배를 만들다 보니 배 제작이 어렵다. 반면 평저선 배는 땅 위에서 직접 제작하니 만들기가 쉽다.

게다가 서해는 수심이 낮은 대륙붕 바다라 어족이 풍부했다. 특히 발해만과 상하이 앞바다 저우산군도 근해에 고기가 많았다. 이는 고대 한민족의 바다 어업이 발달했던 이유이자 발해만 문명이 가장 먼저 발흥할 수 있었던 이유였다.

또 평저선은 높은 파도에 강했다. 한선은 파도가 높을 때 파도 위를 타고 나아가기 때문에 바닷물 속에 빠지지 않는다. 그러나 선수가 뾰족한 첨저선은 큰 파도를 만나면 가르고 간다는 것이 잘못하면 오히려 파도 속으로 휩쓸려 들어가 물속으로 처박히게 된다. 따라서 첨저선은 웬만큼 크지 않으면 바다에 나가지 못했다. 중국이 고대에 수로 운항을 벗어나지 못했던 반면 한선은 멀리 저우산군도까지 나가 어업을 할 수 있었다.

평저선이 해상전투에도 강하다

게다가 평저선은 해상전투에도 강했다. 평저선은 홀수, 곧 물에 잠기는 부분이 적어 방향 돌리기가 쉬워 민첩하고 선체가 무거워 고대의 해상 싸움에 유리했다. 당시는 배들끼리 들이박는 박치기 싸움이었다. 평저선이 해상전투에서 강했던 이유다.

고려 때 최무선의 함포가 강했던 이유도 평저선 덕분이었다. 장군은 왜구들의 침략이 빈번해지자 이를 물리치기 위해 유실되었던 화약 제조 기술을 복원하고 대포를 만들어 평저선 위에 설치했다. 이를 통해 왜구들을 섬멸하여 바다를 지킬 수 있었다.

이후 왜구들도 대포를 만들어 배 위에 장착했지만 우리 한선을 당해낼 수 없었다. 평저선은 첨저선에 비해 배 위에서 대포를 쏠 때 반동 흡수에 유리하여 명중률이 높았다. 반면 왜구의 배는 첨저선이라 흔들림이 심해 명중률이 형편없었다. 임진왜란 때 이순신 장군이 백전백승할 수 있었던 가장 큰 이유이자 최무선 장군이 재평가받아야 하는 이유이다. 어찌 보면 평저선이 임진왜란 때 나라를 구한 일등공신이다.

후발국 영국이 당대 최강의 스페인 무적함대를 깰 수 있었던 것도 평저선 위에 장거리 함포를 장착했었기 때문에 가능했다. 영국이 화력이 월등한 스페인 무적함대를 이기기 위해서는 사거리가 긴 장거리 함포가 절실했다. 그런데 어렵게 개발한 장거리 함포의 명중률이 형편없자 배 밑바닥을 편평하게 만들라는 아이디어는 당시 헨리 왕이 직접 냈다고 한다.

그 뒤 엘리자베스 여왕이 지휘했던 스페인 제국과의 1588년 칼레 해상전투 때 영국은 전투선 34척, 상선을 무장시킨 무장상선 163척 이외에도 평저선 30척이 있었다. 평저선은 수심이 얕은 연안에 정박할 수 있어 보급품 나르기도 수월했을 뿐 아니라 함포 명중률도 첨저선보다 월등히 높았다.

그 무렵 해전은 백병전을 위주로 하는 근접 전투였는데 영국 함선은 장거리 함포로 80m 밖에서 치고 빠지는 전술로 스페인 무적함대를 괴롭힌 끝에 이길 수 있었다. 칼레 해전은 유럽에서 전함에 대포를 장착해 적함을 화력으로 격파시킨 최초의 해전이다. 이로써 당시 유럽 최강이던 스페인은 쇠퇴의 길로 들어서고 영국이 바다를 장악하고 대국으로 부상했다.

항해술과 돛이 발달해 먼바다 운행에 강했다

고대 우리 범선은 오랜 해양 항해 덕분에 항해술과 돛 조작도 발달했다. 평저선인 한선은 독특한 사각 범을 달아 올려 바람을 받아 항해했다. 순풍을 받게 되면 돛을 좌우로 활짝 펴서 최고 속력으로 달려 나갔다. 옆쪽에서 불어오는 바람이나 앞쪽에서 불어오는 바람을 받아도 갈지자로 사행하여 운행할 수 있었다.

게다가 전남 영암 앞바다와 상하이 앞바다 저우산군도 사이에는 해류가 흘러 이를 이용해 뗏목을 이어 만든 연선 운행도 가능했다. 기원 전후에 우리가 상하이 앞바다의 저우산군도를 지배할 수 있었던 이유이다.

브라이언 페이건이 지은 《인류의 대항해》

"인류 최초의 장기 항해는 5만 5000여 년 전 동남아시아 앞바다에서 일어났다. 당시 해수면은 오늘날보다 낮아 육지 간 거리가 짧았다." 바로 필자가 주목하고 있는 역사적 사실을 정확하게 지적해주었다. 인류 최초의 발해안 문명이 일어난 근거이다.

페이건의 책에서도 "기원전 100년 전후로 그리스인 히팔루스가 남서풍을 타고 아랍 해안에서 인도까지 직항으로 항해했다는 기록이 있다"고 지적하고 있다. 그 뒤 그들은 매년 로마와 인도 간을 수십 척의 배로 왕래했다. 고대 한인 해상세력들 역시 저우산군도와 양자강 유역을 주 무대로 하여 한반도와 긴밀히 교역했을 뿐 아니라 인도에 진출한 아랍과 유대 상인들과도 교역했을 것으로 추정된다.

고대 로마에는 기원 전후에 비단이 유행하여 1세기 중엽에 로마에

∴ 프랑스어로 된 이 지도는 고대 한민족 세력권을 표시하고 있다. 곧 한반도와 발해만 내역과 저우산군도를 비롯한 양자강 좌우, 그리고 왜의 구주 등이 같은 색으로 통일되어 있다.

비단 전문시장이 들어섰다. 로마인들은 비단이 두 나라로부터 왔다고 했다. '세리카'와 '시나이'였다. 육지를 통해 비단을 들여온 나라는 '세리카'라 불리는 중국이었다. 바다를 통해 들여온 비단은 '시나에'에서 왔다고 했다. 이는 바로 중국 연안의 해상세력이었던 '신라촌'이거나 '신라'를 의미하는 것으로 추론된다. 당시 신라와 로마가 어떤 형태로든 교류가 있었음을 뜻한다. 유독 신라 고분에서만 고대의 로만글라스가 발굴되는 이유이기도 하다.

백제, 중국이 못 나가는 먼바다를 나가다

그 무렵 백제는 해상강국이었다. 일찍이 돛을 개발해 먼 거리 항해를 했다. 고대 동아시아의 배는 바닥 모양과 추진체에 따라 크게 선船과 박舶으로 나뉜다. 선은 바닥이 평평하고 배 옆의 도櫂를 저어 전진하는 카누와 같은 형태로 강과 운하를 항해할 수 있는 배이다. 박은 흰 돛을 달아 바람을 이용하고 배꼬리에 노艪를 달아 전진하며 바닥이 뾰족해 파도를 헤치고 대양을 항해할 수 있는 배로 중국인들은 이것을 오랑캐의 배라고 불렀다. 이 2가지 배를 총칭하여 선박이라 불렀다.

해류를 가로질러 횡단항해를 할 수 있는 배가 박舶이다. 이 한자어에서 '白'은 흰 돛을 의미한다. 1세기부터 아시아의 동쪽 바다를 백제 사람들은 이런 배를 타고 지배했다. 이에 반해 인력으로 노를 저어 가는 중국식 도형 선박은 원칙적으로 강물을 따라 운항되는 강선江船이며, 이들이 비록 바다에 나오더라도 육지를 바라다보고 운항되는 연안항해만 가능할 뿐 횡단항해에는 부적합했다.

백제인들은 노와 키 그리고 돛 달린 바닷길 전용 해양선을 1세기 중엽부터 만들어 탔다. 백제의 해양선은 중국 배와 달랐다. 우선 노와 키가 다르다. 중국의 배는 노를 당기는 반동으로 물을 밀어 가기 때문에 큰 힘이 필요해 배 양쪽에 많은 사공이 필요했다. 마치 로마 시대 갤리선과 비슷했다. 따라서 중국의 노는 도 또는 즙이라 하여 사람의 힘이 많이 필요한 비능률적인 배였다. 반면 백제의 노는 끝을 스크루형으로 회전시켜 물을 저어 가는 능률적이고 과학적인 노로 사람 힘이 크게 필요하지 않았다.

배의 방향을 잡는 키 역시 달랐다. 백제의 것은 배의 뒤꽁무니에 고정시켜 좌우로 회전하는 전용 키였다. 뗏목 배 선미의 노가 진화한 것이다. 하지만 중국의 키는 노인 도를 사용하거나 배 한쪽의 도들을 쉬게 하여 방향을 틀었다. 이처럼 백제의 배는 바다를 건너기에 알맞은 해양선이지만 중국의 배는 주로 중국 대륙 내 강에서 사용하는 도강선이라 속도가 느리고 무거워 바다용으로는 적합하지 않아 백제의 해양선을 따라잡지 못했다. 당시 강과 바다의 뱃길은 지금의 고속도로와 마찬가지였다. 내륙은 울창한 숲으로 뒤덮여 있어 교통로를 만들기 쉽지 않았다. 또 항해술이 발달하여 일본뿐만 아니라 중국까지 진출했다.

백제, 중국 해상교역 중심지를 점령하다

노와 키가 등장했던 1세기경 백제의 상인들이 뗏목 배를 타고 서해를 건너 중국 동부 연안에 진출했다. 그 뒤 연안을 따라 내려가다 상하이 앞바다 양자강 하구 항저우 만 입구에 있는 저우산군도로 진출해 중국 내륙으로 드나들었다. 항저우 만, 즉 춘추전국시대 오나라, 월나라가 있던 지역은 중국 중앙정부의 권력이 미치지 않아 과거부터 오랑캐가 많이 있었다. 그 뒤 2세기경에는 본격적으로 노, 키, 돛이 달린 해양선을 타고 백제 상인과 유민들이 저우산군도로 대거 들어가 살기 시작했다.

기원 전후의 시기에 백제인들이 한반도에서 저우산군도(제학)로 건너가려면 동아시아 해역을 횡단해야 하며, 그러려면 거치른 해류인 흑조黑潮의 흐름을 가로질러야 했다. 노, 키와 돛을 모두 구비한 백제의 해양선만이 횡단항해를 할 수 있었다. 또 백제 배는 밑이 평평한 평저선으로 양자강 하류와 항저우 만의 모래판, 한반도 서해안의 갯벌과 제주도 모래 포구에 착선이 쉬웠다. 중국인들은 이 배를 사선이라고 불렀다. 당시 중국의 수운은 고작 내륙주운內陸舟運에 불과한 것이었고, 바다와는 별로 관계가 없었다. 그 무렵 해상을 통해 먼 거리 항해를 할 수 있었던 유일한 민족이 백제였다.

백제인들은 이렇게 저우산군도를 거점으로 정하고 백제와 중국 사이를 왕래하는 서해 교통로를 개척했다. 당시 양자강 하구 항저우 만 입구는 중국의 해상교역 중심지였다. 그 뒤 많은 백제인이 양자강 서안으로 이주해 갔다. 양자강 연안에 세운 백제촌은 근초고왕과 그의 아들 근구수왕 때에는 그 일대의 상권을 좌

⚓ 2세기경 백제 해양선

우하게 되어 백제의 국력에 크게 도움을 주는 세력으로 자랐다. 바로 이곳을 백제 상인들이 점령한 것이다. 중국 사서에 이에 관한 기록이 많이 보인다.

"백제국이 진대로부터 시작하여 송, 제 양대에 양자강 좌우를 차지하고 있었다."《북사》〈백제전〉

"백제국이 양자강 어구의 좌안을 진대로부터 시작하여 송, 제 양 대에 이르기까지 점령하고 있었고, 후위 때는 중원을 차지했다."《주서》〈백제전〉

"(백제의 영토는) 서로는 월주(양자강 연안)에 이르고 북으로는 바다(발해)를 건너 고구려에 이르고, 남으로는 바다를 건너 왜에 이른다."《구당서》〈백제전〉

《구당서》에서 언급한 백제의 위치가 '서로는 (바다를 건너) 월주에 이르고'라고 한 구절을 보면 대륙을 포함한 국경 판도 여부는 명확하지 않으나 일단 바다 건너 월주에 이른다고 했으니 양자강 이남까지의 해상활동은 일상사였다고 이해해도 좋을 것 같다. 후에 백제가 멸망한 후 이곳은 자연스레 신라방이 된다.

9세기에 사라센 여행가인 이븐 후르다드베와 마우스디는 이 땅을 일러 "이 나라는 신라Syla라는 나라로 금이 많고 경관이 아름답고 땅이 기름져 모든 것이 충족된 아름다운 나라"라고 묘사했고, 10세기에 알 이드리시와 14세기에 앗 다마시키라는 사라센인은 "신라는 6개의 섬으로 이루어진 나라이며, 그곳 주민들은 개의 사슬이나 원숭이 목걸이도 모두 금으로 만들었다"라는 기록을 남겼다. 이들이 말한 신라는 통일신라가 아니라 저우산군도의 백제 유민들이 세운 해상왕국임을 나타내고 있다.

로마 제국, 기원전 1세기
연간 120척의 선박이 인도로 출항

로마 제국의 지배영역 외 지역과의 무역에서 가장 중요한 것은 중국과 인도 무역이었다. 그중 중국으로부터 수입하는 비단은 육로를 통해 왔으나 인도와의 무역을 위해서는 많은 선단이 필요했다. 예수가 탄생하기 전 적어도 600년간은 인도의 물산이 연안을 따라 페르시아 만이나 아라비아 남부의 여러 항으로 운송되어 여기서부터 대상들에 의해 시리아 시장에 운반되었다. 이로써 로마 시대에는 인도와의 교통이 매우 번창하였다. 중국의 비단, 면 그리고 인도의 향료와 약재, 약품, 보석, 진주, 상아, 모슬린, 피혁, 티크 목재 등에 대한 수요는 당시 유럽 상류 계급의 사치생활에 맞추어 수요가 급증하였다.

황제들은 이 인도 무역을 가능한 한 해상무역으로 하기를 원했다. 그 이유는 육로로 올 경우 중간지의 지배자들에게 바치는 통행세가 높았기 때문에 이를 로마의 수입으로 하고자 해서다. 이를 위해 로마 황제는 아라비아해의 해적을 제압하고, 홍해와 나일 강을 연결시키기 위해 운하를 건설하는 등 노력을 경주하였다. 그리스의 역사가이자 지리학자였던 스트라보에 의하면 미요스 헬모스라는 한 항만에서만 인도와의 무역을 위해 연간 120척 이상의 선박이 인도를 향해 출항하며 배도 대형화되었다.

실크로드를 대신할 해로를 개척하다

이미 기원전 1세기부터 일부 발 빠른 상인들은 통행료가 비싸고 약탈당할 위험이 있는 실크로드를 대신해 해로를 통한 새로운 무역로를 찾기 시작했다. 1세기에 이집트 출신 로마의 항해사 히파루스 Hipalus가 아라비아인들로부터 인도양 계절풍의 비밀을 알아낸 후, 아테네로부터 홍해를 지나 인도양으로 향하는 직항로를 개척함으로써 로마의 동방 원거리 무역에 획기적인 전기가 마련되었다.

말라카 해협을 지나 인도양을 통과한 후 홍해를 거슬러 올라와 알렉산드리아까지 오는 해로였다. 이때 해로로 들여간 비단 중 일부가 저우산군도 백제촌의 백제 비단으로 추정된다.

다시 말하면 이 계절풍을 이용하여 아덴으로부터 인도로 직항할 수 있게 되었다. 그 결과 상인들이 이집트를 7월에 출항하면 9월 말경 인도에 도착할 수 있고, 11월 말에 인도를 출항하면 다음 해 2월에는 이집트의 알렉산드리아 항에 귀항할 수 있게 되었다. 이에 더해 상인들은 팔테이아 경유의 육로로 가면 피할 수 없었던 중간의 도적들이나 내란의 위험을 피할 수 있었을 뿐만 아니라, 해로에서도 아라비아 여러 항구의 기항에 따른 해적이나 토호들의 수탈로부터도 자유스러울 수 있게 되었다.

로마는 전 세계의 여러 지역과 활발한 교역을 했다. 그래서 로마는 군선보다도 상선을 더 중요시했다. 로마에는 2가지 화물선이 있었는데, 하나는 소형 화물선으로 티베르 강을 거슬러 올라 로마까지 올 수 있었고, 다른 하나는 적재량 350톤 정도의 대형 화물선으로 로마에 들어올 수 없고 외항에 출입했다.

마침내 1세기경에는 해로를 통해 많은 양의 비단이 인도로부터 로마로 들어오기 시작했다. 주로 여름에 대규모 상선이 홍해에서 출항해 인도에 도착하여 물품을 구입해 돌아왔다.

∴ 로마의 갤리 상선

육로로 오는 비단과 해로로 오는 비단의 생산국이 달랐다

이렇게 동양에서 로마까지 비단이 들어오는 두 루트가 달랐다. 로마인들은 육로로 오는 비단의 생산국은 '세레스' 또는 '세리카'라고 불렀다. 하지만 해로로 오는 비단의 생산국은 '시나에'라고 불렀다. 해상을 통해 인도로 들어오는 비단은 중국 비단과 달랐다. 색상이 다양하고 질이 좋았다.

고대 이래로 동양 바다는 한민족이 지배했다. 특히 발해만 일대를 중심으로 산둥 반도와 양자강 하류까지 모두가 그들의 영역이었다. 기원전부터 뱃길에 능한 고조선 유민들이 산둥 반도와 중국 동부 연안에도 많이 살았다. 그들은 밑이 뾰족한 중국 배와 달리 밑이 편평한 평저선 배로 운행했다. 발해만과 서해안 갯벌 위에서 물이 빠져도 넘어지지 않으려면 평저선이어야 했다. 평저선은 장점이 많았다. 어디든 쉽게 상륙할 수 있었다. 밑이 뾰족한 유선형으로 생긴 배는 접안 시설이 있어야만 육지에 배를 댈 수 있다. 따라서 고대에 밑이 뾰족한 첨저선은 주로 강을 오르내리는 도강선으로 쓰였으며 항구의 부두 시설이 발달치 않았던 고대 바닷길 운행은 힘들었다. 게다가 도강선은 돛의 힘으로 가는 범선이 아니라 노꾼들의 노 젓는 힘으로 운행했다.

저우산군도와 한반도

고대 한국, 저우산군도를 점령하다

평저선을 운행했던 고조선 유민들과 고대 한국인들이 발해만 일대를 거점으로 삼아 활동하면서 연안을 따라 내려와 중국 동해안 일대에도 퍼져 살았다. 특히 이들은 수심이 얕아 고기가 잘 잡히는 발해만 일대와 저우산군도에 몰려 살았다. 서해 자체가 예전에 대륙이었던 곳이 빙하가 녹으면서 해수가 불어나 바다가 된 곳이라 평균 수심이 44m에 불과한데 발해만 인근은 그 절반인 22m라 어족이 풍부했다. 또한 저우산군도 근해 또한 최고의 어장이었다.

당시 고대 한국인들이 중국의 공권력이 미치지 않는 저우산군도와 양자강 하구에 모여 자연스레 공동체를 이루며 살았다. 섬의 모양이 배를 닮았다 하여 저우산군도舟山群島였다.

저우산군도 근해는 어족이 풍부했다. 양자강에서 흘러나오는 민물과 대륙붕 탁류와 쿠로시오(흑조) 난류가 만나는 곳이었기 때문이다. 예로부터 발해만과 더불어 중국 최대의 어장이었다. 고기잡이배들이 많이 몰려들 수밖에 없었다. 고대의 생선은 중요한 먹거리이자 동시에 교역상품이었다.

여기에 더해 마한, 백제 사람들이 대거 서해를 건너 중국 동부 연안에 진출했다. 이때 이미 노와 키 그리고 돛이 달린 해양선을 탔거나, 아니면 뗏목 여러 척을 묶은 연선連船을 타고 온 것으로 추정된다.

전라도와 손쉽게 연결되는 쿠로시오 해류

또 저우산군도로 모여든 특별한 이유가 있었다. 백제인들은 저우산군도로 가기 위해 주로 해류를 활용했다. 봄에 해류가 한반도 서남해에서 닝보로 흘러가고 가을에는 닝보에서 한반도로 흘러오기 때문에 봄에 한반도를 떠났다가 가을에 다시 돌아올 수 있었다. 이렇듯 해류의 힘으로 쉽게 항해할 수 있었다.

저우산군도는 위도상 제주도보다 훨씬 아래쪽에 있지만 해류의 영향으로 저우산에서 뗏목을 띄우면 바로 전라남도 해안으로 떠밀려 간다는 사실이 실제 실험을 통해 입증됐다. 전라남도 해역에서 난파한 어선의 실종 어부들 시신이 저우산 남쪽인 닝보 해안가에서 발견된 적도 있다. 실제 저우산시에 건립된 심원의 해로청에도 과거 양국이 난파 선박의 선원들을 서로 잘 보살펴주고 본국으로 돌려보낸 일들이 자세히 기록되어 있다.[*]

❖ 조용헌, 〈한국의 외방지사 윤명철〉, 《신동아》

가을에 저우산군도 옆바
다의 쿠로시오 해류를 타
면 3~4일이면 전라도 해안
에 다다를 수 있었다. 대신
남하할 때는 봄에는 해류
를 이용하면 되지만 다른
계절에는 약 55km 내외 폭
의 인당수(흑조) 해류를 거
슬러 통과하여 연안 뱃길
을 이용하여 내려와야 했다.

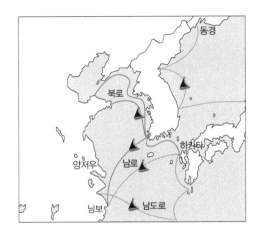

이를 통해 저우산군도 유민들이 고국과 쉽게 교역할 수 있었다. 당
시 유민들은 저우산군도의 소금과 절임생선을 싣고 와서 전라도의
철광석과 바꾸어 갔다. 이때 나온 설화가 〈심청전〉이다.

중국의 지도를 들여다보면 저우산군도는 양자강이 서해로 들어
가는 항저우 만에서 그리 멀지 않은 바다에 있는 섬이다. 부타 섬은
남북 6.4km, 동서 4.3km로 그리 크지 않은 섬인데 옆에 쿠로시오 해
류가 남에서부터 북으로 흐른다.

이 해류를 타면 우리나라의 서해안과 남해안, 일본의 규슈가 곧바
로 이어진다. 그러므로 이곳 저우산군도의 부타 섬은 고대에 중국에
서 한반도나 일본으로 가기에 가장 좋은 지점이었다. 부타 섬은 이처
럼 고대 항로의 중심점이었다. 그래서 많은 마한인과 백제인들은 고
국에 돌아가기 전에 이곳에서 안전한 항해를 빌었다.

쿠로시오, 곧 흑류라는 이름은 연안이 황색 띠를 띠는 데 반해 흐
름이 암흑색으로 보이는 것에서 유래한다. 배 위에서 바라보는 쿠로

시오는 남흑색이고 가까이서 보이는 물은 검다. 이는 쿠로시오의 물이 너무 맑아 태양 빛 중 청남색을 많이 투과하기 때문에 검게 보이는 것이다.

소금으로 부를 쌓고 교역의 기틀을 마련하다

저우산군도는 중국에서 네 번째 큰 섬이다. 동서의 길이는 45km, 남북의 너비는 18km로 타이완, 하이난, 충밍 다음으로 큰 섬이다. 저우산은 옛날에 '해중주'라고 불렸는데 유구한 역사를 가지고 있다. 일찍이 5000년 전 신석기시대에 벌써 이곳에는 동이족들이 묵밭을 일구고 농사를 지었다. 또 고기잡이를 했으며 바닷소금을 생산했다.

항저우 만 인근의 중국 해안은 리아스식 침강해안으로 백사장이나 갯벌이 없고 수심이 깊어 소금을 생산할 수 없는 지형이다. 그래서 양자강 상류에 자리한 내륙 쓰촨 성의 염정에서 끌어올린 소금물을 끓여 만든 소금을 비싼 값에 사 먹어야 하는 곳이다.

백제 유민들은 미추홀에서 소금을 생산한 경험을 바탕으로 햇빛이 좋은 다이산 섬에서 소금을 생산했다. 고대 중국의 소금은 전오염이라 하여 바닷물을 토기에 넣어 끓여 만들었다. 그러나 백제인들은 먼저 갯벌에서 증발시킨 후 졸인 소금물을 마지막에 가마솥에 집어넣고 끓여 소금을 만들었다. 생산비도 적게 들고 품질도 월등했다. 완전한 천일염이 개발된 것은 오랜 후의 일이다.

그 뒤 그들은 저우산군도를 거점으로 양자강을 거슬러 올라가 중국 내륙으로 드나들며 소금과 절임생선 그리고 숯을 내다 팔았다. 당시 저우산군도에서 두 번째로 큰 다이산 섬에서 생산된 소금은 귀하고 비싼 상품이었다. 특히 먼 거리로 내다 팔수록 이윤이 많이 남는 게 소금이었다. 저우산군도는 연간 강우량이 1600mm 이내이고 햇빛이 좋아 소금 만들기에 적당한 기후였다. 저우산군도 백제 유민들이 소금 교역으로 부를 쌓았다. 이는 먼 거리 무역의 원동력이 되어 해상무역을 넓혀 가는 중요한 계기가 되었다.

옛날부터 저우산의 어민들은 생선 중심의 해산물과는 분리되어 생각할 수 없는 생활이었다. 지금도 그곳 어민들 식습관은 우리와 비슷하다. 해산물(게, 새우, 멸치, 굴 등)을 소금에 절여 먹는 습관이 있다. 언제나 익혀 먹는 숙식熟食을 기본으로 하는 중국인들의 식생활과 비교해볼 때 매우 특이한 점이다. 그 뿌리가 젓갈을 즐겨 먹던 백제인이었기 때문이다. 그들이 지금도 흰 김치를 담가 먹으며 음력설에는 설떡과 찹쌀경단 그리고 붉은 대추를 먹는 것 역시 백제인들의 전통 설차림이었다.

교역 중심지로 자리 잡다

저우산군도는 항저우 만 바깥쪽의 1390개 섬과 3306개 암초로 이루어져 있다. 중국에서 두 번째로 큰 군도이다. 그중 103개 섬에만 사람이 산다. 인근의 항구 닝보(영파)가 고대 한·중·일 뱃길을 열 수 있었던 것도 바로 이 섬들이 바람을 막아주며 안전한 뱃길을 내주었기 때문이다. 잔잔한 바다란 뜻의 영파寧波란 이름도 여기에서 나왔다.

춘추전국시대 오나라, 월나라 영향권이었던 항저우 만 남부 해안가 지역은 그들의 권력이 미치지 않아 과거부터 이민족이 많이 살았다. 인근 저장 성과 장쑤 성은 예로부터 '물고기와 쌀의 고장魚米之鄕'이라 불렸다. 항저우 만 남안의 평원지대는 기원전 4000년 전에 이미 논을 만들어 벼를 재배했던 곳이다. 과거 오나라와 월나라였던 상하이 인근 지역의 주민이 동이족이었던 것도 이런 연유이다.

기원전 1세기부터는 본격적으로 노, 키, 돛이 달린 대형 해양선에 힘입어 고조선 유민들과 마한인들이 저우산군도로 대거 들어가 살기 시작하며 교역을 하였다. 《한서》 〈지리지〉는 이들을 회계會稽(지금의 영파)의 바다 바깥에 동제인東▨人이 살고 있다 하여 '회계동제인'이라 했다. 이어 20여 개의 나라로 나누어져 매년 교역했다고 하는 것으로 보아 여러 집단이 와서 교역에 종사하며 살았던 것으로 보인다. 또 다른 기록에 보면 부타 섬은 여러 나라가 모두 여기에서 길을 잡기 위해 바람을 기다린다고 하는 것으로 보아 해상교역의 중간 기착지였다.

우리 기록에 나타난 백제 식민지 저우산군도

우리 기록과 설화에도 저우산군도가 많이 보인다. 《백제본기》에는 1세기경 석昔 씨족이 저우산군도와 절강성 동쪽에 세운 식민지는 백제 11대 비류왕 때인 304년 이후 백제의 식민지가 되어 이후 93년 동안 백제의 지배를 받았다는 기록이 있다. 고려 초 송나라 사신을 수행한 서긍이 쓴 《고려도경》에는 서긍이 저장성 저우산군도에서 출발하여 흑산도까지 오는 데 108시간이 걸린 것으로 기록되어 있다. 즉 4일 반이 걸린 것이다.

이렇게 상하이 앞바다의 저우산군도를 점령한 고대 한국인들이 백제와 신라 비단을 해로로 운반해 와 신라방이나 인도에서 서양 상선과 교역했던 것으로 추정된다. 그래서 로마인들은 이들을 '세리카' 와 구분하여 '시나에'라 불렀던 것으로 보인다. 우리 역사가들은 로마인들의 '세리카'와 '시나에'의 구분은 그들의 착각이었다고 애써 강변한다.

금 가격과 같은 비단

당시 로마 상류사회가 선호하는 비단과 인도의 후춧가루는 같은 무게의 금가루와 가격이 같았다. 한마디로 동양으로부터의 수입은 곧 막대한 부로 직결되었다.

고대로부터 페니키아와 그리스 상인들과 함께 활동하던 유대 상인들은 특히 로마 제국 몰락 이후 프랑크 왕국과 중국을 연결 짓는 대외 교역을 주도했다. 유대 상인들은 길을 잘 안다는 의미에서 '라다니트Radanit'라고 불렸다. 그 무렵의 실크로드와 남들이 잘 모르는 그 주변의 길을 잘 활용했던 것으로 보인다.

유대 무역상들은 육로와 해로로 아라비아, 페르시아, 인도, 중국 등 여러 나라를 거치는 무역에서 각 지역의 언어, 즉 그리스어, 스페인어, 아랍어, 페르시아어, 슬라브어 등을 능숙하게 구사했으며, 가는 곳마다 유대 상인을 중심으로 형성된 현지 유대인 상업망과 잘 연계되어 큰 이점을 누렸다.

이들의 활약을 암시하는 역사적 사실들이 있다. 《후한서》에는 로마의 사신이 중국에 왔다는 기록이 있다. 166년은 로마 제국의 사신들이 역사상 처음으로 중국에 발을 디뎠다. 그들은 바닷길로 처음 이집트를 방문했고, 홍해를 건넜으며, 인도를 돌아 말레이 반도 쪽으로 전진해서 인도차이나 해안을 따라 마침내 베트남 북부에 닻을 내렸다. 그다음에는 육로를 이용하여 중국까지 왔다.

인도에서는 1~4세기 때의 로마 주화가 대량으로 발견되었다. 총 68개소에서 발견되었는데 지역적으로는 이 중 57개소가 서남부에 집중되어 있으며 시기적으로는 1세기 화폐가 가장 많은 장소(29개소)에서 발견되었다. 인도차이나 반도 남단 서부에 자리한 옥에오에서는 안토니우스 피우스 재위 15년(152년)이 명기된 금화가 발견되었다.

백제의 비단 수출

초원길 실크로드를 통해 고구려 비단이 수출되었다. 하지만 백제가 기원 전후에 상하이 앞바다에 있는 저우산군도를 점령하여 백제촌을 형성한 이후에는 바닷길 실크로드를 활용하여 백제 비단 수출이 크게 늘어난 듯하다. 그렇다면 초기 해상 실크로드의 비단 수출은 완전히 백제인과 유대인의 합작품이다.

당시 중국 선박은 연안항해용으로 먼 거리 원양항해를 할 수 없었다. 저우산군도를 점령하고 있던 백제촌 상인들이 해양선을 타고 인도도 왕래했을 것으로 추정된다. 그뿐만 아니라 유대 상선과 아랍 상선들도 밍저우, 항저우 등의 중국 항구에 들어왔을 것으로 보인다. 훗날 이 길을 통해 겸익이 백제선을 타고 인도로 건너가 불교 계율을 연구한 후, 인도의 승려와 함께 돌아온 일도 있었다.

. 백제 지배층 비단의복

그 무렵 중국은 동이족들이 사는 중국 대륙 동북쪽에 비단산업이 발달해 있었다. 당시 육상 실크로드로는 중국 북부의 비단이 수출되었다. 하지만 해로로는 저우산군도에 상업기지를 둔 백제촌의 백제 비단이 주로 수출되었다. 그 무렵은 중국에 대운하가 건설되기 전이라 대륙 북부와 남부의 물자 교환이 어려운 때였다. 유대인들은 해로를 통해 비단을 수입하는 게 통행세를 뜯기지 않아 이윤이 더 남았다. 그래서 백제 비단에 대한 수요가 높았다. 게다가 육로로 들여오는 중국 비단보다 백제 비단의 품질이 좋고 색상이 더 고왔다.

게다가 유대 상인들의 눈을 번득이게 한 건 백제 비단의 다양한 색상이었다. 그중에서 자색 비단과 적색 비단은 중국에서는 구하기 어려운 명품 비단이었다. 일반 비단에 비해 비싸긴 했지만 로마에 가면 훨씬 더 비싸게 팔 수 있었다. 당시 로마에서 비단 1kg의 가격은 금 1kg과 같았다. 그러나 자색 비단은 그 3배 가격에 팔렸다. 백제 상인들은 백제에서 생산되는 비단만 갖고는 수요를 충당할 수 없게 되자 신라 비단을 수입해 유대인에게 팔았던 것 같다.

유대 상선, 왜와 신라도 입항한 듯

로마 시대의 대표적인 수출품목 중 하나가 베네치아 유대인들이 주로 만들었던 유리공예품 '로만글라스'이다. 유대인에 의해 대롱으로 불어 병 모양을 만들어내는 '대롱 불기법'이 처음 발명된 것은 1세기 무렵이다. 대롱 불기법으로 만든 유리공예품들은 당시 제작 기술을 비밀에 부쳤다. 제작 기술 비밀이 새어나갈까 봐 기술자들을 무라노 섬에 몰아넣고 생산하게 했다. 이곳에서 만들어진 유리를 '로만글라스'라고 부르기 시작했다.

해상 실크로드가 생긴 이후 이 유리공예품들이 본격적으로 수출되었다. 이 로만글라스는 대서양 연안에서부터 동쪽의 한반도와 일본의 홋카이도에서도 발견되었다. 한반도는 신라 고분에서만 로마의 유리공예품들이 발굴되었다. 경주의 황남대총과 98호 고분 등의 신라 고분과 가야 고분인 합천 옥전 M1호분에서 로만글라스가 발견되었다. 로마 유리공예품은 유독 신라 고분에서만 발견된다. 우리나라 경주의 4세기부터 6세기까지의 신라 고분에서 다량의 로마 시대 유리공예품이 출토되었다. 당시 신라는 고구려와 백제에 막혀 육로는 물론 해로로도 중국과 직접 교역을 못 할 때였다. 이로 미루어 그 무렵 중국을 왕래하던 유대 상선이 왜와 신라에 입항한 것으로 보인다.

우리 역사가들은 로만 유리공예품들이 초원길로 왔다고 주장하는데 깨지기 쉬운 유리공예품을 말이나 낙타 등에 매달고 머나먼 초원길을 왔

∴ 경주 98호 고분에서 출토된
새 머리 모양 유리 물병

다는 것보다는 선박으로 운송되었다고 보는 게 더 타당할 것이다. 또한 로만 유리공예품이 고구려 등지에서는 발견이 안 되고 유독 신라 고분에서만 발견되는 이유는 해상 실크로드를 타고 왔기 때문으로 추정된다.

유대인들은 바빌로니아 유수 이후 중국과의 교역을 주도했다. 당시 중국은 서양보다 여러 면에서 훨씬 발전해 있었다. 이러한 동서 교역은 유대인들에게 노다지를 안겨주는 황금 무대였다. 비록 노예무역이 감소하는 10세기를 전후하여 유대인의 중국 방문이 줄어들기는 했지만 전 세계의 상인, 공예가, 천문학자, 수학자들이 모여들던 '몽골의 평화기(1250~1350년)'에는 다시금 많은 유대 상인들이 중국에서 활동했다.

V

예정되어 있었던
고난의 역사:
제2차 이산 _ 2000년의 방황

JEWISH ECONOMIC HISTORY

"너희가 원수의 땅에 끌려가면 너희의 땅은 쑥밭이 되리라. 그동안에 땅은 안식을 누릴 것이다. 그제야 숨을 돌리며 제 안식을 누릴 것이다. 너희가 여기에 사는 동안 안식년에도 쉬지 못하던 땅이 쑥밭이 되어 있는 동안에 쉬게 되리라. 나는 너희 가운데 살아남은 자들로 하여금 원수들의 땅에 끌려가서 마음을 죄며 살게 하리라. 그들은 나뭇잎 떨어지는 소리에도 쫓기리라. 휘두르는 칼을 피하듯이 도망치리라. 뒤쫓아오는 사람이 없는데도 쓰러질 것이다. 뒤쫓는 사람이 없는데도 칼날 앞에서 허둥대듯이 저희끼리 엎치락뒤치락할 것이다. 너희는 너희 원수와 도저히 맞설 수 없으리라. 너희는 이민족들 틈에서 망하리라. 원수들의 땅이 너희를 삼키리라. 너희 가운데 살아남은 자들은 원수들의 땅에서 제 죄벌을 받아 스러져가리라. 거기에다가 조상들의 죄벌까지 받아 스러져가리라."

(레위기 26:34–39)

유대인과 그리스인의 갈등

유대인과 그리스인의 갈등이 폭발하다

로마 제국은 총독을 두어 팔레스타인 땅을 다스렸다. 로마에 의해 예루살렘의 총독으로 임명된 이가 바로 아기 예수를 죽이려고 영아 대박해를 저지른 헤롯이다. 헤롯은 잔인한 폭군이었다. 즉위하자 최고 대법원 격인 산헤드린의 사제들 45명을 도륙했다. 자신에게 굴하지 않는 유대인 율법학자들은 모두 죽였다. 마음에 안 들면 부인과 친자식들도 죽였다. 친혈육을 죽였을 정도니 가히 그 잔악성이 짐작이 가고도 남는 인간이었다.

헤롯이 죽은 뒤 팔레스타인 지역은 그간의 유대민족에 의한 자치 통치에서 로마 제국의 직접 통치로 바뀌었다. 당시 팔레스타인에 주둔했던 로마 군단은 4개 군단이었다. 한 군단이 6000명이었으니 약 2만 4000명인 셈이다. 외세에 의한 직접 통치는 유대민족에게는 견디기 어려운 시련이었다. 자연히 크고 작은 사건이 일어나면서 지역적으로 긴장이 고조되었다.

그 무렵 팔레스타인 밖 상업도시에서는 경쟁관계에 있었던 유대인과 그리스인들 사이의 갈등이 커져갔다. 복합인종으로 구성된 그리스인에게는 자신들을 남들로부터 구별하는 유대인이 원래 사람을 싫어하는 민족으로 보였다.

그리스인은 그들 문명이 지배하는 세계를 보편적이라는 뜻의 '오이쿠메네oecumene'라고 불렀다. 그 저편에 펼쳐져 있는 '카오스', 곧 혼돈의 세계와 구별했다. 그리고 보편적 세계는 많은 인종과 많은 국가로 구성되는 사회로 인식하고, 이를 거부하는 자는 인류 공동의 적이라고 생각했다.

그리스 사회는 자신의 문화를 표준으로 간주하고 있었기 때문에 유대인들이 그리스 신들은 거짓이며, '부정한 것'이라는 이유로 그 문화에 동화되기를 거절한다는 것이 적지 않은 문화적 모욕이었다. 그로부터 최초의 반유대주의가 시작되었다. 유대인들이 성전에서 몰래 인신 희생제사를 드린다는 루머도 나돌았다. 그리스인들은 소문만 퍼뜨리는 것이 아니라 로마 제국에 직접 반유대주의를 부추기기도 했다.

순수 그리스 혈통의 클레오파트라

당시 유대인과 그리스인이 많이 살던 알렉산드리아는 그리스계 자유도시로 존재했었으나 기원전 80년 로마 제국의 영향 아래 들어갔다. 기원전 69년 클레오파트라가 프톨레마이오스 왕가에서 태어

났다. 원래 프톨레마이오스는 알렉산더 대왕의 부하 장군이었다. 대왕의 사후 그리스가 분열되면서 그는 이집트에서 프톨레마이오스 왕조를 창건하고 알렉산드리아를 수도로 삼았다. 이후 프톨레마이오스 왕조는 외부 피가 섞이지 않도록 근친결혼으로 혈통을 보존했기 때문에 클레오파트라는 순수 그리스 사람인 셈이다.

본래의 그녀는 학자풍이었다. 어려서부터 방대한 양의 독서로 당대 누구도 따를 자가 없는 지식을 갖추고 있었다. 거기에다 그녀는 천부적인 언어 능력을 보여 무역도시 알렉산드리아를 통교하던 수많은 나라의 외국어를 모두 구사할 수 있었다. 파피루스에 기록된 역사서를 보면 그녀는 이집트어는 물론 에티오피아어, 터키어, 아라비아어, 트로글듀크어, 시리아어, 메데어, 파르티아어 그리고 훨씬 뒷날 예수가 일상적으로 사용한 아람어에 이르기까지 무려 10개 국어에 능통했다고 한다.

이웃하고 있는 로마가 급성장하여 이집트를 압박하는 상황에서 왕위에 오른 클레오파트라는 강성한 로마에 맞서 나라를 지키기 위해 눈물겨운 외교술과 지략을 펴나가야 했다. 당시 그녀가 다스리는 알렉산드리아는 헬레니즘 세계 최대의 도시로 성장했고 경제적·문화적 중심지가 되었다. 알렉산드리아는 또한 유대인의 중심지이기도 했다. 유대인들은 그리스인들과 함께 알렉산드리아의 유력한 공동체를 이루고 있었다. 구약성서의 가장 중요한 번역본인 70인본도 바로 알렉산드리아에서 나왔다.

율리우스 카이사르는 이집트 내전에 개입했고 그 무렵 클레오파트라는 그를 유혹했다. 카이사르를 찾아간 클레오파트라는 이집트의 독립을 보장받는 대신에 그의 여인이 되었다. 이후 카이사르는 암살당한다. 클레오파트라는 카이사르와의 사이에 태어난 아들을 데리고 이집트로 돌아온다. 이제 카이사르에게 보장받았던 이집트의 독립은 다시 불안한 상황에 놓이게 되었다.

∴ 장 레옹 제롬, 카이사르를 유혹하는 클레오파트라

카이사르 사후에 로마는 안토니우스와 옥타비아누스의 양분 체제에 놓이게 되었다. 어느 쪽이든 한쪽이 이겨야만 끝날 갈등의 시기였다. 두 세력의 다툼을 지켜보던 클레오파트라는 자신의 나라 이집트를 위해 한쪽 편을 들 수밖에 없다는 사실을 깨닫는다. 그것도 이기는 쪽의 편을 들고 그 대신 이집트의 독립을 보장받는 것이 무엇보다 시급했다. 당시에는 옥타비아누스보다 안토니우스가 더 강력한 세력을 이루고 있었다. 클레오파트라는 기꺼이 안토니우스를 이집트로 불러들이고 그를 유혹한다. 처음에는 클레오파트라를 멀리하던 안토니우스도 그녀의 매력을 뿌리치지 못하고 결국 사랑에 빠진다.

클레오파트라의 집권 당시 이집트는 매우 어려운 처지에 놓여 대기근으로 굶주린 농민들의 반란이 속출했고, 산적 떼가 출몰해 농촌은 황폐화되었다. 더 심각했던 것은 지중해의 패자로 떠오른 로마에 조공을 바치는 속국으로 전락한 것이다. 따라서 로마와의 충돌을 피하면서 우호적 관계를 유지하기 위한 발군의 외교 능력이 절실히 필요했다. 그녀가 로마의 실력자인 카이사르와 안토니우스에게 차례로 접근했던 것도 사랑 그 자체보다 여성이라는 점을 무기로 활용한 정치술의 결과라고 보는 이들이 많다.

유다 왕국, 일시적으로 클레오파트라의 소유가 되다

기원전 36년 안토니우스는 클레오파트라를 이집트, 키프로스, 리비아, 시리아의 통치자로 선언하고 두 사람 사이에서 태어난 자식들에게 각각 땅을 나누어 줌으로써 로마 제국의 상당 부분을 넘겨준다. 이때 이집트는 페니키아, 유대 등의 쓸모 있는 영토를 할양받아 확장했다. 이 사건을 '알렉산드리아의 증여'라 한다. 클레오파트라에게는 '왕 중의 여왕'이란 칭호가 주어졌다. 클레오파트라의 꿈이 이루어진 순간이다.

∴ 앨마 테디마, 안토니우스를 선상으로 초대하는 클레오파트라

하지만 꿈은 오래가지 못했다. 화가 난 카이사르의 후계자 옥타비아누스가 선전포고를 한 것이다. 기원전 31년 그리스 동쪽 해안의 악티움에서 옥타비아누스가 이끄는 로마군과 클레오파트라와 안토니우스 연합함대

간의 싸움이 벌어졌다. 유명한
악티움 해전이다. 결과는 안토니
우스와 클레오파트라의 참패였
다. 안토니우스는 자살로 생을
마감했다.

클레오파트라 역시 로마에 끌
려가 웃음거리가 되느니 자결을
택했다. 그녀는 스스로 뱀에 물

∴ 한스 마켓, 〈클레오파트라의 죽음〉, 1875년

려 자살했다. 클레오파트라의 꿈이 무너짐과 동시에 프톨레마이오
스 왕조도 무너지고 이집트는 로마에 합병되었다. 클레오파트라가
카이사르와 안토니우스 사이에서 낳은 자식들은 후환을 없앤다는
명목 아래 모두 처형되었다. 로마의 옥타비아누스 황제는 이집트를
로마의 속주로 삼아 식량 공급원을 확보했다.

알렉산드리아의 폭동

당시 최대의 상업도시이자 항구도시였던 알렉산드리아에 유대인
과 그리스인이 많이 살았는데 상업적 경쟁관계인 두 민족 간의 사이
가 좋지 않았다. 서기 38년 어느 날이었다. 스스로를 신이라고 공언
한 로마의 칼리굴라 황제가 중병에 걸렸다는 소식이 들려왔다. 이에
유대인들은 황제에게 제물을 바치며 쾌유를 빌었지만 그를 신으로
인정할 수는 없었다. 그래서 신상에 절을 하지 않았다.

그리스인 입장에서는 눈엣가시 같은 유대인들을 모함할 좋은 기

회였다. 다신교를 믿었던 그리스인들은 수많은 신 가운데 황제라는 신이 하나 더 늘어나는 것은 문제 될 것이 없었다. 그리스인들은 곧바로 유대인들이 황제를 신으로 인정하지 않고 모독했다고 고발했다.

그리고 칼리굴라 황제를 핑계 삼아 그리스인들이 해상무역 경쟁자인 유대인에 대한 적대감을 드러내며 폭동을 일으켰다. 항구에 정박해 있던 유대인의 배가 모조리 불태워졌다. 유대인 거주지역의 집들도 방화와 약탈로 쑥밭이 되었다. 이 폭동은 포톨레미 3세가 세운 도서관에 화재를 유발하여 귀중한 자료 중 약 49만 질이 불타 버렸다.

그 무렵 알렉산드리아는 인구 100만의 대도시였는데《로마인 이야기》를 쓴 시오노 나나미에 의하면 40만 명이 유대인이었다고 한다. 유대인들이 다수 세력으로 특히 해상무역과 상권을 장악하자, 이것이 기존 세력인 그리스인들의 자존심을 건드린 것이다.

게다가 종교적 차이도 심했다. 그 무렵에는 눈에 보이지 않는 신을 섬긴다는 것은 이상한 일이었다. 사람들은 태양, 달, 바다, 강, 산, 바위, 큰 고목 등 형상이 있는 것을 눈으로 보고 섬겼다. 없으면 만들어서라도 눈으로 보고 섬겼다. 사람의 능력이 못 미치는 대상을 모두 신으로 여겼다. 눈에 안 보이는 그것도 한 분만을 섬겨야 하는 유대인의 신은 당시로는 사람들이 이해하기 어려웠다. 다른 민족에게는 유대인이 점점 이해하기 어렵고 우스꽝스럽게 여겨졌다. 왜냐하면 이들은 아무도 볼 수 없는 유일신에 대해서만 이야기하기 때문이었다.

유대인들은 엄격하고도 고된 율법과 풍습을 지키고 있었는데 단지 그 보이지 않는 신이 그렇게 하라고 했기 때문이라는 것이었다. 그리스인이나 로마인이 보기에는 제우스 신 등 보이는 신도 믿기 어려운 판국에 보이지 않는 신을 이해하기는 더 어려웠다. 처음에는 유대인들이 다른 민족들로부터 스스로를 고립시켰는데 이제는 다른 민족들이 유대인들을 배척하기 시작했다. 스스로를 선택받은 민족이라 일컫는 이 보잘것없는 유대인들은 밤낮으로 성서를 읽고 신은 왜 당신의 백성을 끊임없이 고난의 길을 걷게 하는가를 숙고하고 있을 뿐이었다.

또한 문화적 차이도 컸다. 그리스인들은 '세계는 하나다'라는 세계시민주의를 지향하는 헬레니즘 문화인 반면, 유대인들은 선민사상에 근거한 차별성을 갖는 문화이다 보니 곳곳에서 부딪쳤다. 그리스인 입장에서는 그간의 반유대 감정이 쌓여 알렉산드리아는 이제 반유대주의의 중심지가 되었다. 결국 다신교인 그리스와 유일신을 모시는 양 민족의 종교 간 갈등이 더해지자 해상교역과 상권을 둘러싸고 경쟁관계에 있었던 두 민족 간의 알력이 폭발했다. 당시 알렉산드리아의 치안을 맡고 있었던 로마 군인들은 심정적으로 그리스인들 편에 서서 폭동을 방관했다. 그 뒤에도 계속되는 유대인과 그리스·로마인 간의 갈등은 반란의 도화선이 된다.

유대 강건파와 온건파의 대립

그 무렵 유대인들은 배타적인 유일신앙 때문에 항상 외국 정복자들을 혐오하고 그들에게 동화되기를 거부했다. 아시리아 시대 이래로 외국 지배자들에 대해 종종 반란을 일으켰다. 그들은 기원전 2세기 중엽 마카비 가문이 반란을 일으켜 성공한 것처럼 이따금 반란에 성공함으로써 후대의 정복자들 치하에서도 계속 반란을 일으켰다.

팔레스타인 지역에서 소규모 반란에 이어 서기 66년 여름에 대규모 반란이 일어났다. 반란은 그리스인과 유대인 사이에서 벌어진 소송에서 그리스인이 승소한 직후 카이사레아에서 발발했다. 승소한 그리스인들이 유대인들을 학살하며 승리를 축하하는 동안 로마의 수비대는 아무 조처도 취하지 않았다. 이 소식이 전해지자 예루살렘에서도 소란이 벌어진다.

바로 이 시점에 로마 총독 플로루스가 예루살렘에서 유대인들을 십자가에 처형하고, 또 체납된 속주세 대신 예루살렘 신전에서 17달란트의 금화를 몰수한 것이 발단이 되어 폭동이 일어났다. 당시 성서 기록에 따르면 1달란트는 노예 90명을 살 수 있는 값이었다. 몰수 금액의 많고 적음이 문제가 아니라 신성한 신전을 더럽힌 행위에 분노하여 유대인들이 들고일어났다. 전투가 벌어지고 로마군의 약탈이 자행되었다.

다른 도시에서는 그리스인들이 유대인 거주지역을 습격해서 집을 불태워 피난 온 유대인 난민들이 예루살렘을 뒤덮는다. 이때 전쟁 여부를 놓고 유대인 온건파와 강경파 사이에서 심한 논쟁이 일어났는데 난민들의 출현으로 과격파가 결정적인 우세를 차지했다. 이때 과

격파인 소수 열심당과 평화를 주장하던 다수 온건파의 구도가 바뀌었다. 수많은 바리새파, 사두개파, 에세네파가 열심당의 무력 봉기에 합류했다.

　이로써 로마 수비대가 공격받고 병사들이 참살당한다. 반란은 로마군과 유대인 간의 전쟁이자 또 그리스인과 유대인 사이의 전쟁이었다. 동시에 유대인끼리의 내전이기도 했다. 왜냐하면 유대인 상류계급 다수가 그리스화되어 그리스인 편을 들고 있다고 여겨졌기 때문이다. 과격한 민족주의자들이 예루살렘을 제압하더니 부유층에게 칼날을 들이댔다. 그들은 맨 먼저 신전의 공문 서고를 불태워 채무기록을 몽땅 없애버렸다.

2차에 걸친 유대-로마 전쟁

유대인의 반란과 학살

유대인 폭동사건은 대규모 반란으로 발전하였다. 총독과 세리를 통해 자신들을 탄압하고 수탈하는 로마 제국에 대해 제1차 유대-로마 전쟁을 일으킨 것이다. 이번에도 타민족의 지배를 받고는 살지 못하는 유대인 특유의 신앙적 가치와 그리스·로마 문명과 히브리 문명 사이의 문화적 충돌이 원인이었다. 특히 유일신 신앙을 지키려는 신앙적 가치의 충돌이 큰 원인이었다. 또한 로마 제국의 입장에서는 그간의 반유대주의가 폭발한 것이었다. 예루살렘에서 로마 수비대 병사들이 참살당한 다음, 시리아 주재 로마군들이 도착했으나 유대인의 거센 저항에 놀라 퇴각한 것이 결과적으로 패주로 이어지고 만다.

유대인들은 쉽게 예루살렘 외곽의 요새를 장악하고 이어 에돔, 사마리아, 갈릴리 전 지역을 손에 넣었다. 하지만 예루살렘 이외 지역에선 유대인들에 대한 보복 학살이 자행됐다.

로마 제국 내 반유대주의의 확산

반유대주의는 신학적anti-Judaism, 인종적anti-Semitism, 정치적anti-Zionism 반유대주의라는 세 가지 범주로 분류할 수 있다. 역사 전반에 걸쳐 유대인을 향한 이 세 종류의 증오는 각각 특정 시대에 따라 더욱 두드러지게 나타나곤 한다. 모두가 유대인 말살이라는 공동의 목표를 지향하고 있었다.

사실 이러한 움직임은 이미 이스라엘 민족의 출현과 함께 시작된 것이다. 파라오는 자신의 왕국 내에 거하던 고대 히브리인들이 민족을 이루게 되자 그들을 없애려고 노력했다. 그들의 수가 너무 많아져 자신에게 위협이 된다고 느꼈기 때문이었다. 후에 페르시아의 크세르크세스(성서 에스더서에 나오는 아하수에로 왕)의 장관 하만은 페르시아의 유대인들이 갖는 영향력이 커지자 모든 유대인의 뿌리를 뽑고자 온갖 노력을 기울이기도 했다. 파라오의 군대는 결국 이스라엘 백성을 쫓다가 홍해에 수장됐고, 하만 역시 모르드개를 위해 준비했던 교수대에서 최후를 맞이했다. 성서의 이 두 이야기가 전형적인 반유대주의를 나타내고 있다.

기원전 3세기 고대 그리스 시대에도 반유대주의가 존재했다. 그리고·로마 제국에서도 반유대주의가 계속됐다. 로마 철학자 호라티우스는 "유대인들의 풍습이 주피터 숭배를 타락시킨다"고 경고했다. 또 로마의 역사학자 타키투스 역시 "이 저주받은 민족(유대)이 그들의 영향력을 세계에 미치고 있으며, 패배자 주제에 자신들의 정복자들에게 법을 가르치고 있다"고 경종의 목소리를 높였다. 고대 로마 제국 내의 반유대 운동의 요인으로는 종교적인 것, 민족적인 것과 사회

정치적인 것 등이 서로 얽혀 있었다.

유대인 대학살

당시 카이사레아 그리스계 주민들은 유대인들이 예루살렘에서 로마에 항거하는 폭동을 일으켰다는 소식을 듣자마자 그 증오를 카이사레아 유대인들에게 폭발시켰다. 카이사레아에서 살고 있던 유대인 2만 명이 학살됐으며, 이집트의 알렉산드리아에서는 5만 명의 유대인이 죽었다. 다마스쿠스 시민들도 유대인 1만 5000여 명을 공공 경기장에 몰아넣은 후 단 1시간 만에 몰살해버렸다. 이 같은 상황은 시리아에서도 마찬가지였다.

당시의 참혹함을 요세푸스는 《유대 전쟁사》에서 이렇게 적고 있다. "시체들이 매장되지도 않은 채 도시마다 넘쳐났다. 노인들과 아이들의 시체가 뒤엉켜 있었고 여자들의 시체는 벌거벗겨진 채로 나뒹굴었다. 이 땅 전체가 끔찍한 참상으로 가득 차 있었다."

네로, 노련한 베스파시아누스 장군을 보내다

당시 로마의 황제는 네로였다. 예루살렘에서 시리아 총독 갈루스가 이끄는 로마군이 전멸당하자 네로는 사태의 심각성을 인식하고 4개 군단 약 2만 4000명을 우선 유대로 집중시켰다. 그러고 나서 네로 황제는 당대 최고의 명장 베스파시아누스 장군을 총사령관으로 임명했다. 그는 영국을 정복할 때 혁혁한 무공을 세운 명장이었다.

그는 가장 우수한 로마의 최고 정예부대 3개 군단과 수많은 외인부대를 이끌고 북쪽에서 갈릴리를 공격했다. 이 원정에 그의 아들 티투스(디도)가 군단장으로 참전했다. 1년간의 갈릴리 전투에서 베스파시아누스는 훗날 역사가로 더 유명해진 갈릴리 총사령관인 요세푸스의 항복을 받아낸다. 베스파시아누스는 그를 장군의 참모진에 배속시키고 유대군의 사기를 떨어뜨리는 역할을 시킨다.

제국 안에서도 가장 경험이 많은 베스파시아누스 장군은 일을 서두르지 않았다. 먼저 해안지대를 제압하고 연락망을 확보했다. 베스파시아누스는 68년 6월 21일 예리코를 탈환하고, 이어서 남쪽으로 13km 떨어진 쿰란 수도원을 파괴했다. 그리고 유대인이 지키는 성채 대부분을 공략하여 먼저 지방을 평정했다. 이로써 봉기 3년째인 68년에는 대부분의 유대 땅이 로마군에 떨어졌다. 장군은 결국 예루살렘을 고립무원의 상태로 만들어놓았다.

68년 네로의 자살로 예루살렘을 공격하던 베스파시아누스 장군이 전쟁 중인 69년 로마 황제로 추대되었다. 베스파시아누스는 그의 아들 티투스를 후임 사령관으로 임명하고 로마로 떠났다.

전쟁 중에도 파벌 싸움으로 내전을 치르다

로마군과 대치하고 있는 상황에서 예루살렘 성에서는 유월절 기간에 여러 당파 간에 피비린내 나는 충돌이 벌어졌었다. 온건파와 열심당원의 싸움에서 처음에는 대중 가운데 지지기반이 넓은 온건파가 우위를 점하고, 열심당원은 성전 구역으로 내몰렸다. 열심당원은 이두매 파견대를 불러들여 한밤중에 온건파를 덮쳤다. 예루살렘 거리는 유대인의 피가 가득 찼다. 열심당원은 주도권을 장악하였다.

그러나 이것이 내분의 끝이 아니었다. 애국자임을 자처하는 열심당원들 사이에 경쟁이 있었다. 로마군에 투항한 요세푸스와 원수지간으로 요타파타 함락 때 예루살렘으로 도망쳐 나온 구쉬 할라브의 요하난, 엘르아살 벤 시몬, 시몬 바르 기오라가 서로 다른 세 무리의 지도자였다.

70년 이른 봄 로마군의 공격이 시작되자, 모든 당파는 힘을 합쳐 성을 방어하기로 결정했다. 북서쪽 지역은 시몬 바르 기오라가, 성전과 안토니아 요새 근처인 북동쪽 지역은 구쉬 할라브의 요하난이 맡았다. 굶주림과 전염병에도 성내의 지도자들은 항복은 생각조차 하지 않았다.

티투스, 예루살렘을 점령하다

베스파시아누스 황제의 맏아들인 29세의 티투스는 작전의 최종 단계, 즉 예루살렘의 포위와 탈환을 개시했다. 이 싸움은 70년 4월부터 9월까지 이어진다. 예루살렘 성전을 지키는 유대 병력 2만 3000여 명보다 8만 명에 달하는 로마의 월등한 군사력에도 전쟁은 치열한 항쟁으로 치달았다. 결국 티투스는 8월 29일 성전 구역을 점령한 다음, 9월에는 예루살렘 서북부 고지대와 헤로데 왕궁까지 점령했다.

티투스는 유대인들의 폭동을 무력으로 가혹하게 진압하면서도 부하들에게 예루살렘 성전은 파괴하지 말라고 했다. 그러나 전쟁 중 방화되어 성전이 완전히 파괴되었다. 함락된 예루살렘 성안에서는 무차별한 살육과 약탈이 자행되었다. 병사들은 금화를 삼키고 탈출하는 예루살렘인들의 배를 갈라서 내장을 뒤졌다. 성전 수장고에 숨어 있던 여자와 어린이 6000명은 산 채로 불태워졌다. 현장을 목격한 역사가 요세푸스는 "태

∴ 니콜라 푸생, 〈티투스의 예루살렘 파괴〉

∴ 줄리오 피피, 〈티투스의 개선〉

초부터 그런 잔인함을 용납한 도시는 어디에도 없으며, 한 세대를 그처럼 사악하게 양육한 시대도 없었다"라고 했다.

그 뒤 로마는 엄청난 개선 행렬을 벌였고, 이 전쟁을 기념하는 의미로 특별 화폐까지 주조했을 뿐만 아니라 거대한 국가의 정복을 기념하여 최초의 개선문을 세우기까지 했다. 반란 패배의 결과로 유대인은 자신의 국가를 잃어버리고 흩어져 로마 제국의 전역으로 퍼져나가 디아스포라가 본격적으로 시작되었다.

통곡의 벽

전쟁이 끝난 뒤 로마 제국은 승자의 관용을 베풀어 유대인들이 그들 땅에서 살며 유대교를 믿을 수 있도록 허용했다. 이때 티투스 장군이 로마의 힘을 당시 유대인들과 후대에 보여주려고 교훈적으로 남겨둔 것이 바로 '통곡의 벽The Wailing Wall'이다. 원래 이름은 서쪽 벽이지만 오늘날 통곡의 벽으로 더 유명하다.

이 통곡의 벽은 유대인들의 최대 성지 가운데 하나이다. 통곡의 벽

돌 틈에는 전 세계에 흩어진 유대인뿐 아니라 순례객들도 소원이 적힌 쪽지를 벽의 돌 틈새에 끼워두고 기도한다. 한 가지 간절한 소망은 들어준다는 속설이 있기 때문이다.

티투스의 개선문

로마에는 티투스의 개선문이 현재 남아 있다. 옛 로마 원로원 옆에 있는 이 개선문은 바로 예루살렘 함락을 기념해 지은 것이다. 이것이 로마 제국 최초의 개선문이다. 그만큼 로마 제국이 유다 왕국을 힘겹게 이겼다는 이야기다. 그래서 로마 병사들이 유대 전쟁에서 이기고 개선하는 것을 크게 축하해주었다. 이 승리를 개선문을 세워 기념했다.

개선문 내부에는 예루살렘 점령 당시 예루살렘 성전에서 약탈한

금촛대를 로마로 이송해 오는 광경이 새겨져 있다. 뒷날 나폴레옹이 파리에 세운 개선문도 바로 이 티투스의 개선문을 본떠 만든 것이다. 대로마 제국이 예루살렘 함락에 얼마나 많은 정력을 쏟아부었는지를 알려주는 대목이다.

노예로 잡혀간 유대인들이 건설한 콜로세움

전쟁의 참상은 처절하고도 비참하였다. 팔레스타인에 거주하는 유대인 240만 명 가운데 절반 가까운 110만 명이 칼과 불

✢ 현존하는 로마의 개선문 가운데 가장 오래된 티투스의 개선문

에 살육당하거나 기근으로 굶어 죽었다. 엄청난 살상이었다. 로마인은 항복하는 자는 용서하지만 저항하는 자는 적으로 간주한다는 원칙을 엄격하게 실행했다. 당시 잡혀간 전쟁포로 노예만도 10만 명이었다. 이때 잡혀간 유대인 노예들이 베스파시아누스 황제 때인 서기 72년부터 8년간 투입되어 80년 티투스 황제 때 완성된 것이 그 유명한 콜로세움이다.

적당한 언덕을 파서 세운 이전의 원형 경기장과는 달리 콜로세움

은 돌과 콘크리트로 지상에 세운 완전한 독립 구조물로 가로, 세로가 각각 190m, 155m에 둘레가 527m, 높이가 57m에 이르며 7만 명의 관객을 수용할 수 있었다. 이 경기장에서 수천 회에 걸친 검투사 시합, 맹수들과 인간의 싸움, 모의 해전 같은 대규모 전투 장면이 실연되었다.

맨 아래층이 왕과 조신들이 앉는 로열석이며 2층은 귀족과 기사석, 3층은 서민, 4층은 천민석으로 나누어져 있으며 사료에 따르면 4층짜리 타원형 건조물은 8만 7000명의 관객을 수용할 수 있었다. 검투사와 맹수들이 있는 곳은 지하 12m였으며 수동 엘리베이터로 끌어올려졌다. 천장에는 베라리움이라는 거대한 천을 덮어 햇빛과 비를 가리기도 했다.

콜로세움은 미학적으로나 기술적으로나 최고의 걸작이다. 그렇게 규모가 큰데도 사람을 짓누르는 듯한 위압감이나 단조로움을 느끼게 하지 않는다. 로마인들이 좋아하는 아치 양쪽에 원기둥을 세우고 아치 모양의 공간에는 입상을 세우는 형태가 연속되어 있는데 1층에 사용된 기둥은 중후한 도리아식, 2층의 기둥은 산뜻한 이오니아식, 3층의 기둥은 섬세한 코린트식으로 층마다 기둥 양식을 바꾸어 답답하고 단조로운 느낌을 없앴다.

게다가 출입구를 교묘히 배치하여 사고라도 일어나면 15분 만에 모든 관객을 내보낼 수 있었다고 하니 기능 면에서도 흠잡을 데가 없다. 우리는 2000년 뒤인 오늘날에도 지상에 우뚝 서 있는 콜로세움을 볼 수 있지만 지금 우리가 보는 콜로세움은 로마 제국 시대의 3분의 1 규모에 불과하다.

기독교가 지배하게 된 뒤 로마의 공공 건축물은 죄다 석재 공급처로 바뀌어버린다. 콜로세움에서 떼어낼 수 있는 것은 전부 떼어서 가져가버렸다. 아치마다 놓여 있던 수많은 입상도, 벽면을 덮고 있던 대리석 판들도 모두 제거한 뒤에 남은 '뼈대'가 오늘날의 콜로세움이다. 독일의 문호 괴테는 이렇게 말했다. 이탈리아를 여행할 때는 육체의 눈으로만 보지 말고 마음의 눈으로 보라고. 콜로세움도 그런 눈으로 볼 필요가 있는 대상이다. 유대 전쟁포로들의 한이 서려 있는 건축물이다. 오늘날 세계 7대 불가사의의 하나인 로마의 콜로세움을 바라보는 유대인들의 감회는 남다를 수밖에 없다.

아치의 발명으로 대규모 신전 건축이 가능해지다

예로부터 인류는 돌이나 벽돌을 쌓아 올려 많은 거대한 구조물을 쌓았는데 역사에서 가장 획기적인 발명이 아치였다. 아치의 원리는 쐐기다. 쐐기형의 돌을 반원형으로 놓으면 돌은 서로 밀어내느라고 밑으로 떨어지지 않는다. 위에서부터 무게가 걸리면 밀어내는 힘이 더욱 긴밀해져서 오히려 강도를 더해간다. 위의 무게는 아치 맨 끝에 집약되어 있어서 가느다란 기둥으로도 받칠 수 있다. 나무나 돌로

∴ 로마 판테온 신전

된 기둥은 가로나 비스듬한 방향에서 힘이 가해지면 부러지기 쉽지만 위로부터 수직으로 힘이 걸리면 아주 강해진다. 이러한 아치를 둥글게 회전시키면 돔dom이 된다.

신전 건축에는 돔 구조를 사용했다. 실례로 기원전 80년의 로마 근교 티볼리의 베스타 신전과 서기 120년 로마의 판테온 신전이 있다. 특히 후자는 안지름 43.4m, 높이 22m의 장대한 돔으로서 석조 건축이 이룬 대공간으로 유명하다. 돔이라는 말은 신의 집이라는 뜻의 라틴어 domus dei에서 나왔다. 주교主敎가 살고 있는 교회를 말하는 이탈리아어 duomo와 연관되어 있다. 이탈리아에서는 큰 교회 지붕에 원형 지붕을 덮는 경우가 많았으므로 대성당 자체를 두오모(돔)라 부르게 되었다.

로마의 장군 마르쿠스 아그리파는 악티움 해전에서 안토니우스와

클레오파트라를 무참하게 패배
시켜 두 사람을 자살로 내몰았
다. 승리감에 도취된 아그리파
는 자신과 그의 장인이자 로마
제국의 첫 황제인 아우구스투
스를 기리는 판테온Pantheon을 지
었다. 판테온이라는 이름은 '만

∴ 판테온형 내부 공간의 높이는 원의 지름과 같다.

신전萬神殿'을 뜻하지만, 실제로는 일곱 행성 신, 즉 솔(태양), 메르쿠리
우스(수성), 베누스(금성), 유피테르(목성), 사투르누스(토성), 넵투누스
(해왕성) 등을 기리기 위해 지어졌을 가능성이 크다. 판테온에는 7개
의 벽감壁龕이 있기 때문이다.

우주의 조화에 대한 고대의 시각은 판테온의 건축을 통해 표현되
어 있다. 원형 내부 공간의 높이는 원의 지름과 같고, 돔을 받치는 벽
의 높이와 돔의 반경은 정확히 지름의 반이다. 판테온은 완벽한 비율
때문에 우주의 상징으로 해석되기도 한다.

유대교를 지킨 랍비 요하난 벤 자카이

서기 66년부터 70년까지 계속된 유대 전쟁 시에 있었던 일이다. 네
로는 사태가 심각해지자 정예군단인 베스파시아누스 장군에게 유
다 왕국을 함락시키도록 명령한다. 베스파시아누스는 부대를 이끌
고 유다 왕국을 공격했다. 68년, 전쟁이 시작된 지 3년째 되던 해에
그는 유다 왕국을 점령했지만 유대인들의 완강한 저항 때문에 예루

살렘만은 함락시킬 수 없었다. 베스파시아누스는 예루살렘 도성을 포위하고 주민들이 굶주려 항복하기를 기다렸다.

이 무렵 강경파인 열심당의 무장투쟁이 성공하지 못할 것을 예견하는 한 평화주의자가 있었다. 그가 유명한 랍비인 요하난 벤 자카이Johanan Ben Zakkai였다. 바리새파였던 그는 유대 전쟁이 결국에는 대학살로 막을 내리고 유대인들은 뿔뿔이 흩어지고 말 것임을 예견하였다. 그는 민족의 독립보다는 유대교 보존이 더 중요하다고 판단하였다. 그는 평화를 얻기 위해 항복하자고 주장했다. 그러나 벤 자카이의 제안이 거절당하자 그는 유대민족이 역사의 무대에서 사라지는 것을 막기 위해 로마군의 사령관과 모종의 타협을 해야 한다고 생각하였다. 포위되어 있던 예루살렘은 아비규환이었다. 사람들은 굶주림과 질병으로 수천 명씩 사망했으나 아무도 예루살렘을 떠날 수 없었다.

요하난 벤 자카이는 제자들에게 자신의 확신을 토로하고 함께 탈출 계획을 짰다. 제자들은 길거리로 나가 옷을 찢으며 슬픈 목소리로 위대한 랍비 벤 자카이가 흑사병에 걸려 죽었다고 울부짖었다. 그들은 열심당원들에게 존경하는 랍비의 시체를 도심 외곽에 매장하여 도시에 전염병이 돌지 않게 해달라고 요청하여 허락을 얻어냈다. 결국 제자들은 랍비가 든 봉인된 관을 메고 예루살렘을 나와 베스파시아누스 장군의 막사에 도착할 수 있었다.

관에서 나온 랍비는 장군에게 "베스파시아누스 당신은 얼마 안 있어 황제에 등극할 것"이라고 예언하고, 황제가 되면 자신들이 예루살렘 근처에서 평화롭게 유대 경전을 공부할 수 있는 조그만 학교를 허락해달라고 요청했다. 랍비의 예언은 너무나 충격적이었던 반면 요청은 소박한 것이었다. 놀란 로마 장군은 예언이 사실이 되면 호의를 베풀어주기로 약속했다.

∴ 베스파시아누스 황제

같은 해 네로는 자살했다. 네로가 죽자 스페인에서는 갈바가, 로마에서는 오토가, 그리고 독일에서는 비텔리우스가 황제로 추대되었다. 그러나세 사람이 모두 황제로 추대되자, 이 때문에 로마는 새로운 내란의 위험에 직면했다. 3명의 정치군인이 왕위에 올랐으나 모두 몇 달 만에 살해되었다.

바로 이때에 팔레스타인 원정에 참여했던 베스파시아누스가 그의군대에 의해 새로운 황제로 추대되었다. 69년에 로마 원로원은 베스파시아누스에게 왕위를 물려주었다. 베스파시아누스는 랍비의 예언이 성취된 데 대해 놀라지 않을 수 없었다. 랍비는 당시 로마의 정치적 역학관계를 꿰뚫어 보고 있었던 것이다. 69년부터 96년까지 3명의 로마 황제 베스파시아누스, 그의 큰아들 티투스, 그리고 둘째 아들 도미티아누스가 이 가문 출신이다.

로마의 아홉 번째 황제가 된 베스파시아누스는 이미 포위된 예루살렘의 운명을 확신하고 '포로가 된 유대아 IVDAEA CAPTA'라는 명문의동전을 로마에서 다량으로 주조하여 널리 유포하였다. 그리고 뒤에베스파시아누스는 약속을 지켜 예루살렘에서 가까운 도시에 유대학교 '예시바'를 허락하였다. 이로써 유대 문화유산이 소멸의 위기에서 살아남을 수 있게 된다.

오직 바리새파만 살아남다

제1차 독립전쟁이 실패하자 독립전쟁을 주도한 열심당과 자객당, 상급 제사장·대지주·귀족 중심의 사두개파, 쿰란 수도원 중심의 에세네파가 모두 소멸되고 오직 바리새파만이 살아남았다. 이제 유대교에서 사두개파와 레위 지파의 소멸로 예배를 이끌 제사장과 사제, 곧 사제 계급이 없어진 것이다.

그 뒤 유대교는 사제 없는 종교가 된다. 사제 없이 평신도들이 똘똘 뭉쳐 종교를 지켜내야 했다. 그래서 유대인 남자들은 의무적으로 글을 배워 성서를 읽어야 했다.

또 하나의 기적, 야브네에서 유대교 살아남다

서기 70~80년 율법학자 요하난 벤 자카이는 바리새파들을 이끌고 텔아비브 남동쪽 약 20km 지점에 자리한 야브네로 갔다. 거기서 성전이 파괴되었으므로 오로지 율법 중심의 유대교를 재건하고 율법학교(베트 미드라쉬)를 개설했다. 요하난은 여기서 토라를 가르쳐 매년 소수의 랍비를 길러내 유럽 각지로 흩어진 유대인 마을에 보냈다.

랍비는 사제가 아닌 율법학자이지만 그들은 거곳에서 시너고그를 세우고 예배를 드리며 유대인들에게 토라를 가르쳤다. 이것이 전쟁으로 패망한 유대인들의 생존에 중심적인 역할을 하게 된다.

유대인에게 교육은 곧 신앙이다. 유대인들이 이 땅에 태어난 목적은 하느님의 빛을 만방에 보여주기 위함이다. 위대하신 하느님의 빛의 전달자가 되기 위해서는 교육을 받아야 한다. 교육을 받지 않고서는 결단코 빛의 전달자가 될 수 없다. 왜냐하면 자신이 무지와 어둠 속에 있으면서 백성을 빛 속으로 인도할 수는 없기 때문이다. 이 빛 된 삶을 위해서는 반드시 교육을 받아야 한다. 열심히 배워 하느님의 위대함을 내 속에 담는 것이다. 이 교육의 전통을 절망적인 상황에서도 요하난 벤 자카이가 기적처럼 지켜낸 것이다.

이제 유대교 최고 법정이었던 산헤드린은 더는 모일 수 없었다. 벤 자카이는 71인의 학자를 모았다. 그리고 산헤드린과 비슷한 기구를 만들었다. 그리하여 야브네에는 제사장들이 중심이 되었던 예루살렘의 산헤드린 대신 벧딘('법정'이라는 뜻)이 설립되었다. 이곳에서 랍비 벤 자카이를 비롯한 유대교 지도자들이 유대 달력을 확립하고, 정결과 부정함의 문제를 논의하는 등 랍비 유대교의 기초를 다지기 시작했다.

참고로 당시 유대인들은 성姓이 없었다. 그래서 '갈릴리의 유대'처럼 지명을 병기하거나 '아무개의 아들'이라는 표현을 썼다. 또 인명 가운데 쓰이는 '벤'이나 '바'는 '~의 아들'이란 의미다. 고로 요하난 벤 자카이는 '자카이의 아들 요하난'이란 뜻이다. 유명한 다비드 벤-구리온David ben-Gurion 장군은 '구리온의 아들 다비드'란 뜻이다.✥

✥ 맥스 디몬트 지음, 김재신 옮김, 《유대민족사》, 크리스챤다이제스트사

재정난에 처한 로마 제국, 유대세 신설하다

그 무렵 번영 일로를 달리던 로마 제국은 계속되는 사치로 결국 심각한 재정난에 빠지게 되었다. '피스쿠스 유다이쿠스FISCVS IVDAICVS'라는 유대인 세금제도가 만들어진 것이 베스파시아누스 황제 때였다. 그가 예루살렘 성전을 파괴하기 전에는 외국에 사는 유대인들을 포함해 성년 유대인이면 누구나 매년 은전 반 세겔을 예루살렘 성전에 성전세로 냈었다.

그러나 성전이 없어졌기 때문에 베스파시아누스는 유대인 세금제도를 책정하여 로마 제국의 모든 유대인은 반 세겔에 해당하는 두 드라크마를 세금으로 바치게 했다. 이것을 '피스쿠스 유다이쿠스'라고 불렀으며 황제의 흉상이 들어가 있는 은전에 이러한 명문을 새겨 넣어 유대인들이 로마 제국에 속한 것임을 선전하였다.

당시 로마 제국 인구 중 80% 이상이 국가의 부양을 받아 살아가는 인구였다. 위기감을 느낀 베스파시아누스 황제는 부족한 세원을 보충하기 위해 골머리를 싸매야 했다. 생각다 못한 황제는 로마 전역에 있는 공중 화장실을 모두 유료화시켰다. 로마 제국은 역사상 가장 완벽한 화장실 문화를 갖추었던 문명국이었다. 각 가정의 화장실은 물론 수세식으로 설치되어 있었으며 로마 시내에만 석조로 된 공중 화장실이 144개 이상이나 있었다고 한다. 이용하는 시민들은 이용료를 내야 했고 이용을 하지 않고 다른 곳에 실례하는 사람들은 벌금을 물어야 했다.

예시바가 유대교와 전통을 이어가다

랍비 요하난 벤 자카이는 비록 유다 왕국이 로마의 무력에 의해 망한다 할지라도 학교를 통해 유대교와 전통이 전승되기만 한다면 유대민족은 역사에서 살아남을 수 있을 것이라고 생각했던 것이다. 실제로 서기 70년 예루살렘 성전의 붕괴에도 변형된 형태로나마 유대교가 살아남고 유대민족의 역사를 이어간 것은 바리새파 벤 자카이의 덕분이었다. 벤 자카이의 후임자 가밀리엘 2세는 최고 의회(베트 딘)를 창설하여 유대교 최고 의결기관으로 삼았다. 그 뒤 바리새파에서 유명한 랍비들이 등장하여 민족의 지도자로서 예루살렘으로부터 추방당하여 떠돌아다니는 유대인들을 이끌어갔다.

랍비들은 율법을 해석하고 교육하는 역할을 수행했다. 랍비들은 성직자가 아니라 평신도였기 때문에 당시 랍비들은 따로 생계수단을 갖고 있었다. 랍비는 초기부터 오늘날까지 사제가 아닌 평신도이다. 그들은 엄밀한 의미에서 아무런 의례도 집행하지 않는다. 설교야말로 랍비들의 주된 기능이지만 본질상 교사의 가르침으로 이해된다. 그렇다고 랍비가 권위나 영향력이 없다는 이야기는 아니다. 그들의 권위는 종교적으로 주어진 권위가 아니라 학문과 가르침 혹은 탁월한 도덕성을 통해 자율적으로 생긴 권위다.

재미있는 것은 고대 유대에서는 랍비를 길러내는 율법학교인 예시바 1학년을 '현자'라 불렀고, 2학년을 '철학자'로 불렀다는 점이다. 그리고 최고 학년인 3학년이 되어서야 비로소 '학생'이라 불리었다. 이러한 사실은 겸허한 자세로 배우는 자가 가장 높은 지위에 오를 수 있으며, 학생이 되려면 수년 동안 수업을 쌓지 않으면 안 된다는 발상에서 비롯된 것이다.

초기 기독교는 유대교의 한 종파였다

유대교와 기독교가 처음부터 반목했던 것은 아니었다. 오히려 유대교와 그리스도교는 오랜 기간 사이좋게 예배를 같이 보았다. 유일신 하느님을 믿는 뿌리가 같았기 때문이다. 초기 기독교 예루살렘 교회는 임박한 종말을 교리의 핵심으로 하는 유대교의 한 종파였다.

예수와 그의 제자들에 의해 성립된 초기 기독교는 하느님 나라가 곧 올 것을 강조했다. 그러다 보니 재산이나 율법 등은 중요치 않았다. 임박함을 강조하다 보니 종교적 규율도 제대로 없었다. 이들은 바울이 중심이 된 에게 해 지역의 비유대인 기독교들과 교리 갈등을 겪게 된다. 그 대표적인 것이 할례의식이었다. 사도 바울은 기독교인이 되는 데 할례는 필요 없다고 선언하면서 유대교 그늘에서 벗어나고자 했다.

그들은 묵시록을 신봉하면서 하느님 나라가 곧 올 것으로 기대했다. 그래서 사도 바울은 기독교 사상의 방향을 내세 중심으로 그리고 내면 중심으로 환치시켰다. 곧 중요한 것은 현세가 아니라 내세이며, 외부 현실이 아니라 인간 내면의 정화라는 것이었다.

게다가 그들은 예수님이 하신 말씀을 기억했다. "그러므로 너희는 예언자 다니엘이 말한 대로 황폐의 상징인 흉측한 우상이 거룩한 곳에 선 것을 보게 될 것이다. (독자는 알아들어라.) 그때에는 유대에 있는 사람들은 산으로 도망가라."(마태오의 복음서 24:15-16) 그들은 로마군이 예루살렘으로 쳐들어오자 모두 산으로 피신했다. 이때 유대인들은 자기들만 살겠다고 산으로 피신한 예수님을 추종하는 나사렛 사람들을 용서할 수 없는 배신자들로 보았다.

한편 바울에 의해 체계화된 초기 기독교는 에게 해 지역 사람들에게 전파되면서 유대교로서 갖고 있던 관행을 없앴다. 그리고 그 지역에서 유행하던 영지주의, 스토아의 자연철학, 로고스, 플라톤 등의 사상과 접목되어 유대인만을 위한 기독교가 아닌 보편적 기독교가 되었다.

유대교와 그리스도교 갈라서다

유대인들은 이러한 나사렛 사람들을 유대교의 이단 종파로 보았다. 유다 왕국이 로마 제국에 의해 무참히 박살 난 이유가 하느님께 대한 그들의 불충에 직접적인 원인이 있다고 보았다. 특히 종파 간 교리 싸움에 문제가 있었다고 보았다. 그래서 랍비들은 율법 논쟁은 용인하나 종파적 논쟁은 멈추어야 한다고 생각했다. 이것이 '이단들에 대한 저주'의 기도문으로 나타났다. 랍비들은 성전이 없는 세계에서 종파를 고집하는 사람들을 멸망시켜 달라고 하느님께 기도했다.

그러다 90년경 야브네에서 유대교 종교회의가 열렸다. 이때 작은 사무엘 랍비가 유대인들이 회당예배 때마다 바치는 18조 기도문 가운데 이단자들을 단죄하는 제12조 기도문에 '나사렛 사람들', 곧 그리스도교도들을 덧붙였다.

그 결과 그리스도교도들은 유대교 회당예배에 더는 참석할 수 없어 이때부터 명실공히 독자적 종단으로 독립했다. 제12조항을 의역하면 다음과 같다. "나사렛 사람들과 이단자들은 사라지게 하소서. 살아 있는 이들의 책에서 그들을 지워버리시어 의인들과 함께 씌어 있지 않게 하소서. 무엄한 자들을 굴복시키시는 하느님, 찬양받으소서."

정경, 외경 그리고 위경

유대교 야네브(그리스어 얌니아) 회의에서 히브리어, 아람어 구약성서의 범위를 확정했다. 그렇지만 아가, 전도서, 에즈라를 두고서는 경전이냐, 위경이냐의 논란이 한동안 계속되었다. 위경은 기원전 2세기에서 기원후 1세기 사이에 경전에서 제외된 많은 서적을 말한다. 위경僞經, Apocrypha은 그리스어로 '숨겨진' 또는 '감춰진'의 의미를 갖는다. 그러나 이는 가톨릭에서 사용하는 단어이고, 프로테스탄트에서는 이 단어를 외경外經이라고 번역하여 가톨릭의 '제2경전'을 지칭하고 있다.

개신교에서 정경으로 포함되지 않은 성서에는 외경과 위경이 있다. 외경은 그리스어(헬라어) 성서인 70인역 성서에만 있는 7권의 구약성서를 말하며, 위경은 그리스어 성서(70인역)에도 들지 않은 다른 문헌들로 경전으로서의 가치가 없다고 간주되는 성서이다. 가톨릭교회는 실제로 70인역을 따랐으며, 1546년 트렌트 회의에서 가톨릭교회가 외경을 '제2경전'으로 결정했다. 그러나 개신교는 가톨릭교회와 갈라지면서 70인역 구약성서 대신 히브리어 구약성서를 택했다. 이 때문에 초대교회에서 읽던 외경은 경전에 포함되지 않게 됐다.

마사다 전투

예루살렘 점령으로 전쟁은 일단락되었으나 유대인의 봉기가 완전히 끝난 것은 아니었다. 헤로디움, 마사다, 마케루스, 이들 세 곳의 요새가 아직도 유대인 반군의 수중에 있었다. 티투스는 제10군단을 수비대로 주둔시키고 유대 총독에게 그 처리를 맡겼다. 헤로디움은 쉽게 그의 수중에 들어오고, 사해 동쪽에 있는 마케루스 요새는 한동안의 포위 후에 저항군의 안전하고 자유로운 후퇴를 보장해주는 조건으로 마무리되었다. 이제 마지막으로 남은 곳은 마사다뿐이었다.

마지막으로 끝까지 굴복하지 않은 열심당원들은 절벽 위 요새 마사다에서 배수의 진을 치고 로마 제국에 대항하였다. 여자와 어린아이까지 포함하여 모두 960명의 이들이 로마의 10군단과 맞서 싸웠다. 이들 열심당원은 세계 최강 로마 군단을 2년 이상 조롱했다.

이미 2년 전에 유다 왕국을 무너뜨리고 '유대 정복기념 동전'까지 만들어 쓰던 로마 제국으로서는 1000명도 안 되는 마사다의 유대인들을 보잘것없게 생각했다. 그러나 이들을 그대로 두었다가는 꺼져가는 항쟁의 불길이 또다시 타오를 것 같은 위협을 느꼈다. 이런 상황을 파악한 로마 황제 베스파시아누스는 현지 주둔군인 제10군단에 마사다를 함락하라고 엄명을 내렸다. 서기 72년 플라비우스 실바 장군의 제10군단과 보조 병력은 마사다로 진군해 왔다. 로마군은 병사 9000여

∴ 천혜의 절벽 바위 요새, 마사다

명과 노역에 동원된 유대인 전쟁포로 6000여 명 등 1만 5000여 명이
었다.

그러나 마사다의 유대인들은 놀랍게도 2년이나 버틴다. 마사다의
항전은 유대 민중들의 처절한 마지막 절규였다. 마사다에 저장된 엄
청난 양의 식량과 물, 무기는 그들의 마지막 버팀목이었다. 마사다는
히브리어로 '요새'라는 뜻이다. 마사다를 포위한 로마군은 성의 사
방 여덟 곳에 주둔지를 정하고 캠프를 세웠다. 성은 외부로부터 완전
히 고립되었다. 그러나 사막과 다름없는 들판을 건너와 지친 로마군
은 가파른 벼랑 위에서 내려다보며 활을 쏘아대는 반란군을 쉽게 이
길 수가 없었다.

로마의 실바 장군은 군수품 보급이 어려운 로마군에게 시간이 갈
수록 불리한 전쟁이라 판단하고 무더운 여름이 오기 전에 전쟁을 끝
내기로 마음먹었다. 마사다의 서쪽 벼랑에는 희고 넓은 바위가 툭 튀
어나와 있었다. 실바는 이곳에 흙과 돌을 다져 인공 능선을 쌓아 올
리도록 지시했다. 그 공사는 예루살렘에서 끌려온 6000명의 유대인
노예들이 맡았다. 그래서 마사다의 열심당원들은 동족들을 향해 돌
을 던질 수 없었다. 언덕은 완성되고 마사다가 함락되는 것은 시간문
제가 되었다. 비탈길이 완성되자
로마군은 공성퇴라 불리는 투
석기를 끌어올렸다. 투석기에서
날아간 20kg이 넘는 돌들과 불
화살은 마사다의 성벽을 무너뜨
리고 말았다. 그는 다음 날 아침
구름다리를 놓고 성안으로 쳐들

∴ 공성퇴

어가기로 결심했다. 로마군은 밤새 아무도 도망치지 못하도록 마사다를 지켰다.

그날 밤 유대인 지도자 엘리에제르 벤 야이르는 더는 버틸 수 없음을 알고 남자들을 모두 한군데 불러 모았다. 그는 "자유란 이름으로 수의를 입자"며 자결을 유도하는 연설을 하였다.

"형제들이여, 우리는 로마와 맞서 싸운 마지막 용사들입니다. 만약 우리가 산 채로 로마의 수중에 들어가면 노예가 될 것이며, 모든 것이 끝날 것입니다. 하지만 우리는 다른 사람들과는 달리 명예롭게 자유인으로 죽을 수 있으며, 이 특권을 주신 분은 여호와 하느님이십니다. 우리의 아내들이 욕을 당하지 않은 채 죽게 하고, 우리의 자녀들이 노예의 기억 없이 세상을 떠나게 합시다. 먼저 우리의 재물과 요새를 불태웁시다. 그러나 우리의 곡식창고만은 남겨둡시다. 그리하여 우리가 자결한 것은 식량이 부족해서가 아니라 우리가 처음 결의한 바와 같이 노예가 되느니 차라리 죽음을 택하겠다는 열망 때문이었다는 사실을 입증토록 합시다.

산 채로 잡힌 청년들이 계속되는 고문에도 생명이 끊어지지 않고 고통받는 것을 생각해보십시오. 어느 남편은 거칠게 다루어지는 자신의 아내를 볼 것입니다. 그는 또 두 손이 묶여서 '아빠' 하고 소리치는 어린 자식들의 목소리를 들을지도 모릅니다. 자! 우리의 손이 자유롭게 칼을 들 수 있을 때 사랑하는 아내와 자식들과 함께 자유인의 몸으로 세상을 하직합시다."

"지금까지 우리는 하느님 외에 그 누구에게도 굴복하지 않았습니다. 이제 그들 손에 죽거나, 아니면 항복하여 노예가 되기보다는 차라리 죽음을 선택하여 자유의 몸으로 세상을 떠납시다!" 그의 연설을 듣고 가족을 생각하여 어느 유대인이 울자 그는 엄하게 꾸짖었다. "부끄럽지도 않소? 우리가 로마군에 맞선 뒤로 그들은 죄 없는 유대인들을 닥치는 대로 죽였소! 다마스쿠스에서는 1만 8000명이 처자식과 함께 목이 잘렸고, 이집트에서는 6만 명이 살해되었소. 우리는 험준한 요새와 넉넉한 식량을 가지고도 졌소. 지금 저들은 우리가 보는 앞에서 성서를 찢으며 승리를 노래하고 싶어 합니다!"

엘리에제르 벤 야이르의 말이 여기에 이르자 사람들의 눈동자에는 불꽃이 어른거리며, 눈물을 글썽이던 사람들도 결연한 의지가 감돌았다. 남자들은 경건한 얼굴로 흩어져 집으로 돌아간 후 아내와 아이들을 부드럽게 껴안고 눈물이 그득한 채 오래도록 입을 맞추고, 그리고 그들을 죽였다. 먼저 남자들이 가족들을 죽이고 남자 10명 가운데 1명을 뽑아 그가 나머지를 죽이고 마지막 한 사람이 자결을 하여 서기 73년 4월 15일 마사다에서 저항하던 960여 명 가운데 2명의 여자와 5명의 어린이만 살아남고 모두 숨졌다.

현재 이곳은 이스라엘 군인들이 선서식을 거행하고, 유대의 젊은이라면 정신무장을 위해 필수적으로 찾아와 '다시는 이런 아픔을 겪지 않을 것'이라고 다짐하는 곳이다. 이스라엘은 이후 전 세계에 강제로 흩어졌지만 그들은 언어와 율법을 민족의 정체성으로 삼고 2000년을 버티면서 결국 독립을 이루어냈다. 지금도 그들은 그때를 잊지 않으려 마사다를 찾아와서 준비해 온 병에 흙을 담아 가고 있다. 이스라엘의 단결력은 마사다 정신이요, 그 정신은 흙에 담겨 있기 때문이다. 게다가 유대인들은 죽을 때 고향 흙을 한 줌이라도 머리에 베고 묻히길 바랐다. 예루살렘의 올리브 산(감람산), 곧 고향 땅 흙에 묻히면 메시아가 올 때 부활한다고 믿기 때문이다.

유대 역사가, 요세푸스

　뒷날 이들의 비극적인 최후는 로마군에 종군했
던 요세푸스라는 유대인 역사가에 의해 밝혀졌
다. 마사다에 얽힌 사건을 《유대전쟁사》에서 자세
히 기록한 요세푸스는 서기 66년 유대인들이 로
마의 통치에서 벗어나려고 반란을 일으켰을 때
갈릴리 지방의 유대군 지휘관이었다.

　그는 나중에 포로로 잡혀 로마군에 넘어갔지만, 전쟁이 끝난 뒤
75년경에 어느 역사책에도 나와 있지 않은 마사다 공방전의 자초지
종을 유대인 후손들이 역사를 망각하지 않도록 자세히 기록해 후세
에 전했다.

　그리고 20년 후에는 유대인에 대해 편견을 갖고 있는 로마인들을
위해 요세푸스는 인간의 창조부터 네로 황제 때까지의 역사인 《유
대 고대사》를 저술하였다. 그는 유다 왕국이 멸망하던 1세기 당시 이
스라엘의 유일한 역사가였기 때문에 구약성서 이후 유대 역사는 요
세푸스의 기록에 전적으로 의존하고 있다고 해도 과언이 아니다. 그
러나 요세푸스는 이런 업적에도 당대의 유대인으로부터는 배신자
라는 모욕을 감수해야만 했다. 이런 이유 때문에 요세푸스의 저작은
유대인이 아니라 이방인의 손에 의해 보존돼왔다.

　마사다 전투 뒤 로마는 예루살렘을 더욱 철저히 응징하였다. 마치
제3차 포에니 전쟁 후 로마에 망한 카르타고의 운명과 같이 그곳에
있었던 유대교 신전은 완전히 파괴되었다. 신전뿐 아니라 모든 건물
이 파괴되었고 땅은 가래로 고른 다음 소금이 뿌려졌다.

로마의 지배 아래서 반란을 가장 많이 일으킨 민족은 유대인이다. 이들은 한 번 저항하기 시작하면 끝장을 보기 때문에 로마군조차도 두려워했다. 이 때문에 그들이 요구했던 병역 면제마저 특례로 인정해줄 정도였다. 가장 치열했던 7년 동안의 마사다 전투 등 이때 전쟁과 굶주림으로 죽은 유대인들은 무려 110만 명에 이르렀다.

제1차 유대 반란이 진압된 후 로마 황제는 유대인의 할례를 금지시키고 무너진 예루살렘 성전 터에는 로마의 주피터(제우스) 신전을 세우려 했다. 유대인들은 또다시 폭동을 일으켰다. 이 폭동마저 진압한 로마는 유대인들에게 가혹한 형벌을 내렸다. 유대인들을 아예 예루살렘에서 내쫓아버린 것이다. 이후 유대인의 예루살렘 거주가 금지되었다. 로마 제국이 콘스탄티노플에 수도를 정한 동로마 시대에는 1년에 딱 하루, 곧 로마가 예루살렘을 함락한 아브_{Av}(여덟 번째 달 8일)에만 출입을 허용했다.

아브 날이 되면 유대인들은 파괴된 성전에서 유일하게 남아 있는 서쪽 벽에 머리를 대고 나라 잃은 자신들의 처지를 슬퍼하며 통곡하였다. 서쪽 벽은 유대인들의 통곡으로 늘 젖어 있는 것 같았다. 점차 서쪽 벽은 통곡의 벽으로 불리었다. 팔레스타인에서 유대인들의 종교적 생활이 크게 제약받자 그들은 그 땅을 버리고 떠났다.

도미티아누스 황제의 황제 숭배 강요와 폭정

서기 79년에 베스파시아누스가 죽었을 때 티투스가 그의 뒤를 이었다. 그 무렵 티투스는 마흔 살밖에 되지 않았다. 그러나 2년도 채

지나지 않아 티투스가 갑자기 병이 들어 죽었다. 당시 티투스에게 아들이 없어 그의 동생인 도미티아누스가 황제가 되었다. 도미티아누스 황제는 잔인한 독재자였다. 그는 자신을 제우스 신의 화육으로 자처했으며 자신을 '주님이자 하느님'으로 선언하고, 모든 사람이 자신을 숭배하도록 명령했다. 그는 자신의 신성을 인정하지 않은 자들을 박해했다. 도미티아누스 황제 때 정부 관리였던 역사가 소플리니우스는 도

⚜ 도미티아누스 황제

미티아누스 황제가 그리스도인들, 로마 시민들, 비시민들, 남자와 여자, 그리고 노예나 자유인 등 모든 계층의 사람들을 박해했다고 기록하고 있다.

이렇게 로마 제국의 11대 황제인 도미티아누스는 '황제 숭배'를 강요한 최초의 황제였다. 도미티아누스 이전에도 네로와 그의 후계자들은 교회를 크게 박해했으나 그들의 박해는 로마에 인접한 지역에서만 시행되었다. 그러나 도미티아누스 황제 때에 이르러 기독교에 대한 박해는 로마 전역으로 확대되었다. 로마 공화정 말기와 로마 제국의 초기에는 사람들이 '로마의 정신'을 숭배하였다. 그들은 로마가 세계에 평화와 정의를 가져다준 것에 대해 감사하였다. 그런데 이 '로마의 정신'이 뒤에는 '황제'를 숭배하는 데로 발전했다. 로마 제국은 광대한 영토를 하나로 결속시키는 통합의 원리로 '가이사 숭배사상', 곧 '황제 숭배사상'을 이용했다.

그러나 이러한 사상은 다른 민족의 종교를 완전히 없애고 황제 숭

배를 절대 신앙으로 만들려고 한 것은 아니었다. 로마는 단지 로마 내의 모든 사람에게 1년에 한 번씩만 황제를 위해 향을 태우고 "가이사는 주님이시다!"라고 하도록 지시했다. 그러므로 사람들은 이렇게 한 후에 얼마든지 자신들이 섬기는 신을 섬길 수 있었다. 그러나 이 것은 유대인에게는 통할 수 없는 이야기였다. 당연히 유일신을 섬기는 유대교와 충돌이 일어났다.

도미티아누스는 대화재 사건으로 황폐화된 로마를 복구하고 수도에 신전을 건설하였다. 그리고 로마 광장, 베스파시아누스 신전, 황제의 웅대한 궁전 등을 건설했고 로마 제국의 각 지방을 연결하는 도로망을 건설하고 확대하였다. 이러한 국가적인 대형 프로젝트를 추진하기 위해서는 수많은 인력과 자원이 충원되어야 했다. 그래서 더 많은 세금을 징수해야 했고 세력 판도를 군사력으로 더욱 확장하고 점령지의 무역을 독점하여 막대한 이익을 챙겼다.

그리고 로마의 전통 종교를 장려하여 선대 황제의 신전에 제물을 바치며 숭배할 것을 시민들에게 명령하고 이에 반대하는 사람들은 숙청하거나 잔인하게 처형하였다. 이 시기에 많은 철학자와 원로원, 귀족들이 황제의 위압적인 독재정치에 반대하다가 숙청의 대상이 되기도 하였다. 도미티아누스는 로마의 전통과 이질적인 것들을 배격하기 시작했는데 기독교는 가장 큰 표적이었다. 당시 로마의 황제 숭배는 제국 치하에 있는 시민들의 국가적인 충성심을 고양하고 지배자들의 위치를 확인하는 종교의식이었다. 말하자면 마치 일제강점기 때 신사참배와 같은 것이었다.

유대교와 기독교는 우상숭배를 철저히 금지하고 로마 제국 지배 체제에 적대적이어서 이들 두 히브리 종교는 박해에 직면하지 않을 수 없었다. 특히 서기 95년을 전후하여 박해는 매우 극심했으며 요한의 묵시록이 쓰인 배경이 되었다. 요한의 묵시록은 서기 93~96년경 도미티아누스 황제 시대에 기록된 서신으로, 당시의 암울한 시대 상황이 반영되어 있다. 사도 요한은 로마의 박해로 밧모(파트모스)라고 하는 섬에 유배되어 있을 때 환상을 보고 이를 기록하여 소아시아에 있는 7개의 교회에 보냈다고 한다. 이것이 요한의 묵시록이다. 묵시록이 기록된 시기는 도미티아누스 황제의 폭정이 절정에 달했던 때였다.

디아스포라 유대인 봉기

트라얀 황제는 110년경 파르티아로 군사원정을 시도했다. 그는 이 목적을 위해 유대인의 환심을 살 필요가 있었다. 유대 땅이 국경지대에 있었고, 또 파르티아 서부 지역에 유대인들이 살고 있었기 때문이다. 트라얀은 팔레스타인의 유대인에게 성전 재건을 약속한 듯하다. 마침내 트라얀의 파르티아 원정은 시작되었다. 초반에 그의 원정은 결실을 보는 것처럼 보였으나, 이제 막 점령한 속주들이 반란을 일으켰다. 더욱이 파르티아의 전사들은 트라얀의 퇴각로를 끊겠다고 위협했다. 그중에는 파르티아의 유대인들도 로마에 대항하여 열심히 싸우고 있었다. 이로써 트라얀은 파르티아 원정을 포기하는 수밖에 없었다.

로마의 파르티아 재침공은 유대인들에게 또다시 반란의 틈새를 제공했다. 115~117년 사이에 디아스포라 곳곳에서 유대인들의 대로

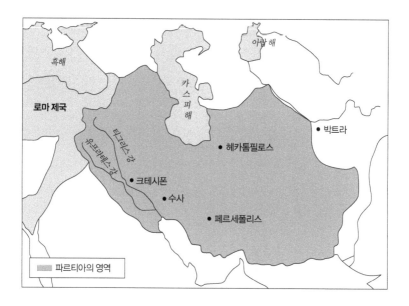

마 항쟁이 번졌다. 이집트, 키프로스, 키레나이카의 유대인들이 반란
을 일으켰고, 같은 기간 바빌론의 유대인들은 그 나라에 침범한 로마
에 항거하여 전쟁을 벌였다. 트라얀은 투르보 장군을 보내 소요 지
역 내 이방인까지 받아들여 유대인들을 공격하였다. 키프로스 섬에
서는 수천에 이르는 유대인 인구 전체가 살육되었다. 그리고 이 섬에
결코 유대인을 허용하지 않는 법이 제정되었다.

　이집트의 알렉산드리아 유대인 공동체는 이때부터 결정적으로 기
울기 시작하였다. 115~117년의 봉기는 유대인 공동체 가운데 가장
크고 중요한 이집트 유대인들의 대량학살이라는 결과를 가져왔다.
트라얀은 소요를 진압하고 반도들을 무자비하게 처형하였다.

132년 바르 코크바 반란

이후 유대인의 마지막 반란은 하드리아누스 황제가 편 일련의 유대인 탄압을 계기로 일어난다. 그가 황제로 취임할 때, 선제 트라야누스의 적극적인 정책에 의해 제국의 판도는 최대에 이르렀다. 이 때문에 하드리아누스는 20년간 3차례에 걸쳐 제국 전역을 시찰하면서 제국 영토의 방위나 각지에서 일어나는 반란에 대한 대처, 통치기구 정비 등 제국 내부를 튼실하게 만드는 데 노력하여 제국을 재구축한 황제로 불린다.

서기 130년 유대 지방을 방문한 하드리아누스는 2가지 정책을 실행하여 유대인의 분노를 샀다. 하나는 아일리아 카피톨리나라는 식민도시를 예루살렘 바로 북쪽에 건설하여 그의 10군단을 상주시킨 것이고, 다른 하나는 할례를 금지시킨 것이다. 또한 70년 예루살렘 함락으로 무너진 예루살렘 성전 자리에 로마의 주피터 신전을 세우고자 했다. 유대인들이 도저히 묵과할 수 없는 조치였다.

그러자 이에 격분한 유대인들은 바르 코크바를 중심으로 똘똘 뭉쳐 대대적인 봉기를 일으킨다. 그러나 미드라쉬에 의하면 반란의 원인은 그보다도 사마리아인의 압력을 받아 하드리아누스가 성전 재건 약속을 깼기 때문이라고 한다. 바르 코크바는 매우 카리스마가 있는 지도자였다. 132년에 시작된 유대인의 반란은 현지에 주둔한 로마 군단을 전멸시킬 만큼 거셌다. 코크바에 의한 대규모 반란이 바로 제2 유대전쟁이다.

❖❖ 하드리아누스 황제

바르 코크바는 아람어로 '별의 아들'이란 뜻이다. 당시 가장 존경받던 랍비 아키바 벤 요셉(약 50~135년)은 메시아 관련 본문으로 받아들여지고 있는 민수기 24:17의 "야곱에게서 한 별이 솟는구나"라는 구절을 바르 코크바에게 적용시켜 바르 코크바야말로 '약속된 별의 아들'이라며 그를 메시아라고 선포하여 봉기에 종교적인 힘을 실어주었다. 예수는 자신이 하느님의 아들이자 메시아라고 했다가 유대인들에게 살해당했다. 그런데 당시 최고의 랍비였던 아키바는 바르 코크바를 메시아로 인정한 것이다. 그때부터 코크바를 메시아로 믿고 많은 유대인이 가담했다. 메시아로 믿고 따르지 않는 자들은 여지없이 처형당했다.

본래 랍비 아키바는 가난한 목동으로 글도 읽을 줄 몰랐으나 부잣집 딸과 결혼한 후 부인의 권유로 어린 아들과 함께 예시바를 수석 졸업한 이스라엘판 〈바보 온달과 평강공주〉 이야기의 주인공이다. 그는 이후 유대 최고의 랍비가 되었다. 아키바는 봉기 중 코크바를 메시아로 지목하여 유대 저항정신을 한껏 고취시켰다.

유대인들은 메시아가 왔으니 당연히 하느님의 왕국이 실현될 것이라고 믿었다. 유대인들은 코크바를 중심으로 일치단결했다. 이러한 광적인 열광은 한때 예루살렘 점령은 물론 유대와 사마리아까지 장악하며 위세를 떨치는 성과로 이어지기도 했다. 그렇게 유대인들은 4년 동안 로마에 대항했다. 전쟁과 반란에 능한 유대인들은 로마의 군대를 험한 골짜기로 유인한 후, 미리 매복해 있던 반란군들이 뛰어나와 로마의 정예부대를 참패시켰다.

로마 입장에서는 용납할 수 없는 일이었다. 로마 제국은 각지로부터 군단을 팔레스타인에 집중시키지 않을 수 없었다. 멀리 브리튼 섬과 도나우 강 유역에서도 군대를 불러들였다. 오늘날의 영국과 다뉴브 강에 주둔하고 있던 군단을 제외한 12개 군단 전체가 반란 진압에 동원됐다.

세베루스는 3만 5000명이나 되는 대규모의 로마 군단들과 지원부대를 이끌고 바르 코크바의 군대와 싸웠다. 그러나 로마 황제의 군대는 초전에 불명예스러운 참패를 당한다. 세베루스는 정면대결로는 유대인에게 승리할 수 없다는 사실을 인식하게 되었고 초토화 작전을 사용하기로 결정하였다. 그는 반군들의 필사적인 저항을 고려하여 전면전을 택하지 않고, 반군의 수많은 거점을 포위하여 그들이 굶주려서 스스로 항복하기까지 기다리는, 오랜 시간이 걸리지만 희생이 적은 전술을 택했다.

이때부터 로마인은 전쟁을 서두르지 않고, 조직적이고 착실한 전법을 구사했다. 반도의 주 세력을 분단해서 고립시키고, 주변에 흩어져 있는 전투집단의 양식을 끊어버려서 굶주려 항복하게 만들었다. 그리고 남겨진 저항의 거점을 점차로 좁혀나갔다. 유대인은 예루살렘을 한때 점령한 일도 있었지만, 성벽이 없는 도시의 방어는 불가능했다. 몇 개의 성채가 더 있었는데, 지하 갱도를 만들어 저항하였다. 이 마지막 거점들도 135년 로마인의 수중에 들어갔다.

폭동의 결과는 무참했다. 결국 봉기를 이끌었던 코크바는 전사했으며 당시 지식인을 비롯한 추종자들은 모두 처형됐다. 로마 제국의 폭압에 항거하여 독립을 목표로 한 전쟁이었지만

이번에도 로마군으로부터 가차 없는 타격을 받는다. 50여 개의 성채가 부서지고, 985개의 마을이 완전히 파괴되어 전멸당했다. 눈에 띄는 유대인들은 모두 죽었다.

유대 역사가 디오는 58만 명의 유대인이 전투 중에 죽고, 그 밖에도 "이루 셀 수도 없는 수의 사람들이 굶주림과 화재와 칼을 맞아 죽고 유대 전역이 폐허가 되었다"고 기록했다. 로마군의 무자비한 진압으로, 거짓 메시아를 앞세운 유대인들의 봉기는 아까운 목숨을 앗아간 채 실패로 끝나고 말았다.

사람 값이 말 값보다 싸지다

로마 황제는 '유대'라는 민족의 이름도 '시리아-팔레스타인'으로 바꾸었다. 수많은 유대인 전쟁포로들이 로마 제국의 노예시장으로 쏟아져 나왔다. 4세기 말경 최초의 라틴 성서 번역가로 알려진 성 제롬은 패전 후 너무나 많은 유대인이 노예로 나오는 바람에 말 값보다도 싸졌다는 베들레헴의 구전을 기록으로 남겼다.

❖ 카라바지오, 〈성 제롬〉, 로마 보르게제미술관

이토록 유대인들이 많은 반란을 일으킨 것은 그들이 호전적이어서가 아니다. 오히려 그들이 너무 진보적이었기 때문이다. 외국의 통치를 수용하기에는 그들의 지적 수준과 자의식이 너무 강했다. 그리스인들 또한 같은 자세를 보여주었다. 그들은 현실에서는 복종적이었지만 지적으로는 로마인들을 점령했다.

로마 제국과의 전쟁에서 국민의 반 이상이 죽다

66년과 132년에 발생했던 두 격변은 고대 유대 역사에 사실상의 종지부를 찍었다. 70년 예루살렘 함락 이후 유대인들에게는 그나마 영토가 있었다. 그러나 서기 135년 바르 코크바에 의한 봉기가 실패로 끝나면서 유대인들은 주권, 영토, 국민 모두를 잃게 된다. 국가를 구성하는 세 요소가 하나도 남지 않았다. 유대인들의 나라는 이제 역사의 무대에서 사라졌다.

그 때문에 유대교와 기독교는 완전히 분리되었다. 이 일련의 전쟁으로 유대인들은 모든 것을 잃어버렸다. 유다 왕국의 240만 국민 중에 66~70년 전쟁으로 예루살렘 성전이 파괴될 때 110만 명이 죽었고, 132~135년 반란 때 58만 명 이상이 살해당했다. 로마 제국과의 전쟁에서 국민의 반 이상이 죽었다. 그나마 살아남은 나머지 사람들은 노예로 잡혀가거나 나라를 등지고 방랑길에 올랐다. "사람들은 칼날에 쓰러질 것이며 포로가 되어 여러 나라에 잡혀갈 것이다"(루가의 복음서 21:24)라는 말씀대로 된 것이다.

제2차 이산

135년 반란이 평정되었을 때 예루살렘은 황무지가 되었다. 생존한 예루살렘의 유대인들은 매년 지정된 날 이외에는 이 도시로 들어가는 것이 금지되었다. 이때부터 2000년에 걸친 본격적인 유랑의 시대가 시작된다. 반란 전쟁에 패한 뒤 유대인들은 정든 고향을 등지고 사방으로 뿔뿔이 흩어지게 된다. 물론 그들은 주로 북부 이탈리아와 독일 그리고 북아프리카로 향했다. 이렇게 하여 두 번째 흩어짐은 로마 제국이 유대인들의 예루살렘 입성을 금지한 서기 135년부터 시작되었다. '제2차 이산'이라 불린다.

지역 명칭이 이스라엘에서 팔레스타인으로 바뀌다

당시 하드리아누스 황제는 3가지 금지령을 내렸다. 안식일 준수 금지, 토라 연구 금지, 할례 금지가 그것이었다. 그리고 이 3가지 금지령을 어기면 사형으로 다스렸다. 이때부터 유대인들의 종교의식이 금지되었을 뿐만 아니라 하드리아누스 황제는 제2차 유대 반란을 계기로 이스라엘 땅에서 유대인들의 기억을 완전히 지워버리기 위해 이스라엘 땅의 이름을 유대인들에게 가장 저주스런 이름 중의 하나인 블레셋, 곧 팔레스타인이라는 이름으로 바꾸어버렸다.

이 지역의 명칭이 이때 이스라엘에서 팔레스타인으로 바뀐다. 이스라엘은 이후 전 세계에 강제로 흩어졌지만 그들은 언어와 율법을 민족의 정체성으로 삼고 2000년을 버티면서 결국 독립을 이루어냈다.

안식일 금지령 때문에 기독교 교회도 어려운 문제가 발생하였다. 당시 로마 제국 내에는 유대인들과 기독교인들이 공존하며, 모두가 안식일을 지키고 있었다. 그런데 유대인 반란으로 인한 금지령 속에 포함된 안식일 준수 문제는 기독교인들에게까지 해당되는 칙령이었다. 유대인이 아닌 기독교인들도 안식일을 지키면 유대인으로 간주하여 박해를 받게 되었는데, 당시 로마 제국의 위정자들은 그리스도교를 단순히 유대교의 또 다른 한 분파로만 인식했기 때문이다.

황제는 또 파괴된 예루살렘을 그리스풍 도시로 소생시켰다. 이렇게 건설된 새 도시는 '아엘리아 카피톨리나'라고 불렸다. 그리스어를 쓰는 사람들이 이주해 와서 시내에 자리를 잡았다. 유대인은 출입이 금지되었다. 이런 규칙을 어기면 사형에 처하게 되어 있었다. 그러나 이 규칙은 엄격하게 운용되지는 않았던 모양이다. 4세기 반경에는 율리아누스 황제 아래서 이 출입 금지제도가 폐지되었다. 아무튼 유대인은 지금 '통곡의 벽'으로 알려진 오래된 폐허의 일부를 예루살렘 파괴 기념일마다 찾아온다.

기억은 구원의 비밀이다!
기억하라 네가, 어디서 왔는가를

이 정도 상황이면 어떤 민족도 버텨내기 어렵다. 세계사에는 그렇게 사라져간 민족이 한둘이 아니다. 그러나 유대인들은 이런 극한 상황에서도 살아남았고, 지금까지 자신들만의 문화를 지켜오고 있다.

무엇이 이것을 가능하게 했을까.

만일 그들이 나라 없이 유랑할 때, 동족이 겪었던 학살과 마사다의 의미를 망각했더라면 분명코 이스라엘은 지금 세계 어디에도 존재할 수 없었을 것이다. 유대인의 속담에 "망각은 포로 상태로 이어진다. 그러나 기억은 구원의 비밀이다"라는 말이 있다. 유대인은 역사를 망각하는 민족은 미래 또한 없다고 믿는다. 새겨들어야 할 구절이다.

훗날 마사다 유적 발굴 현장에서 뜻깊은 유물이 나왔다. 성벽의 한 방에서 파편 더미를 치우는데 두루마리 구약성서 14개가 나왔다. 특히 외경인 '벤 시락의 지혜서'는 원본이 자취를 감추고 희랍어 번역이 외경에 수록되었는데 마사다에서 히브리어 원본이 나온 것이다.

예루살렘에서 유대인들이 추방된 뒤 이 지역은 주로 아랍인들에 의해 통치돼왔다. 아랍인들은 사라센 제국의 건설 이후 동로마 제국을 멸망시키고 팔레스타인 지역을 장악하여 예루살렘을 성도로 삼아왔다. 그 뒤 예루살렘은 십자군 원정이 있었을 때 기독교도들에 의해 일시적으로 점령당한 기간을 제외하고는 이슬람교도들에 의해 지배돼왔다.

고난의 역사 첫 번째가 바빌론으로의 강제 집단이주였다면 두 번째는 민족이 아예 사방으로 뿔뿔이 흩어지게 된 것이다. 이후 유대 민족은 세계 각지에서 국가적 조직체가 아닌 랍비를 중심으로 하는 신앙 공동체로 살아갔다. 이를 '디아스포라Diaspora'라고 한다. 디아스포라는 '흩어진 사람', 곧 이산이라는 뜻이다. '뿔뿔이 흩어져 그 사회의 영원한 이방인으로 살아간다는 것'은 어떤 의미일까? 그것도

2500년 이상을. 그 기나긴 인고의 세월 동안 민족과 신앙 공동체의 정체성을 잃지 않고 시공을 초월하여 단결해 살아갈 수 있다는 그 자체가 한마디로 기적이 아닐까?❖

❖ 우광호 기자, 〈유대인 이야기〉, 《가톨릭신문》

VI

경제사적 관점에서
바라본 로마 제국의 멸망

JEWISH ECONOMIC HISTORY

햇빛은 생명을 키운다. 그러나 풍요로운 삼림일지라도 햇살만 계속 내리쬐면 사막이 된다. 지금 사막 한가운데서 석유가 나오는 것은 예전에는 그 사막이 풍요로운 삼림지대였거나 플랑크톤이 가득한 바다였다는 이야기다. 한 치 앞이 보이지 않는 비바람과 폭풍우는 당장은 고통스럽다. 하지만 길게 보면 대지를 적시고 동식물을 살찌운다. 유대인의 역사를 살피면서 드는 생각이다.

유대인에게 축복의 땅인 가나안에서의 추방은 고난의 역사를 의미한다. '고난은 인내를 낳고 인내는 연단을 낳으며 연단은 소망을 낳는다'고 했다. 과연 추방되었던 고난의 시기에 유대인들에게 무슨 일이 일어났었는지 경제사를 좇아 그들의 발자취를 따라가 보자.

🌵 실크로드를 따라가는 낙타 대상들

유대인은 모두 한 형제다

로마 제국 인구의 10%가 유대인

1세기를 전후한 유대인 인구에 대한 오늘날 학자들의 추정은 그다지 큰 차이를 보이지 않는다. 서기 66~73년의 로마에 대한 유대인의 대항쟁 직전 전 세계 유대인 인구는 대략 800만으로 추정된다. 그 가운데 로마 통치 밖에 있었던 파르티아 왕국(바빌론) 내에 100만 명가량이 살았으며, 나머지 700만 명은 로마 제국 내에 살았다. 이는 로마 제국 전체 인구의 10%에 해당하는 숫자였다. 이 700만 가운데 다시 250만 명가량이 팔레스타인에 살았고, 나머지 450만 명가량은 흩어져 살았다. 이집트 100만 명, 소아시아와 시리아 100만 명 등이었다.

그 무렵 시리아, 이집트, 소아시아, 메소포타미아, 그리스, 이탈리아 등에 많은 유대인 공동체인 디아스포라가 나타났다. 디아스포라의 가장 큰 중심지는 로마 제국 3대 도시인 로마, 안티오키아, 알렉산드리아였다. 그 가운데서도 특히 안티오키아에 유대인들이 정착하기 시작한 것은 기원전 150년경으로, 로마인은 그보다 더 늦었다. 규모가 크고 부유하며 영향력이 강하기로는 알렉산드리아의 유대인들이었다. 신약 시대의 디아스포라 학자 필로에 의하면 알렉산드리아에만도 유대인이 약 100만 명가량 있었다.

지상에 유대인이 없는 곳은 찾아보기 어렵다

디아스포라의 유대인들은 팔레스타인의 유대인들보다 그리스 문화에 대해 훨씬 개방적이어서 헤브라이어와 아람어를 사용하던 극소수를 제외하고는 대부분이 그리스어를 사용했다. 헬레니즘 문화권의 도시들에서 주로 수공업과 무역에 종사하던 그들은 무역의 중요성 때문에 알렉산드리아 같은 곳에서는 원주민보다 높은 지위를 얻을 수 있었다. 이집트 지중해 연안의 알렉산드리아는 당시 이집트의 수도이자 상업 중심지인 항구도시로 도시 전체 인구의 40%가 유대인이었다. 북아프리카의 또 다른 지중해 연안도시 키레나이카(오늘날의 트리폴리)에도 10만 명가량이 살았고 로마 제국의 수도 로마만 해도 대략 5만 명 이상이 살고 있었다.

당시 벌써 팔레스타인 지역보다는 외국에 사는 유대인 숫자가 2배 이상 많았다. 주 거주지는 시리아와 이집트지만 이탈리아 북부와 남부 독일 등지에도 많이 정착했다. 당시 이탈리아 반도 전역에 40개의 유대인 정착지가 있었다. 웬만한 도시마다 유대인 커뮤니티가 있었다는 이야기다. 1세기에 살았던 그리스 역사가 스트라보는 "모든 나라로 유대인이 스며들어 지상에 유대인이 없는 곳은 찾아볼 수 없다"라고 했다.

칼 대신 펜을 들다

로마에 대한 1, 2차 봉기의 실패로 좌절을 맛본 유대인들은 이제 서서히 요하난 벤 자카이의 방법을 받아들이기 시작했다. 그들은 칼을 내려놓고 더욱 지속적인 펜을 들었다. 이것이 바로 70~200년 사이에 팔레스타인에서 일어난 더욱 의미 있는 유대 역사의 한 과정이었다.

게다가 에루살렘이 유대 독립전쟁으로 붕괴되면서 제사장 지파인 사두개파와 레위 지파는 역사 속으로 사라지게 된다. 이후 유대민족에겐 제사장이 없다. 또한 68년 공동체의 중심지인 쿰란이 로마군의 공격으로 파괴되면서 엣세네파도 자취를 감췄고, 혁명당원 역시 2차례에 걸친 항쟁 과정에서 멸절되었다.

오직 바리새파의 사상만이 랍비 요하난과 같은 학자들을 통해 유대민족에게 희망을 불어넣어 줄 수 있는 유일한 세력이었다. 모든 빈자리를 바리새인들이 메꾸었다. 하지만 그들은 평신도에 불과했다. 그래서 바리새파의 율법학자, 곧 랍비들이 사제는 아니지만 평신도로서 정신적 스승이 된다. 랍비는 '위대한 이' 또는 '상급자'라는 뜻이다. 랍비는 후에 '나의 스승'이라는 뜻의 호칭으로 발전한다.

2가지 근본 원칙

바리새인들 고수해온 2가지 근본 원칙이 있다. 첫째 '각 사람은 하느님과 친밀하고 직접적인 관계를 맺어야 한다'는 원칙이요, 둘째 '지식은 경건에 이르는 길이다'라는 원칙이다.

이 두 번째 원칙에 근거하여 그들은 토라를 꾸준히 읽으면 좋은 행위와 좋은 생각이 뒤따른다고 믿었다. 그리고 그런 좋은 행위와 생각이 반복되어 습관을 이루고, 좋은 습관은 좋은 성품을 가져온다고 하였다. 따라서 에즈라 이후 유대인의 모임에서 토라 읽기는 중요한 요소가 되었다. 그리고 유대인들이 직접 성전에서 희생제물을 드릴 수 없자 차선책으로 기도문이나 시편을 낭송했다. 1세기 들어서는 이미 회당예배가 공식화되었다.

이리하여 유대인이 사는 곳은 어디나 회당이 들어섰다. 유대인들은 교육을 기도만큼이나 중시했다. 지식에 대한 유대인의 열정은 "너희 자손들에게 거듭거듭 들려주어라"(신명기 6:7)라는 토라의 명령 때문이다. 그러나 모든 아버지가 자녀를 가르칠 능력이 있는 게 아니어서 거의 모든 회당이 학교를 운영했다.

디아스포라 수칙: 유대인은 모두 한 형제다

로마 시대 제2차 이산 이후 유대인 현인들은 사방에 흩어진 종족들을 보존시키고, 더 나아가 종교적 동일성과 민족적 동질성을 유지시킬 방법을 찾는다. 이 결과 그들은 디아스포라 수칙과 커뮤니티 조직에 대한 규정을 제정하고, 모든 유대인 커뮤니티는 이것을 준수하도록 했다. 이 수칙은 7가지 중요한 규정으로 이루어져 있다.

첫째, 유대인이 노예로 끌려가면 인근 유대인 사회에서 7년 안에 몸값을 지불하고 찾아와야 한다.

둘째, 기도문과 토라 독회를 일률화하여 통일한다.

셋째, 13세를 넘은 남자 성인이 10명 이상 있으면 반드시 종교집회를 갖는다.

넷째, 남자 성인 120명이 넘는 커뮤니티는 독자적인 유대인 사회 센터를 만들고 유대법을 준수해야 한다.

다섯째, 유대인 사회는 독자적인 세금제도를 만들어 거주 국가의 재정적인 부담을 받지 않도록 한다. 그리고 비상시에 쓸 예금을 비축해둔다.

여섯째, 자녀 교육을 하지 못할 정도로 가난한 유대인을 방치하는 유대인 사회는 유대 율법에 위반된다. 유대인이면 누구든 유대인 사회의 도움을 청하고 받을 권리가 있다.

일곱째, 유대인 사회는 독자적인 유대인 자녀들의 교육기관을 만들어 유지하고 경영할 의무가 있다. 가난한 유대인 가정의 아이들을 무료로 교육시키고, 인재 양성을 위한 장학제도를 운영한다.

이러한 수칙은 기원전부터 만들어져 그들의 정신과 몸에 체화되어 이어져 내려왔다. 이 수칙의 주요 요점은 '모든 유대인은 그의 형제들을 지키는 보호자이고, 유대인은 모두 형제다'라는 것이다. 이러한 유대인 고유의 공동체 의식이 유대 사회를 발전시켰고 세계 각지의 디아스포라를 하나로 묶어놓았다. 이 원칙들은 시대에 따른 개혁을 거쳐 오늘날까지 이어지고 있다. 유대인이 강한 이유의 하나다.

로마와 유대인 밀월 시대

카라칼라 황제는 즉위한 이듬해인 212년에 유대인을 포함하여 로마 제국 내의 모든 자유인에게까지 로마 시민권을 부여했다. 193~235년에 걸쳐 로마 제국을 다스린 세베루스 왕조와의 좋은 관계 속에서 팔레스타인의 유대인들은 사법, 세무, 행정 등 다방면에서 폭넓은 자치권을 행사할 수 있었다. 세베루스 왕조 통치기에 팔레스타인은 경제적 부흥을 누렸고, 그 때문에 세계 디아스포라로부터 많은 유대인이 유입되었다.

그리고 디오클레티안(284~305년) 황제는 기독교인, 마니교도, 사마리아인에 대해서는 반대하는 입장이었으나, 유대인에 대해서는 호의적이었다. 그는 303년 기독교에 관한 모든 책과 서류는 보이는 대로 없애라는 명령을 내렸다. 그 결과 로마 일대에서는 크리스천에 관한 책을 찾아보기가 어려울 정도가 되었다. 5000종 이상의 현존하는 신약성서와 관계되는 문서 중 4세기 이전의 것이 없는 이유이다.

유대인 박해가 시작되다

로마 제국의 오현제 시대에는 능력 있는 사람을 황제로 추대했다. 그런데 이러한 관례를 깨고 오현제의 마지막 황제 아우렐리우스는 그의 아들 콤모두스에게 왕위를 물려주었다. 바로 그 아들이 즉위한 180년부터 로마는 쇠망의 길을 걷기 시작했다. 이후 대제국이 분열되고 결국 쇠퇴하여 몰락했다.

로마 제국 몰락에는 여러 설이 있다. 로마 제국의 멸망은 역사가뿐만 아니라 신학, 경제학, 철학 등 여러 분야 사람들의 관심을 끌어왔으며 다양한 측면에서 그 원인이 제기되었다. 2세기가 끝날 무렵 로마의 정복 행진도 끝나게 되어 약탈품과 노예의 유입이 중단되었다. 노동력이 줄어들면서 세금은 늘어나고 생산량은 감소했다. 노예경제가 종말을 향해 가고 있었다. 게다가 로마는 이미 안으로부터 무너져 내리고 있었다. 도덕적으로 타락하여 사치와 향락에 빠졌다. 설상가상 격으로 주변 게르만 민족의 침입이 잦아졌다.

가장 치명적인 것은 화폐제도의 붕괴였다. 통화에 대한 불신이 물물거래를 불러왔다. 물물거래는 도시인들끼리 할 수 있는 것이 아니었다. 그들은 먹고살기 위해 시골로 내려가서 영주의 장원에 몸을 의탁해야만 했다. 이른바 농노가 된 것이다. 암흑의 중세가 시작된 것이다.

50년간 26명의 황제 난립

5현제 이후 황제 자리를 둘러싼 암투가 그치지 않았다. 군대가 힘을 배경으로 235년부터 50여 년간 무려 26명의 황제를 바꾸는 이른바 '군인황제 시대'를 거치면서 제국은 쇠퇴기에 들어섰다. 분명한 후계자가 없었기 때문에 여러 속주의 군대가 제각기 황제를 옹립하면서 극심한 내란이 뒤따랐다. 26명의 군인황제 중 단 한 사람만을 제외하고는 모두 폭력에 의해 목숨을 잃었다.

그 무렵의 반세기 동안은 로마가 제국으로 등장한 이래 맞이한 최악의 위기였다. 정치적인 혼란에 더해 내란이 경제적 파멸을 초래했다. 전쟁이 계속되면서 농업과 상업이 초토화되었을 뿐 아니라 대권 야심을 품은 장군들은 군대의 지지를 얻기 위해 관할 지역을 재정적으로 고갈시켰다.

병사들만 돌본 그들은 무절제한 화폐 발행으로 화폐가치를 하락시키고 주민들에게는 거의 몰수에 가까우리만치 무거운 세금을 매겨 필요한 경비를 조달했다. 사태가 이 지경이니 지주, 소작인, 제조업자들은 그만 생산 의욕을 잃고 말았다.

게다가 전쟁과 기근에 뒤이어 전염병이 창궐했다. 이미 마르쿠스 아우렐리우스 치세 하에서도 가공할 만한 전염병이 휩쓸어 로마 인구를 크게 감소시킨 바 있었는데 3세기 중반에 다시 창궐한 페스트는 15년간에 걸쳐 인구의 20%를 죽음으로 몰아넣었다.

지하묘지 예배당, 카타콤

　　서기 200년부터 기독교인들은 로마 시내의 카타콤이라는 지하묘지 동굴에서 은밀하게 예배를 드렸다. 그리고 순교자나 죽은 기독교인들을 추모하고 장사지냈다. 카타콤은 2세기경부터 로마 시내 지하에 조성되기 시작한 묘지다. 로마인들은 전통적으로 화장을 선호했는데, 부활을 믿는 기독교인들은 화장보다는 매장을 택했다. 하지만 그 무렵 기독교인들은 대부분 하층민과 노예들이라 묘지로 쓸 땅을 살 만한 여력이 없었다. 또한 당시 로마는 시내에 묘지를 만들지 못하게 했기 때문에 부자들만 로마에 무덤을 가질 수 있었다.

　　그런데 로마 시는 단단하지 않은 화산암 위에 세워져 있어 쉽게 동굴을 파 내려갈 수 있었다. 한 번 파인 동굴은 공기에 노출되어 단단하게 굳어졌다. 따라서 로마의 가난한 기독교인들은 지하 깊숙이 로마의 대로를 따라서 긴 터널을 파 내려가기 시작했다.

　　카타콤은 지하 7~19m 아래에 3~4층으로 지어져 통로는 2.5m 높이에 1m 넓이였다. 그리고 통로의 벽을 파서 40~60cm 높이에 120~150cm 길이로 벽에 공간을 내고 시신을 묻었다. 또 로마 제국

의 기독교 박해 시대에는 기독교도들의 피난을 겸한 예배 장소로도
이용되었다.[*]

기독교 박해와 순교

250년 데키우스 황제 아래서 가장 혹독한 기독교 박해가 일어났
다. 데키우스 황제는 지방 관료와 행정관들에게 정해진 날에 필요한
장소에서 제사를 총괄하도록 명령하고, 제사지낸 사람들에게 제사
증명서인 리벨루스를 발급했다. 데키우스의 명령에 기독교인들은 순
응, 거부, 도피 중 하나를 택해야 했다. 이때 로마 교회 코르넬리우스,
예루살렘의 알렉산더, 안디옥의 바빌라스가 순교했다.

데키우스 사후 잠시 박해가 중단되었다. 하지만 갈루스가 들어서
면서 박해는 계속되었다. 그러나 갈루스도 황제의 자리에 오른 지
2년이 채 못 되어 제거되고, 발레리아누스가 아들 갈리에누스와 함
께 황제가 되었다. 발레리아누스는 그의 통치 말엽 257년부터 기독
교인들을 박해했다. 그리스도인의 재산을 몰수하고 목숨까지 빼앗
았다. 발레리아누스의 박해 때 프리스쿠스, 말쿠스 그리고 알렉산더
세 사람이 사나운 짐승들의 먹이가 되어 순교했다.[**]

❖ 작성자 altazor, 〈카타콤과 초기 기독교 교회의 예술〉
❖❖ 박용규, 《초대교회사》, 총신대학교출판부, 1996

최고가격령의 부작용

로마 제국의 혼란이 최고조에 달했을 무렵 어느 가난한 집의 아들이 제국의 통치권을 쟁취했다. 그가 바로 서기 285년에 왕위에 오른 디오클레티아누스 황제다. 그는 붕괴되어 가고 있는 국가를 혁명적으로 새로 건설하려고 했다. 조세를 늘리고 화폐개혁으로 새로운 은화를 주조하고, 청동 주화를 유통시켰다. 또 일상의 통화거래를 쉽게 하기 위해 조그만 동전을 유통시켰다. 그 밖에도 중앙에 집중되어 있던 화폐주조를 분권화시키고 화폐주조소를 8개에서 15개로 늘렸다.

그러나 화폐가치 절하로 물가 등귀를 초래했다. 이 때문에 물가를 잡기 위해 301년에 최고가격령을 발표했다. 임금을 동결시키고, 만

성적인 인플레이션을 해소하기 위해 모든 식품의 최고 가격을 정한 것이었다. 이 법령에는 물품 1000여 개의 이름이 하나하나 나와 있었고, 위반자는 사형까지 당할 수 있었으며, 암시장 상인들은 무거운 벌금을 물어야 했다. 하지만 이는 공급을 감소시켜 시중에 식품 품귀가 일어났다. 결국 최고 가격과 임금 규제는 시행되지 못했고 훗날 칙령은 취소되었다.

∴ 디오클레티아누스 황제

로마 제국의 분열: 제국을 4등분하다

또한 디오클레티아누스는 광대한 로마 제국에 황제가 하나뿐이

기 때문에 다툼이 계속된다고 보았다. 이런 폐단을 막기 위해 로마 제국을 동서로 나누어 다스리기로 했다. 286년 부제 막시미아누스를 공동 황제로 지명하여 이탈리아, 프랑스, 스페인 등 서로마를 맡겼다. 이로써 로마 제국이 동서로 나뉘었다.

그 뒤 293년 각각의 제국에 부황제를 두어 다시 통치구역을 나누어 4등분했다. 각 제국별로 황제는 '아우구스투스' 그리고 부황제는 '카이사르'라 불렀다. 결국 4명의 황제(동방의 정제 디오클레티아누스, 부제 갈레리우스, 서방의 정제 막시미아누스, 부제 콘스탄티누스)가 로마 제국 안에 있게 되었다. 제국의 방위를 위해 사두정치체제를 창안하고 여러 가지 개혁으로 제국의 쇠퇴를 막아보려 했지만 오히려 이런 사두 정치체제로 파탄 나기 시작한 국가재정이 더욱 망가졌다.

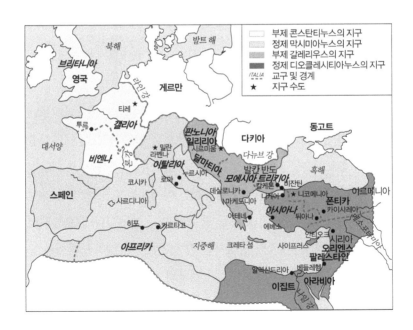

콘스탄티누스의 등장

로마 제국 내에 기독교가 널리 퍼지자 303년 디오클레티아누스 황제는 기독교도들이 로마 신에게 제물을 바치지 않는다는 이유로 박해하기 시작했다. 이것이 정치적 내분을 일으켜 황제들이 서로 다투는 계기가 되었다.

이를 계기로 서방 부황제였던 콘스탄티누스는 국력을 통일시키기 위해 다른 황제들을 하나씩 제거하였다. 그는 갈레리우스, 막시미아누스, 또 다른 막시미아누스를 제거하고 마지막으로 막센티우스를 312년에 격파하고 로마에 입성했다. 뜻밖에도 이 싸움에서 기독교가 이겼다.

콘스탄티누스, 태양 위에 빛나는 십자가를 보다

콘스탄티누스는 태양신, 곧 아폴로의 숭배자였다. 콘스탄티누스가 발행한 주화에 태양 문양이 있는 것으로 미루어 그는 태양신을 자신의 수호신으로 믿었던 것 같다. 기독교 회의론자들은 그 태양신이 미트라라고 하지만 로마의 태양신인 아폴로라고 보는 것이 맞다. 황제의 아들로서 왕가의 교육을 받은 그였기 때문이다. 디오클레티아누스가 주피터를, 그의 경쟁자인 막센티우스가 헤라클레스를 숭배했던 것처럼 제국의 지도자로서 제국의 신을 모셨다고 보는 것이 타당하다.

그가 처음으로 기독교를 믿게 된 동기는 310년 10월 27일 막센티우스와 로마 근교 밀위안 다리에서 전투할 때 태양 위에 빛나는 십자가를 보았기 때문이다. 그는 십자가 위에 쓰인 '십자가의 깃발로 싸우라'는 글자를 보았다. 그는 그 의미를 생각하다가 그날 밤 꿈을 꾸었다. 꿈에 주님이 나타나서 낮에 본 것과 같은 십자가를 보이면서 이것과 같은 것을 만들어서 군기장軍旗章으로 삼으라는 말씀을 하셨다.

그는 전 군대에 그리스어로 그리스도를 상징하는 키X와 로P 깃발을 들고 싸우도록 했다. 그리스어 키X와 로P는 라틴어로 Ch와 R에 해당하는데, 그리스도의 알파벳 머리글자와 일치한다. 이 전투에서 그는 3배나 많은 적을 무찌르고 승리했다.

이 때문에 콘스탄티누스는 하느님을 믿기로 결심하고 기독교에 대해 배우고 옹호하기 시작했다. 그는 이 전쟁의 승리를 기념하기 위해 315년 로마에 개선문을 세웠다. 그 뒤 그는 기독교에 입문한 후에도 죽을 때까지 영세를 받지 않았다. 그것은 영세 후 죄를 지으면 다시 속죄할 수 없다고 생각했기 때문이다.

로마 제국의 기독교 공인: 313년 밀라노 칙령

4세기 초 콘스탄티누스 황제 때 유대인들에게는 커다란 변혁적 사건이 발생한다. 전쟁을 승리로 이끈 콘스탄티누스 황제는 313년 밀라노 칙령으로 '로마 제국 내의 종교의 자유를 선포'한 것이다. 이는

313년 2월에 당시 서로마 황제 콘스탄티누스와 동로마 황제 리키니우스가 밀라노에서 혼인동맹을 맺고 발표한 칙령이다. 기독교 탄압에 종지부를 찍은 것이다.

312년 막센티우스와의 전투에서 승리하여 서방의 패권을 거머쥔 콘스탄티누스는 313년 동방의 황제 리키니우스와 밀라노에서 만나 제국의 모든 종교에 평등권을 주는 정책에 합의한다. 리키니우스가 기독교인이 아니었기 때문에 이 회의에서는 기독교적 용어는 전혀 없고 기독교에 우월한 지위를 주지도 않았다. 단지 기독교에 주어진 것은 당시의 다른 종교들과 같은 혜택들이었는데 이것만으로도 엄청난 것이었다. 이로써 기독교의 예배가 회복되고 교회 단체가 인정되었으며 성직자들이 다른 종교의 사제들과 마찬가지로 신분의 혜택을 받게 되었다.

기독교 박해 때 몰수당한 재산을 되돌려주고 종교 재산과 성직자에 대한 세금과 병역 면제 등을 시행했다. 교회에 대한 세금 면제는 지금까지도 지켜지고 있다. 이로써 그동안 박해하고 금지해왔던 기독교를 누구나 믿을 수 있는 종교로 공식적으로 인정한 것이다. 그간 숨어 지냈던 기독교도들에게는 무한한 기쁨이요, 예수를 박해했던 유대인들에게는 불행의 시작이었다.

기독교 교회법이 곧 국법

콘스탄티누스는 기독교를 위해 여러 국법을 개정했다. 315년에는 십자가 형벌을 폐지하고 검투를 금지하고 축첩과 간음을 엄중히 금하며 이혼을 제한시켰다. 또 여자들도 토지 외의 재산은 소유할 수 있도록 함으로써 여성의 권리를 신장시켰고 죄인의 이마에 화인을 찍는 습관도 금지했다. 또 교회법을 국법과 마찬가지로 인정하며 교회 안의 분쟁에 대해 교직자가 내린 결정은 국가가 그 효력을 공인했다. 교회 대회의의 판결은 그대로 로마 제국의 국법이 되었다.

또한 교회 건물은 아무도 침범할 수 없는 성역이 되었다. 죄인은 그곳으로 피하면 보호받을 수 있었다. 또 죄인을 위해 사죄와 감형을 요구할 수 있는 권리가 교직자에게 주어졌다.

교회 예배, 안식일에서 일요일로 바뀌다

로마 제국에서는 유대인들과 기독교인들이 공존하며 모두가 안식일을 지키고 있었다. 그러다 서기 132년 유대인 반란으로 인해 안식일 금지령 칙령이 생겼는데 이는 기독교인들에게도 해당하는 칙령이었다. 로마 제국은 안식일을 지키는 기독교인들은 유대인과 마찬가지로 무지막지한 박해를 가했다.

이후 콘스탄티누스 황제가 321년에 일요일을 공식 휴일로 도입하였다. 그가 일요일을 공식적인 휴일로 선포한 내용은 다음과 같았다. "이 태양을 존경하는 날에 모든 관공리와 각 도시의 주민과 제조공장의 종업원들은 휴업하라. 그러나 농촌에서 경작에 종사하는 농민은 자유로이 노동할 수 있다. 이는 씨를 뿌리고 포도를 심는 데 불리할까 염려됨이라."

이 법령은 그리스도교 역사의 새로운 장을 열게 하는 기점이 되었다. 이 법령을 통해 콘스탄티누스는 제국 내의 2대 종파, 곧 태양신인 아폴로를 숭배하는 이교도들과 예수 그리스도를 숭배하는 그리스도교도들을 일요일dies solis로 묶어서 단일 종교로 융합해보려는 야심 찬 종교정책을 시도했던 것이다. 그는 이 정책의 성공을 위해 자신도 그리스도교로 개종할 것을 선포했다.

그 뒤 삼위일체의 교리가 확정된 325년 니케아 종교회의에서 태양의 날인 일요일을 부활절로 성수하도록 결의했다. 태양신을 국교로 믿었던 로마 시민의 반발을 피하기 위해 콘스탄티누스는 교회도 태양신의 날인 일요일에 예배를 보도록 했다. 이 회의를 통해 유대인의 유월절이 공식적으로 폐지되었다. 그 뒤 365년 라오디케아 종교회의에서 그리스도 교회의 예배일을 정식으로 안식일에서 일요일로 바꾸게 된다.

제1회 니케아 공의회, 삼위일체 교리 채택

324년 콘스탄티누스와 리키니우스는 마지막 패권을 놓고 결전을 벌여 콘스탄티누스가 로마 제국을 통일했다. 콘스탄티누스가 유일한 황제로 등극하자 제국의 중심지는 급격하게 동로마 제국으로 이동한다. 콘스탄티누스 황제가 로마 제국 전체의 통치권을 장악함으로써 이제 유대인들은 처음으로 팔레스타인과 디아스포라에서 동시에 기독교 황제의 손아래 놓이게 되었다.

유대인들이 누렸던 법적인 지위가 모두 물거품이 될 위기에 이르렀다. 기독교인들은 유대인들이 예수를 죽인 '옛 이스라엘'을 대체했다고 주장했다. 아울러 그들은 이스라엘 땅을 성지로 간주했다. 이 점에서 기독교화된 로마 정부 역시 마찬가지였다. 팔레스타인에서는 이미 소수로 줄어든 유대인들이 서서히 기독교화되는 위기를 맞이 하게 된다.

325년에 콘스탄티누스 황제는 친히 '제1회 니케아 공의회'를 주재 하고 당시 뜨거운 논쟁을 벌이던 교리 문제를 매듭지었다. 황제는 두 파 간의 논쟁을 지켜본 후 예수는 아버지인 하느님과 본질적으로 동 질의 신격을 갖는다고 의결했다. 이로써 삼위일체설을 가톨릭의 정 통으로 채택하여 하느님과 예수님과 성령이 하나라는 '삼위일체'를 기독교의 기본 골격으로 확립했다. 당시 콘스탄티누스 황제는 기독 교 세례도 받지 않은 상태였다.

이로써 예수는 영원 전부터 존재했던 것이 아닌 피조물이라는 아 리우스주의를 배격하고 그들을 교단에서 몰아냈다. 당시 알렉산드 리아의 사제였던 아리우스는 "그리스도는 성부의 본질에서 낳은 것 이 아니라 무에서 창조된 자로서, 그가 우주를 창조했으며, 그가 존 재하지 않았을 때도 있으나 피조물 중에는 최초이며 가장 완전한 자"라고 주장했다. 이는 그리스도의 신성을 부정하는 사상이었다.

유대인 노예 소유 금지로 농업에서 퇴출당하다

이후 콘스탄티누스 황제는 삼위일체를 부정하는 유대교가 해롭다 고 생각했다. 그는 329년 기독교인들의 유대교로의 개종을 금했다. 그리고 유대인이 기독교인 노예를 소유하는 것도 금했다. 이는 노예경제제도 아래 농업에서의 퇴출을 의미했다.

그는 모친 헬레나와 더불어 유대교의 본거지인 이스라엘 땅을 아예 기독교화하는 운동을 벌였다. 또 유대인과 기독교도 간의 결혼을 금했다. 이를 어기면 사형에 처했다.

콘스탄티누스, 성 베드로 대성당과 개선문을 세우다

4세기 초 콘스탄티누스 대제가 그리스도교를 공인한 후 네로 황제의 전차경기장 자리였던 로마 바티칸에 성 베드로 대성당을 건축하였다. 가톨릭교회의 전승에 따르면, 예수의 열두 제자 가운데 한 사람이자 나중에 로마의 초대주교, 즉 교황이 되는 성 베드로의 무덤 위에 대성전을 건립했다고 한다. 가톨릭 신자들은 성 베드로의 시신이 대성전의 제대 아래에 묻혀 있다고 여기는 까닭에 옛날부터 역대 교황의 시신을 제대 아래에 안치하고 있다. 당시 중앙 본당의 양쪽에 한 쌍의 낮은 측랑이 붙은 바실리카 식으로 지어졌던 성 베드로 성당은 15세기 말 아비뇽 유수기에 비워두는 바람에 관리가 소

:: H. W. 브루워, 옛 성 베드로 대성전의 상상도, 1891년

홀하여 노후화가 극심해졌다. 그래서 16세기에 미켈란젤로에 의해 지금의 형태로 재건축되었다.

그리고 콜로세움 옆에 개선문을 세웠다. 서기 312년 콘스탄티누스 대제가 막센티우스와의 전투에서의 승리를 기념하기 위해 세운 것이다. 심하게 훼손된 것을 1804년에 다시 복원하여 지금과 같은 모양을 갖추게 되었다. 재미있게도 대제의 업적과 전쟁 장면이 새겨진 부조가 특히 많이 훼손되어 지금의 부조는 로마 유적지 여기저기에서 가져다 붙인 것이라고 한다. 이 개선문을 모방해 지은 것이 파리 개선문이다.

로마 제국의 수도, 비잔티움으로 옮기다

또한 콘스탄티누스 황제와 그의 어머니 헬레나는 예루살렘에 교회를 세우고 기독교 전파에 노력하였다. 황제는 원로원에 기독교를 권했으나 의회는 거절했다. 당시 100만 명의 로마를 이교도에서 기독교화하려다가 실패하자 황제는 아예 비잔티움을 개조하여 새로운 가톨릭 종교도시를 만들었다. 이 무렵부터 로마는 제국의 중심으로서 지위를 잃고 밀라노와 라벤나로 이탈리아 반도의 정치적·경제적 중심이 옮겨졌다. 그 뒤 로마는 성 베드로 대성당을 갖고 있는 로마 가톨릭교의 중심지로서 구실을 하게 된다.

콘스탄티누스 황제는 비잔티움을 자신의 종교도시로 대대적으로 개조했다. 원로원과 로마와 같은 공공건물을 지어 '새로운 로마Nova Roma'로 불렸다. 그러나 사람들은 그 이름보다 황제의 이름을 따라

'콘스탄티의 도시'라는 뜻으로 '콘스탄티노플'이라고 불렸다. 또 확장되는 로마 제국을 효율적으로 통치하기 위해 330년 수도를 아예 로마에서 교통과 해상교역의 요충지인 비잔티움으로 옮겼다.

그리고 도시 이름도 비잔티움에서 콘스탄티노플로 개명했다. 정치 혁신과 황제권 강화를 통해 로마 제국의 중흥을 꾀하기 위해서였다. 비잔틴 시대가 시작되었던 시절의 콘스탄티노플은 로마와 닮아 있었다. 비잔틴은 기독교 국가였고, 그 때문에 도시 안에는 기독교의 상징물들이 세워지기 시작했다. 도시의 건설자인 콘스탄티누스 황제는 성 소피아 성당 건설에 착수했다.

반유대인 정책과 선동

동로마를 관장한 갈루스의 도움을 받아 351년부터 부친의 제국에 대한 통치권을 강화할 수 있었던 콘스탄티누스 2세(337~361년)는 유대인의 기독교 노예 소유 금지령을 이교도 노예로까지 확장했고, 유대인과 기독교도 사이의 혼인도 금했다. 이런 혼인은 사형에 처해졌다. 기독교 고위 성직자들은 대중이 모이는 광장으로 나가서 공공연히 반유대인 설교를 하면서 무리로 하여금 유대인들의 예배 장소를 파괴하도록 선동했다.

암브로시우 교부, 교권을 확립하다

당시 로마 교부는 기독교 공인 초창기여서 전혀 힘을 쓰지 못할 때였다. 오히려 안티옥 등 소아시아 지역 교부들이 힘을 쓰고 있었다. 이때 가톨릭 교권의 확립에 최초로 앞장선 교부가 밀라노의 암브로시우스였다. 원래 암브로우시스는 밀라노를 포함한 주변 지역 집정관이었다. 374년 밀라노 교부가 죽자 후계자 선출에 다툼이 일어났다. 집정관으로서 중재에 나섰던 그가 오히려 그의 인격을 흠모하던 시민들에 의해 갑작스럽게 교부로 추대되었다. 당시 35세의 젊은 나이였다.

그는 교부가 되고 난 후 강직한 신앙생활을 하며 당시 강력한 황제로 알려진 테오도시우스와도 맞서서 싸웠다. 390년경 테오도시우스 황제는 데살로니가에서 일어난 교회 소요를 진압하면서 죄 없는 주민들을 학살했다. 지나친 불법을 저지른 황제에게 누구도 대항하지 못하고 끙끙 앓고만 있었다. 이 소식을 들은 그는 즉시 황제에게 서한을 보내 테살로니키 학살에 대한 책임을 물었다. 그는 황제에게 공식적으로 참회할 것과 아울러 당분간 교회 출입을 금할 것을 요청했다.

그러나 이러한 요청을 묵살한 황제는 부활절에 측근들을 대동하고 교회로 행차했다. 그러자 암브로시우스는 교회 문을 가로막고 황제가 교회에 못 들어오게 했다. 그의 단호한 태도에 테오도시우스 황제는 하는 수 없이 발길을 돌렸다. 황제는 성탄절에 다시 교회를 찾았다. 암브로시우스는 이번에도 입구에서 황제를 제지하며 그에게 사죄를 요구했다. 그러자 황제는 결국 굴복하여 자신의 죄를 용서받기 위해 미사에 참석하려 하니 부디 들여보내 달라고 간청했다. 이에 암브로시우스는 가벼운 보속을 명하고 교회 출입을 허가했다. 세상 권력이 하느님의 법 앞에 무릎을 꿇는 순간이었다.

암브로시우스는 로마 제국에 대한 충성은 그리스도인의 의무라고 여겼지만, 국가의 간섭으로부터 교회의 독립성을 지키고자 최선을 다했다. 그는 "황제도 그리스도인으로서 교회 안에 있는 것이지 교회 위에 있는 것이 아니다"라고 강조하면서 하느님의 교회는 사회법보다 교회법을 우선 적용해야 한다고 선포하였다. 또한 그는 한발 더 나아가 로마 제국 내의 우상숭배를 완전히 철폐하였다. 이 일이 있은 후 보편적인 교회의 권위가 황제의 권위보다 더 빛나게 되었다.

그는 많은 책을 써 위대한 교사, 학자로 불렸다. 그는 또한 성가聖歌를 발전시켰으며 신학과 성서 연구에 힘썼다. 그는 훌륭한 설교로 당시 많은 사람을 회심시켰는데 특히 방탕한 망나니였던 아우구스티누스를 회개시킨 것으로 유명하다. 훗날 아우구스티누스는 고대 교회가 낳은 가장 탁월한 신학자이자 교회 지도자가 되었다. 참 회심자의 대표 격인 아우구스티누스 성인은 지난 죄로 괴로워하는 많은 사람을 향해 이렇게 권고했다. "과거는 하느님의 자비에 맡기십시오. 현재는 하느님의 사랑 안에 머무르십시오. 미래는 하느님 섭리의 손길에 맡기십시오." 성 암브로시우스는 오늘날에도 밀라노의 수호성인으로 추앙받고 있다.

테오도시우스 황제, 392년 기독교를 로마 국교로 채택

그 뒤 테오도시우스 황제(재위 379~395)는 더욱 신실한 기독교도가 되어 392년에 기독교를 로마 제국의 국교로 채택했다. 그리스도교가 로마의 국교로 채택된 배경에는 이렇듯 암브로시우스 교부가 주도한 교권의 확대를 들 수 있다. 신약성서가 기록되고 얼마 후인 4세기 초를 고비로 교회에 대한 그리스 문화의 영향력이 수그러들기 시작하여 교회의 언어가 라틴어로 바뀌었다. 이를 계기로 4세기 말에는 로마 제국의 공식 언어가 그리스어에서 라틴어로 바뀌게 된다. 교권의 확립은 이렇게 로마 제국을 명실상부하게 기독교 국가로 바꾸어놓았다.

그리스도교는 이제 지하묘지 예배소 대신에 호화로운 교회에서 예배를 보았다. 그리고 고통을 통한 구원의 징표인 십자가는 이제 오히려 군단의 전투휘장으로 빛나게 되었다. 이 말은 대주교와 주교가 고위 고관이 되어 국가 통치에 큰 영향을 끼친다는 뜻과 같았다. 예수를 박해했던 유대인들에게는 그들의 신앙과 더불어 안위를 걱정해야 하는 그야말로 커다란 사건이었다.

로마 제국의 분열

콘스탄티누스 황제 사후 로마는 혼란을 거듭하여 결국 395년에 다시 동서로 분열되었다. 테오도시우스 황제가 죽으면서 어린 두 아들에게 로마 제국을 반반씩 나누어 상속했기 때문이다. 동로마 제국

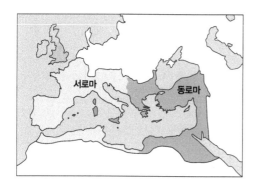

은 17세의 아르카디우스, 서로마 제국은 10세의 호노리우스에게 주었다.

다음 한 세기 동안 제국의 동과 서는 명목상 하나의 제국이었을 뿐 외부 압력과 문화적 차이로 점차 다른 길을 갔다. 두 로마 제국이 모두 로마인임을 자처했지만 서로마 제국에서는 라틴계가 우세했고 동로마 제국에서는 그리스계가 우세했다. 동로마 제국은 많은 인구, 유능한 황제, 풍부한 재정 그리고 우수한 육해군 덕분에 3~4세기의 대격변 속에서 살아남을 수 있었다.

중국의 장풍에 무너진 서로마 제국

원래 게르만족이 살고 있던 본거지는 유럽 북부 지방이었다. 게르만족은 인구가 늘어나면서 수렵과 목축이 아닌 농경생활을 했다. 그래서 라인 강, 다뉴브 강 유역까지 진출하였다. 이미 기원전 아우구스투스 황제 때 변경을 불안하게 하여 이들을 현재 독일 마인츠 지역에서 북쪽으로 쫓아낸 후 곳곳에 성채를 쌓았다. 성채 내는 안전하여 로마인과 게르만인 사이에 교역이 이루어졌다. 바로 이 교역의 담당자가 유대인들이었다. 유대인은 팔레스타인에서 추방된 이후 로마 제국 영토에 들어와 교역에 종사하였다. 최근까지도 라인 강 주변에는 유대인들이 많이 살고 있다. 이로써 수 세기간 게르만족과 로마

제국은 큰 접촉 없이 살았다.

그런데 375년에 중국에 밀린 훈족이 유럽으로 이동하면서 흑해 연안 쪽에 있는 게르만족을 심하게 압박했다. 유럽의 동쪽 초원지대 는 몇백 년 동안 건조화가 진행되었고 게다가 간빙기의 혹한이 들이 닥쳐 땅이 얼어붙었다. 그러자 훈족을 포함한 유목민들은 풀을 찾아 급하게 서쪽으로 이동하게 된다. 그들은 뛰어난 말 다루는 솜씨를 갖 고 있는 탁월한 궁수였다. 이로써 그들은 가는 곳마다 유럽인들을 공 포로 몰아넣었다.

이들은 놀라운 마상사수馬上射手들로 잔인한 공격과 후퇴 그리고 예 측을 불허하는 반격 등을 자유자재로 구사하였다. 이러한 전략적인 기동성으로 어떤 싸움에서나 압도적인 승리를 거두었다. 그들의 주 력이 헝가리 일대에서 자리 잡았다. 그리고 게르만족을 복종시켜 흑 해 연안에서 라인 강에 이르는 대제국을 건설했다. 그러나 이들은 엄 밀히 말하면 국가라기보다는 유목민족의 집단이었다.

훈족에 쫓긴 게르만족은 겁에 질린 나머지 서쪽으로 피신하면서

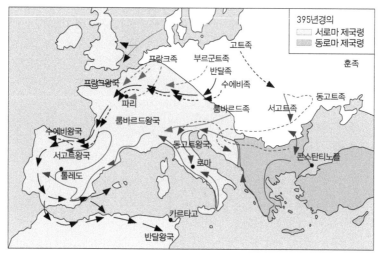

∴ 게르만 민족의 대이동

다뉴브 강의 국경을 뚫고 로마 제국 안으로 몰려들어 왔다. 이 당시 다뉴브 강을 넘은 동고트족의 이주민 수는 백만을 넘었다. 무사의 수만 20만 명이었다. 이들의 피신은 로마 제국 입장에서는 외적의 침입이었다. 378년 로마 제국은 지금의 터키 지역에서 그들에게 참패한 뒤 모든 적을 제국의 영토에서 몰아내기에는 역부족이었다.

로마는 추방할 수 없게 된 게르만 부족들을 '동맹자'로 인정하여 제국 안에 정착시켰다. 이에 따라 400년경 로마 군대의 30~50%는 이미 게르만 용병으로 채워졌다. 일부 이민족 무리는 다른 이민족에 맞서기 위한 최후의 방편으로 아예 무리 전체가 로마군에 편입되기도 했다. 또 어떤 게르만족은 용병을 공급하고 그 대가로 보조금을 받았다. 제국은 차츰 게르만화되어 갔으며 군대의 게르만화는 더 심했다.

이때 브리타니아도 게르만 민족인 주트와 색슨에 의해 점령당했고 그 후에 또 다른 게르만 민족인 앵글족이 침공했다. 당시 게르만 민족의 침입에 대응한 브리타니아인의 저항도 완강하여 유명한 아더 왕의 영웅적인 전설이 나오게 된다. 그럼에도 결국 앵글로 색슨족이 브리타니아의 주류로 자리 잡았다.

흉노족이 중국을 침입해 5호16국 시대를 연 시점(311년)과 흉노족의 일파인 훈족이 게르만족을 밀어내 게르만족의 대이동을 초래한 시점(375년)이 큰 차이가 없다. 당시 중국 북쪽 대륙에 기후변화가 있어 풀밭이 건조화되고 얼어붙어 흉노족의 목초지가 심하게 줄어들었다는 기후변화설이 설득력을 얻는다. 이렇게 대륙별 역사가 꼬리를 물고 있는 것이다. 훈족이 흉노에서 연유했다는 것은 1750년대에 프랑스의 드 기네가 처음으로 제시했다. 하지만 곧바로 정설로 받아진 것은 아니다. 그러나 금세기에 들어와서 언어학과 고고학 및 문화인류학 등 다양한 연구가 추진되면서 훈족의 출현과 흉노족의 서천西遷 사이에 연관관계가 있다는 것이 밝혀지고 있다.

로마의 국토가 유린되는데도 테오도시우스 황제는 종교정책에만 매달렸다. 그는 그리스도교 이외의 다른 종교는 모두 이교로 취급하면서 신전을 파괴하였다. 그리고 이교를 믿는 자들은 모든 도시에서 추방하고 그들이 갖고 있는 영지는 몰수했다. 테오도시우스의 첫 번째 칙령은 다음과 같이 시작한다. "성부, 성자, 성신이 동등한 존엄성과 신성한 삼위일체 하에 단일한 신임을 믿을지어다. 이를 믿는 사람들은 가톨릭 그리스도교도라는 칭호로 불릴 것이며 그 밖의 모든 자는 엉뚱한 광인이라 판정하여 그들에게는 이단자라는 수치스러운 이름을 부여할 것이니라."❖

❖ 에드워드 기번 지음, 황건 옮김, 《로마제국 쇠망사》, 까치, 2010

444년에는 훈족의 새로운 왕으로 아틸라가 등극했다. 그의 군대는 가는 곳마다 모조리 불태우고 폐허로 만들어놓았다. 북부 이탈리아를 정복하고 로마까지 쳐들어갈 기세였다. 이를 레오 교황이 설득해 황금을 들려줘 돌려보냈다. 역사에서 만약이란 없다지만 당시 만약 교황이 서로마 제국을 구하지 못했더라면 서로마 제국은 동양계 훈족의 나라가 될 뻔했다.

서로마 제국의 멸망

402년에 북쪽 이민족의 침입에 대처하기 위해 호노리우스 황제가 수도를 밀라노에서 아드리아 해 근처에 있는 라벤나로 옮겼다(로마 제국의 원래 수도는 로마였으나 콘스탄티누스 황제 때 동쪽에 자리한 콘스탄티노플이 제국의 수도가 되었고, 테오도시우스 황제 때 밀라노가 서로마의 수도가 되었다). 이후 476년에 서로마 제국의 게르만 용병, 이민족 출신으로 로마 장군이 된 오도아케르가 라벤나에서 서로마 황제 로물루스 아우구스툴루스를 폐위시켰다. 이로써 서로마 제국은 막을 내렸다.

어찌 보면 로마 제국은 중국의 장풍에 망한 꼴이다. 중국에 밀린 훈족이 게르만족을 이동시켜 결국 로마를 망하게 하였다. 서로마 제국의 멸망으로 서양의 고대 시대는 막을 내리게 되었다. 동로마 제국의 유스티니아누스(483~565년) 황제는 동고트족으로부터 이탈리아 일부를 탈환하고, 반달족으로부터 북아프리카를 되찾아 동로마 제국의 영토를 확장하였다. 그는 그 외에도 많은 일을 했다. 아테네의 철학 아카데미를 폐쇄하고 기독교적 도덕률을 반영한 시민법을 제정하였다. 콘스탄티누스 황제가 착수한 소피아 성당을 완성하고(532~537년), 또 선교사를 중국에 보내 누에를 밀수해 비단을 짜기 시작했다(551년). 그 후 6~8세기 이탈리아 반도는 동고트족의 롬바르드 왕국과 비잔틴 제국령 이탈리아로 나뉘었다.

역사학자 에드워드 기번은 로마 멸망을 기독교 탓으로 돌렸다. 기독교가 국교로 채택되어 이교도에 대한 탄압이 시작됐고 이 때문에 결국 내란에 휩싸여 서로마 제국이 476년 멸망했다는 것이다. 그 뒤 콘스탄티노플을 수도로 삼은 동로마 제국은 그 후에도 1000년을 더 존속했다. 그러나 이 비잔틴 제국도 이슬람의 공격을 견디지 못해 종언을 고했다. 2000년 이상 지속했던 로마의 영광이 종교적 관용을 잃는 순간 쇠퇴의 길을 걷기 시작한 것이다. 로마 제국은 너무 종교 이데올로기에 매몰되어 종교적 관용이 부족했다는 이야기다.

유대인에 대한 박해가 시작되다: 농사와 군역 금지

1세기를 전후하여 로마 제국 전체 인구의 10%가 넘는 800만 명이라는 많은 수의 유대인들이 로마 제국 내에 흩어져 살았다. 그러다 보니 반유대인 정서가 점차 높아지면서 갈등이 표면화되었다. 당시 알렉산드리아는 해상무역 중심지로 로마와 더불어 세계 최대 도시를 다투었다. 인구 100만 가운데 40만 명이 유대인이었다. 한때는 전체 인구의 절반을 넘은 적도 있었다. 한마디로 유대인 도시였다. 또 다른 유대인 일부는 북부 아프리카를 거쳐 살기 좋은 이베리아 반도로 이주했고, 또 일부는 동구 쪽으로 뿔뿔이 흩어졌다.

우려했던 유대인에 대한 박해가 서서히 가시화되었다. 기독교 세력이 걷잡을 수 없이 늘어나자 로마 제국은 그동안 왜 기독교를 박해해왔는가에 대해 적절한 해명을 할 필요성을 느꼈다. 이렇게 하여 찾아진 희생양이 유대인이었다. 드디어 로마 당국은 "유대인은 하느님의 독생자 예수를 죽게 만든 하늘의 죄인이자 기독교의 적이다. 하늘에 대역죄를 지은 유대인들은 앞으로 거룩한 땅 예루살렘의 하늘을 바로 쳐다보아서는 안 되며 그 신성한 하늘과 마주하는 땅 위에 어떠한 씨앗도 뿌려서는 안 된다. 또한 하늘에 죄를 지은 유대인들은 검과 창을 쓰는 무사가 되어서도 안 된다"고 못을 박았다. 이로써 유대인들은 농사를 지을 수 없게 됐으며 전쟁에 군인으로 참가할 수도 없게 되었다. 당시 전쟁에 참가할 수 없다는 것은 시민으로서 자격이 없음을 뜻했다.

유대인, 노예와 토지 소유 금지로 상업으로 내몰리다

이어 유대교 개종자와 기독교도의 결혼이 금지되었고 이를 어기면 사형에 처해졌다. 유대인이 기독교인 노예를 3개월 이상 소유하는 것이 금지되어 경제적인 제약이 가해졌다. 이 조치로 노예 노동을 확보할 수 없는 유대인은 노동집약적 농사는 물론 제조업을 포기하고 가족 구성원의 노동력에 의존하는 소영농이나 자영업을 찾아야만 했다. 425년에는 유대인은 정부 관직에서 일할 수 있는 권리가 박탈되었다.

유대인에 대한 기독교의 기본적인 태도는 중세 이전, 곧 후기 로마 제국 내에서 사실상 구체화되었다. 즉 하느님의 유대인 선택은 더는 유효하지 않으며, 그 선택이 이미 기독교로 옮겨 왔다는 신학적 이해는 4세기 이후에 확대되었다. 서기 590년에 최초로 '교황'이라 불린 그레고리 1세는 유대인을 아직도 교회와 대적하여 싸우는 사람들로 보았다. 그는 새로운 유대인 회당을 짓는 것을 금지시켰다. 더 나아가 히브리어 성서를 읽는 것조차 금했다. 같은 시기의 교부들도 역시 반 유대적인 설교를 하였다. 더군다나 법률은 유대인들의 기독교로의 개종을 가능한 한 용이하게 했다. 개종한 유대인을 괴롭히는 유대인은 산 채로 불태워졌다.

그리고 기독교 폭도들이 유대교 회당을 공격하는 일이 빈번해졌다. 나폴리, 로마, 밀라노, 제노바 등 도시에서는 5세기 후반부터 6세기 중엽까지 유대인 학살이 자행되었다. 그 무렵 서고트 왕국에서는 유대인들이 농사일을 시킬 때 한시적으로 노예를 소유할 수 있었으나 서기 589년 제3회 톨레도 공의회는 어떠한 경우에도 유대인의 노예 소유를 전면적으로 금지시켰다. 또 7세기 중반에는 유대인의 토지 소유가 완전히 금지되었다. 이러한 과정을 겪으면서 유대인들은 어쩔 수 없이 농업에서 쫓겨나 상업으로 내몰려 상인이 되었다.

그러자 10세기에 이르러서는 로마 제국 내의 유대인의 숫자가 100~150만 명으로 대폭 줄어들었다. 고대에서 중세로 넘어오면서 경제가 피폐해져 로마 제국 인구 자체가 줄어든 이유도 있었지만 더 큰 이유는 유대인들이 박해가 심해지는 로마 제국을 떠나 이집트의 알렉산드리아 등 외지로 떠났기 때문이다.

이들 유대인은 토라와 탈무드를 통해 문자도 해득하고 지식과 지혜를 배웠다. 특히 자녀들에게는 반드시 생업을 꾸려갈 수 있는 한 가지씩의 기술을 전수하는 것을 철저한 규범으로 지켜왔다. 이 때문에 외국에 흩어져 살면서도 지식인으로 혹은 상인으로 이들의 민족적 생존을 꾀할 수 있었다.

사유재산을 인정한 로마법

농업만을 중시하던 로마 제국이 경제사의 발전에 기여한 것이 별로 없다. 하지만 자본주의 발달에 결정적으로 공헌한 것이 하나 있는데 바로 '법적으로' 사유재산을 인정한 것이다. 사유재산의 개념은 유사 이전부터 존재해왔지만 소유권을 법적으로 인정한 것은 로마법이 최초였다.

로마법은 고대 로마인이 후세에 남긴 최대 유산의 하나로 역사적으로 3단계를 거쳐 발전했다. 첫 단계는 건국 초부터 기원전 3세기까지로 평민들은 수백 년에 걸친 싸움 끝에 결국 원로들과 평등한 권리를 획득하게 되었다. 기원전 5세기에 로마 최초의 성문법인 12표법이 제정되어 귀족들이 더는 관습법을 자신들에게 유리하게 적용하지 못하도록 했다. 귀족들이 딴생각을 못 하도록 법률을 광장에 놓인 12개의 동판에 써놓았다. 동판에 쓰인 사항은 꼭 지켜야 했다. 예외란 있을 수 없고 동정이나 사면도 없었다. 이로써 로마인의 법 정신은 그들의 의식을 지배했다.

다음은 기원후 3세기 말엽까지로 로마의 전성기에 해당한다. 로마 시민과 그 밖의 시민에게 모두 적용되는 만민법과 공법, 사법이 발달했다. 2세기 무렵이 법학의 전성기로 시민법이 제정되어 귀족과 평민의 법률상의 평등을 보장하였다. 더 나아가 제국 내 다른 민족의 자유민에게도 로마인과 같은 권리를 부여함으로써 만민법으로 발전하였다. 제3기는 유스티니아누스 1세 때까지로 이때 로마의 법률을 집대성하여 동로마 제국에서 로마법 대전을 편찬했다. 이후 로마법은 중세 유럽으로 계승되어 각국에 영향을 미쳤으며 근대 시민법의 형성에 결정적인 영향을 끼쳤다.

흔히 로마는 3번 세계를 통일했다고 한다. 처음에는 무력으로, 다음에는 기독교로, 그리고 세 번째는 로마법에 의해 세계를 통일했다는 뜻이다. 이후 로마법은 유럽 제국들이 법을 제정할 때 그 근본이 되었다. 이것이 오늘날 대륙법의 기초로 현대의 법률 역시 모두 영향을 받고 있다. 물론 우리나라 법률도 예외는 아니다.

경제사적 관점에서 바라본
로마 제국의 멸망

로마 제국이 힘없이 무너진 근본 원인은 경제사적 관점에서 찾을 수 있다. 로마인의 경제관은 오로지 농업이었다. 고대 그리스 시절부터 상업은 도덕적으로 문제가 있는 직업으로 간주되었다. 윤리학에 짓눌려 경제가 싹을 못 피우던 시기였다. 기원전 4세기 그리스의 아리스토텔레스는 시민들은 노예나 상인처럼 살면 안 된다고 가르쳤다. 그런 종류의 삶은 천박하다는 이유였다. 농업의 도덕적 우월성을 강조하였다. 그리스의 영향을 받아 로마 상류층들도 상업을 이방인이나 하층민이 하는 하찮은 것으로 경시하였다.

노예경제의 붕괴

고대에는 농업과 전쟁을 통해 부국강병책을 도모하였다. 자국의 농경지를 넓히는 것이 곧 부국의 길이요, 정복지의 물자와 노예를 거두어들이는 것이 강병책으로 인식되었던 시대였다. 농업이라는 기초 산업의 생산자 단위는 가정이었고 노동력은 노예였다. 당연히 전쟁이 매우 중요한 국가 사업으로 간주되었던 것이다.

실제로 고대 그리스에서는 에가스테리온egasterion이라는 노예제 수공업 공장이 20~160명에 이르는 노예 노동력을 이용하여 운영되었다. 또 로마 제국에서는 라티푼디움latifundium이라는 노예농장제도를 대규모로 운영하면서 곡물, 올리브, 포도 등을 재배하여 해외에 판매함으로써 막대한 농업자본을 축적하고 있었다.

그런데 로마 제국의 빈번한 전쟁으로 그때마다 보병으로 출정한 자영 농민층의 피해는 커져만 갔다. 반면 전쟁에서 이기고 개선하는 장군과 귀족들은 새로운 영지를 늘려가며 더욱 부유해졌다. 결국 로마의 중추적인 핵을 이루었던 자영 농민층은 점점 몰락해가고 봉건 영주의 세력은 점점 더 커져 사회의 양극화는 더욱 벌어져갔다. 이로써 건전한 사회를 지탱해주는 기반인 중산층이 붕괴되기 시작하였다. 농본주의의 로마 제국에서 농업의 기반마저 흔들리기 시작한 것이다.

농촌만이 아니었다. 도시경제는 더 심각했다. 당시 가장 심각한 경제 문제는 노예경제와 인력 부족에 기인한 것이었다. 로마 문명은 도시에 기반을 두고 있었고 도시들은 대체로 노예들이 생산하는 농산물에 의존하고 있었다. 그러나 노예인구의 현상 유지마저도 불가능하였다. 트라야누스 시대(서기 98~117년)에 이르러서는 더 이상의 정복전쟁이 없어 노예인력을 공급할 수 없었다. 그 뒤 로마는 극심한 인력난에 빠지고 말았다.

인력 부족은 경제 문제를 크게 악화시켰다. 이의 영향으로 라티푼디움의 생산체제가 쇠퇴하였다. 나중에는 아예 노예를 해방시켜 그들에게 토지를 대여하여 수확의 일부를 지주에게 상납하게 하는 소작농colonatus 제도가 출현하였다.

노예제도가 사양길에 접어들면서 농업인구가 줄어든 데다 북방 야만인들의 지속적인 침입으로 병력 또한 계속 필요했다. 게다가 2세기와 3세기에는 전염병이 창궐함으로써 인구가 격감하였다. 이 시기에 로마의 인구는 약 3분의 1가량이 줄어든 것으로 추정된다. 그 결과 농업 노동력도 모자라고 외적과 싸울 병력 또한 부족하게 되었다. 패배라곤 모르던 로마의 군대가 번번이 패배하게 된 이유이기도 하다.

최초의 주식회사: 최초의 투기

인류 역사상 최초의 주식회사 기원은 기원전 2세기경 로마 제국으로 거슬러 올라간다. 당시 로마는 국가 기능 가운데 조세 징수에서 신전 건립까지 상당 부분을 '퍼블리카니Publicani'라는 조직에 아웃소싱하였다. 퍼블리카니는 현재의 주식처럼 '파르테스partes(주식)'를 통해 소유권이 다수에게 분산된 주식회사 개념이었다.

주식에는 2가지 종류가 있었는데 당대의 부자들로 구성된 대주주 임원들의 몫socii과 일반인들로 구성된 소액주주의 몫particules으로 나누어져 있었다. 소액주주들의 주식은 요즘의 장외시장 같은 곳에서 비공식적으로 거래되었다. 임원들이 조직의 업무를 수행했으며 재무제표도 공시했고 주주총회도 정기적으로 열었다. 이것을 주식회사의 기원으로 추정하고 있다. 당시 주가 수준이나 주식시장의 모습을 알 수 있는 자료는 거의 남아 있지 않지만, 주가 변동이 있었다는 사실을 보여주는 기록은 남아 있다. 키케로는 자신의 기록에 '고가 주'라는 단어를 쓰면서 "부실한 퍼블리카니의 주식을 사는 것은 보수적인 사람이면 피하는 도박과 같다"고 말했다.

당연히 땅을 중심으로 투기 행위도 발생했다. 그런데 이때의 투기꾼들을 그리크Greek라고 불렀다. 이는 로마 사람들이 경멸적으로 부르는 말이었다. 그리크는 그리스 사람들을 일컬어 하는 말이다. 당시 투기꾼의 상당수가 그리스인이었기 때문이다. 마치 중세의 유대인들처럼 당시에는 그리스인들이 경멸의 대상이었다.

그들의 상업이 발달했기 때문이기도 했지만 정보가 빨랐기 때문이다. 당시 로마의 상류층은 그리스를 동경해서 교사부터 가정부까지 그리스인으로 둘 정도였다. 따라서 그리스인들은 정보 접근 면에서 유리할 수밖에 없었고 강한 공동체 의식 속에서 정보를 공유하고, 로마 정부의 새로운 개발 계획을 사전에 알아내서 땅 투기를 하기도 했다. 당시 거의 모든 로마인은 이윤 추구에 혈안이 되었고, 투기의 부작용 때문에 수많은 서민이 빈곤해지고 정신적으로 큰 고통을 당했다는 기록이 남아 있다.

로마 화폐의 역사

알렉산더 사후 그리스 제국은 분열되었고, 시장은 나누어졌으며, 교역도 줄어들었다. 그러나 알렉산더가 발행했던 경화는 그대로 남아서 유통되었으므로 결과적으로 인플레이션이 불가피하게 되었다. 물가는 뛰고 그리스 드라크마의 구매력은 곤두박질했다. 그 뒤 로마인은 그리스인의 이러한 경험에서 아무것도 교훈을 얻지 못했다. 그들은 '모네타Moneta'라는 칭호를 붙여 여신 주노Juno의 신전에다 조폐소를 차렸다. 이 모네타라는 이름에서 오늘날 'money'가 유래한다.

최초의 로마 돈은 아에스 루드aes rude라고 불리는 조잡한 구리 막대였다. 기원전 4세기 말경에 이것은 아에스 그레이브aes grave라고 불리는 무거운 주형 구리로 바뀌었다. 그러나 이것 역시 다루기가 거북했다. 경화에 담은 초상은 미래와 과거를 동시에 바라본다는 두 얼굴의 야누스였다.

기원전 269년 로마는 풍부한 은광이 있는 남부 이탈리아에 그리스인들이 건설한 강대한 도시국가 타렌툼을 점령하였다. 그리고 그때 이래로 로마는 귀금속인 은으로 경화를 만들었다. 은화 테라니우스deranius는 그리스의 드라크마를 본떴다. 한 면에 허큘리스의 초상이 새겨졌다. 다른 면은 로마 시를 창건했다는 쌍둥이 형제 로물로스와 레무스에게 젖 먹이는 늑대의 모습을 보여준다.

상업을 경시했던 로마 제국도 전쟁을 통해 그리스인, 페니키아인 등이 세운 상업 거점지역을 점령하여 영역을 확장하는 가운데 자연적으로 국제교역이 활기를 띠게 되었다. 이 과정에서 전쟁을 통해 끊임없이 조달되는 노예를 이용하는 노예 노동생산이 널리 확산되었다.

그러자 이러한 노예생산제도의 자급자족 가내경제의 발달이 국제교역의 필요성을 반감시켰다. 또 스페인, 갈리아(프랑스), 도나우 강 유역 국가들이 로마 제국에 편입되면서 곡물 조달도 쉬워졌다.

인플레이션의 해악, 화폐 및 도시 기능의 상실

한니발을 격파한 스키피오 아프리카누스는 카르타고에서 60톤의 은을 갖고 돌아왔다. 로마 군대가 스페인을 정복한 후 귀금속이 로마로 쏟아져 들어왔고, 화폐량은 상품량보다 많아졌다. 가격은 즉시 뛰기 시작했다. 또 가내경제의 발달과 국내 곡물 조달은 국제교역을 크게 위축시켰다.

새 정복지가 로마 제국으로 흡수될 때마다 이 먼 지역을 지키기 위한 군대의 유지비는 크게 증가했다. 로마 군대는 어딜 가든지 먹여야 하고, 재워야 하고, 입혀야 했다. 로마 제국은 만성적인 재정적자 상태였다. 큰 규모의 상비군을 유지해야 했으므로 재정적자가 확대되었다. 또한 엄청나게 커진 제국을 유지하기 위해 로마 제국은 국가 재정을 충당할 목적으로 돈을 많이 찍어냈다.

기원전 1세기 카이사르 시대에 카이사르의 모습을 담은 금화가 처음으로 만들어졌다. 기원전 20년 아우구스투스 황제 때에는 증가하는 기간시설 건설비용을 충당하기 위해 '아우레우스aureus'라 불리는 금화가 유통되었다. 이 시대에 이르러 주화는 금, 은, 동 3가지 종류의 금속으로 제작됐다. 금화인 아우레우스aureus, 은화인 데나리우스denarius, 청동화인 세스테리티우스sesteritius로 금속의 희귀 정도에 따라 서열을 매겼다. 그렇지만 공통으로 한쪽에는 당대 황제의 얼굴을, 그 이면에는 전설 속 인물인 로물루스와 레무스를 새겨 넣었다.

이때까지만 해도 로마의 금화와 은화는 당시 세계의 어느 시장에서든지 기꺼이 환영받았다. 로마의 돈은 세계에서 가장 잘 유통되는 돈이었다. 황제는 프랑스와 스페인에 있는 금 광산을 24시간 내내 채

굴하도록 명령했다. 이를 통해 돈을 단기간에 너무 많이 찍어내 유통 상품에 비해 유통 화폐량이 급속히 많아졌다. 결국 인플레이션을 야기하였다.

이로 인해 정부에 의해 주화 가치가 이후 지속적으로 하락했다. 이는 다시 국방과 치안 유지비의 상승으로 이어지는 악순환의 고리를 형성했다. 점증하는 군사비와 외부의 위협으로 인해 치안이 불안해졌다. 그 추세는 후대의 황제들에게도 이어졌다.[*]

성전의 유대인 환전상들: 금융업의 뿌리

❖ 엘 그레코, 〈그리스도의 성전 정화〉, 런던국립미술관, 1600년

마태오의 복음서 21장에 보면 예수가 성전에 들어가 환전꾼들의 상을 뒤엎는 이야기가 나온다. 고대로부터 환전 업무는 유대인들이 주도했다. 당시 유대 신전에는 우상숭배와 관련된 물건은 일절 갖고 들어갈 수 없었다.

로마 은전은 로마 황제를 섬기는 우상숭배에 해당했다. 그 때문에 유대 은전으로 봉헌해야 하는 유대인들은 이를 성전 밖에서 유대 세공인들이 만든 유대 은전과 웃돈을 주고 교환하였다. 그래서 성전 주

❖ 김학은 지음, 《돈의 역사》, 학민사, 1994

변에는 항상 유대인 환전상들이 많았다.

유대인, 민간 차원에서 처음으로 주화를 찍어내다

바로 이 환전상들이 유대 동전과 은전의 발권을 통해 통화량을 늘려나갔다. 유대 경제가 잘 돌아간 이유의 하나였다. 그뿐만 아니라 교환된 로마 은전으로는 유대인들이 이민족들을 대상으로 대금업을 하였다. 이것이 나중에 거대한 사금융으로 발전하였다. 환전업이 금융업의 뿌리인 셈이다.

원래 화폐 발행은 왕과 국가의 독점 권리였다. 그런데 이를 민간 차원에서 처음으로 찍어낸 사람들이 유대인이다. 이들은 이를 통해 고대로부터 세뇨리지 효과 $_{seigniorage}$ $_{effect}$를 체득하였다. 이후 화폐 발권의 주체가 국가인지 민간인지의 문제는 지금까지도 계속되고 있다.

∴ 빌라도 시대의 유대 동전

비단 사치로 대규모 은이 유출되다

로마 경제의 몰락을 재촉한 요인 중의 하나가 사치 문화다. 그중에서도 은의 대량 유출을 일으킨 비단 사치가 문제였다. 중국은 비단 값을 주로 은으로 받았다. 이때부터 유럽의 은은 중국으로 흘러들어가 유럽에 은 부족 현상이 나타나기 시작했다. 이것이 은화의 결핍 현상을 가져오고, 더 나아가 은 함량의 저하를 가져와 화폐 불신을 초래했다. 결국 비단은 로마 경제가 급속도로 무너지는 단초를 제공한 셈이다. 비단 교역은 주로 유대인에 의해 주도되었다.

금융위기와 저질 주화

서기 33년 최초의 금융위기 발생

대부업의 역사는 얼마나 되었을까? 기원전 18세기에 바빌로니아의 사원들이 상인들을 대상으로 대출을 행했다는 기록이 있다. 당시 모든 것이 신의 소유였기 때문에 모든 부가 사원에 집중되어 있었다. 그러다 보니 사원이 곡물 창고와 빈민 구제소 역할도 했다. 춘곤기에 곡물을 대출해주고 추수 후에 이를 되받았다. 고대 그리스에서도 사원을 중심으로 대출, 예금, 환전 등의 업무가 이루어졌다. 우리나라의 불교 사찰도 이와 유사한 기능을 수행한 적이 있는데 삼국시대에 시작된 보寶가 그것이다. 비축기금을 외부에 대출해주고 이자를 받아 그것으로 공익사업을 수행하였다.

그러던 것이 로마 시대에는 종교단체가 아닌 개인들에 의해 금전 대출이 이루어졌다. 대부업에 대한 국가의 규제가 거의 없었기 때문에 여윳돈이 있는 사람들은 누구나 할 수 있었다. 특히 재산이 많았던 귀족들이 대부업을 했다. 당시 월 10%에 달하는 고리대금업은 귀족들의 특권이다시피 했다. 소액 채무자들은 채무 불이행으로 고통을 당할 뿐 아니라 이 고통을 피하기 위해 어린이를 노예로 파는 일이 다반사였다.

서기 33년에 최초의 금융위기가 나타났다. 속주에서 무자비하게 고리대금업을 하고 있던 원로원 의원이 고발당한 것이다. 불똥이 튈 걸 두려워한 대금업자들이 수면 아래로 잠수해버렸다. 시중에 돈이 돌지 않았다. 이를 발단으로 한 금융 불안과 땅값 하락으로 로마에 일대 금융위기가 발생하였다.

티베리우스 황제는 '공공자금 투입'을 비롯한 여러 가지 대책을 내놓아 일단 위기를 진정시켰다. 그러나 그리 오래가지 않아 서기 39년에 국가재정이 파탄 났다. 무리한 팽창정책과 한심한 통화정책, 그리고 지식인들의 악폐는 결국 제국 전체를 파멸로 이끌었다.

로마의 주화들

로마에서는 기원전 3세기에 대형 청동화 및 은화가 주조되었다. 화폐단위인 아스as가 각인된 아에스 청동화에는 앞면에 야누스 신, 뒷면에 뱃머리 그림이 각인되었다. 청동화 10아에스에 해당하는 1데나리우스 은화 앞면에는 로마의 신, 뒷면에는 쌍둥이 신상 및 ROMA라는 문자가 새겨졌다. 데나리우스 은화는 로마 외에도 각지에서 다량으로 만들어져 지중해 서부와 중부에서 주요한 통화가 되었다. '데나리우스'로부터 돈이라는 뜻의 데나로(이탈리아어)와 디네로(스페인어)가 유래되었다.

제국 로마의 화폐는 원래 순
도 100%의 금화와 은화였다.
첫 황제였던 아우구스투스는
스페인과 프랑스 지역의 금광에
서 캐낸 금과 은으로 화폐 공급

∴ 화폐에 새겨져 있는 안토니우스(왼쪽)와 옥타비아누스

량을 폭발적으로 늘려 사회간접자본 확충에 사용했다. 하지만 이
후 후손들의 폭정과 실정으로 로마 황실의 재정이 다시 바닥났고
귀족들의 재산을 몰수하는 등의 조치를 취하기도 했다.

기원전 41년에 제2차 삼두정치의 탄생을 축하하며 발행된 로마의
화폐 아우레우스에 안토니우스와 옥타비아누스가 새겨져 있다. 모
두 'ⅢVIR R P C'의 문구, 즉 '공화정의 조정을 위한 세 사람 가운데
하나'라고 새겨져 있다.

카이사르 시대에는 화폐에 CAESAR라는 문자와 카이사르의 가
문家紋인 코끼리 그림이 새겨졌다. 또 아우구스투스 황제는 본위화폐
로 아우레우스 금화를 채용하였다. 이 금화는 25데나리우스 은화와
등가等價였고, 1데나리우스는 16아에스 청동화와 등가였다. 아우구
스투스 황제까지는 화폐 디자인이 일정하지 않았으나 그 뒤 황제의
초상이 들어가게 되었고, 황제의 인격을 강조함으로써 화폐를 신성
시하여 화폐제도 통일을 실현하려 하였다.

네로 이후 저질 주화 대량유통으로 화폐경제 무너지다

로마 제국의 돈값이 본격적으로 추락하기 시작한 것은 사실 폭군 네로 시절부터다. 국가재정이 펴지 않고 계속 어려워지자 서기 64년 악명 높은 네로 황제는 로마 대화재 후의 재건과 도심 개조를 위한 재원 확보를 겸하여 87년 만에 화폐개혁을 실시하였다. 이 과정에서 은 함량을 줄인 주화를 대량 유통시켰다. 그들은 구리를 섞음으로써 이 일을 해냈다. 구리는 풍부하고 값이 쌌다. 잠시 동안은 구리의 함량이 매우 적어서 이에 대해 별로 말이 없었다. 그러면서도 순금화 아우레우스는 계속 주조되었다.

로마 재정이 완전히 고갈되자 네로는 금화와 은화의 순도를 이번에는 10%씩 낮춰버린다. 예를 들면 금 1파운드로 금화 50개 정도를 만들던 것을 55개씩 만든 것이다. 일종의 평가절하인 셈인데 화폐 공급량은 늘었지만 화폐가치가 떨어지니 당연히 물가가 오를 수밖에 없었다.

은화인 데나리우스(데나리온)는 신약성서 가운데 가장 빈번히 언급되고 있는 화폐단위다. 원래 그 무게는 4.55g이었으나 네로 때에 3.41g으로 줄었고, 후에는 2.3g으로 떨어졌다. 지름도 22mm에서 18mm로 줄었다. 특히 데나리우스는 노동자의 하루 임금에 해당하는 가치로 간주되어 표준이 되는 은전으로, 다른 화폐의 가치를 가늠할 때의 중요한 기준 화폐가 되었다.

당시 이러한 은 부족은 중국

과의 무역수지 적자에 큰 원인이 있었다. 기원전부터 로마 제국은 유대인에 의해 중동과 중국을 잇는 무역이 매우 발달해 있었다. 로마인들은 중국의 비단이나 인도의 향신료 등 사치품을 구입하면서 금이나 은으로 지불했는데, 주로 은을 사용했다. 중국이 은본위제였기 때문이다. 이런 일이 계속되면서 서유럽에서 은이 고갈된 것이다. 그래서 이 시대에는 주화가 워낙 귀하기도 했지만, 혹시 있다고 하더라도 대부분 금화였다.

악화가 양화를 구축하다

로마의 곤경은 다음 100년 동안 악화되어 갔다. 은화의 구리 함량은 점점 늘어만 갔다. 마침내 은화는 그 가치의 3분의 2를 잃어버렸다. 자신이 발행한 은화에 '화폐가치의 회복자'라고 스스로 칭호를 붙인 알렉산더 세베루스의 재위(222~235년) 하에서 데나리우스의 25%는 은이고 나머지 75%는 구리였다.

이런 악순환은 로마 몰락 때까지 지속되어 클라우디우스 2세(고티쿠스) 시절인 244년 이후엔 은화 데나리우스에 실제로 함유된 은의 양은 처음의 20분의 1이었다. 그동안 물가는 계속 오르고 사회적 조건은 계속 악화되어 갔다. 로마에 파는 상품대금으로 이방인들은 아예 데나리우스를 받지 않았다. 로마 군대가 다른 나라에 주둔할 때 먹이고 재우고 입히는 경비도 데나리우스로는 받지 않았다.

수입이 막히자 로마가 시도한 첫 번째 조치는 사치품 수입의 제한이었고, 귀금속 소장의 금지였다. 그러나 이 조치는 실패했다. 서기

260년 갈리에누스 재위 시 환전상들은 가치가 절하된 로마의 은화를 받는 것을 거절했다. 사실상 은행이 문을 닫은 것이다.

이로써 경제에 가장 중요한 피가 돌지 않아 화폐의 순환이 정지되고 나라 경제가 마비되었다. 데나리우스는 가치가 너무 떨어져서 심지어 정부마저 세금을 순금과 순은으로 요구할 지경이었다. 정부가 이렇게 거둔 순은은 다시 가치 없는 데나리우스를 만드는 데 사용되었다. 나중에는 은의 함유량이 5000분의 1까지 떨어지면서 화폐가 아닌 고철 덩어리에 불과한 수준까지 추락했다.

네로를 로마 제국 몰락의 원흉으로 꼽는 이유는 여러 가지가 있지만, 바로 이런 화폐가치 하락에 불을 댕겨 로마 경제를 돌이킬 수 없는 늪으로 몰아넣었다는 점이다. 로마 제국 후기의 저질 주화, 곧 '경화 주조의 가치 저하'는 통치자의 공적인 부패 행위였다. 로마 제국을 몰락으로 이끈 도덕적 타락의 전형이었다. 당연히 화폐가치가 폭락했다. 결국 걷잡을 수 없는 인플레이션이 발생하여 로마 시민들이 화폐를 불신했다.

이제 로마에서는 누구도 평가절하된 데나리우스를 믿지 않았다. 그래서 누구든지 재수 좋게 예전의 금화와 은화를 갖게 되면 내놓지 않았다. 로마에서 유통되었던 돈은 평가절하된 고철 덩어리 데나리우스뿐이었다. 심지어 당시 매춘이 인정된 공창 지역에서는 데나리우스를 받지 않고 그들 나름의 동전을 주조해 사용했다. 당시 로마 제국에서는 인신매매가 공공연히 이루어져 매춘이

⚜ 공창 지역 동전

성행한 집창촌이 수없이 많았다.

양화는 내놓지 않든가, 외국에 지불되므로 서서히 사라졌다. 이 현상은 왕립 런던 외환거래소를 창설한 토마스 그레샴 경이 '악화는 양화를 구축한다'를 공식화하기 천 수백 년 전에 일어났다. 이윽고 화폐거래 대신 물물거래를 선호하자 화폐가 기능을 잃었다. 겉으로는 로마 제국의 최고 태평성대라 불리던 아우구스투스 황제로부터 시작되어 200여 년간 지속된 로마 팍스나 시기에 일어났던 일이다.

인류 최초의 가격통제: 시장기능 상실로 도시경제 몰락

3세기 말 또 폭발적인 인플레이션이 일어나자, 이에 대한 대책으로 디오클레티아누스 황제는 화폐 조세에서 물납 조세로 전환했다. 이 때문에 제국의 경제체제는 본질적으로 성격이 바뀌었다. 시장을 위한 생산이 감소했고, 각 지역마다 자급자족적인 폐쇄경제가 형성되기 시작했다. 이른바 장원제도가 시작된 것이다.

301년 인플레이션이 더 심해지자 디오클레티아누스 황제는 가격통제를 실시했다. 역사가들은 이것이 인류 최초의 가격통제정책이라고 한다. 그는 인플레이션을 잡기 위해 로마 제국에서 유통되는 모든 상품과 서비스의 최고 가격을 정하고 그 가격 이상으로 거래하는 사람들은 엄벌에 처했다. 물론 시민을 보호하려는 '선한 의지'였다. 하지만 로마는 일대 혼란에 빠졌다. 시장기능이 마비되었다. 500년 만에 물물교환경제가 출현했으며 생산이 급격히 줄어들었다. 게다가 화폐가 기능을 잃자 군인들의 녹봉도 생필품과 곡물, 가축, 소금 등

현물 지급으로 대체되었다.

5년 뒤 콘스탄티누스 황제는 화폐개혁을 단행했다. 그는 새 금화 솔리두스solidus를 주조하여 사실상 유통에서 사라진 아우레우스를 대체했다. 그러나 솔리두스는 아우레우스보다 더 빠르게 로마로부터 빠져나갔다. 악화가 양화를 구축한 것이다.

이와 함께 로마 제국의 불행한 운명이 시작되었다. 이국땅에 주둔한 로마 군대를 지원할 수 없게 되자 로마는 별수 없이 그들을 로마로 불러들일 수밖에 없었다. 방대한 로마 제국은 줄어들기 시작했다. 바바리안들이 로마인들이 남긴 위대한 건축 기념물들을 짓밟았다. 귀국한 군인들은 나라가 멸망의 문턱 앞에 있다는 것을 알았다. 금과 은의 소지자들은 그것을 사용하는 것을 원치 않았다. 이미 데나리우스는 가치가 없었다. 사실상 화폐 공급은 거의 중단되어 로마 경제는 물물교환제도로 표류하고 있었다.

노예제도의 쇠락

로마 경제는 노예제도의 기반 위에 성립한 노예 농업경제였다. 노예제도 덕분에 인류 역사상 가장 빛나는 발명품의 하나인 아테네의 민주주의도 가능했다. 당시 인구의 30~50%는 노예들이었다. 이들이 생산을 담당해준 덕분에 이른바 시민들이 직접민주주의에 필요한 정치활동에 참여할 수 있었던 것이다. 이러한 사정은 로마에서도 마찬가지였다.

고대 로마 유적 중 가장 흔하게 접할 수 있는 것이 아름다운 목욕

탕 시설이다. 로마인들이 이 사치스런 문화를 즐기기 위해 반드시 필요로 했던 것이 다름 아닌 노예들이었다. 그들이 라티푼디움이라는 대농장에서 포도주, 올리브유 등과 같은 상품과 필요한 곡물을 모두 생산했다. 이렇게 아테네와 마찬가지로 로마 역시 노예들이 생산을 전담했으며, 이들은 전쟁을 통해 얼마든지 획득할 수 있었으므로 생산성 향상을 위한 특별한 노력을 기울일 필요가 없었던 것이다. 로마가 세계적인 제국을 유지할 수 있었던 것은 상당 부분 노예제도 때문이었다.

로마가 멸망한 원인에 대해서는 여러 가지 설이 있으나 노예제도 때문에 망했다는 분석도 있다. 로마가 팽창할 대로 팽창한 2세기 후반 이후에는 정복을 통한 노예 획득이 어려워졌다. 서쪽으로는 대서양, 북쪽으로는 스칸디나비아 반도에 이르렀으며, 남쪽으로는 아프리카 사막지대와 영토를 접한 로마가 이제 진출할 곳이라고는 동쪽밖에 없었는데 그곳에는 강력한 파르티아 왕국이 자리 잡고 있었다. 이 때문에 로마는 심각한 노동력 부족 상황에 처하게 되었으나 별 뾰족한 대안이 없었다.

이렇게 이제 더 이상의 정복전쟁도 없었기 때문에 팽창정책이 중단된 이후에는 노예가 점점 줄어들었다. 당연히 노예 가격이 비싸져 라티푼디움이 유지되기 어려웠다. 이렇게 되자 농업생산량이 급격히 감소했다. 식량이 부족해지자 도시에서 사람들이 빠져나갔다. 가난해진 농민들은 대지주에게 고용되어 소작제가 도입되었지만 갈수록 경제는 피폐해졌다.

국가 재원을 마련하기 위해 로마 후기로 가면 갈수록 농민들에 대한 세금은 점점 더 무거워졌다. 이에 따라 자영농의 몰락과 농민의 소작농화 현상이 확대되었다. 영주의 면세 영지는 더욱 늘어나고 자작농에게는 가혹한 세금이 부과되면서 식량 부족 현상이 일어났다. 악순환의 고리에 빠져들면서 경제가 최악의 상태로 치닫기 시작했다.

게다가 국제교역이 위축되면서 유통 상품이 줄어들자 인플레이션이 더욱 심화되었다. 그러자 화폐경제 대신 물물교환경제가 점차 확산되었다. 해적들이 다시 등장했고 상업이 쇠퇴했다. 상업이 쇠퇴하자 거래가 중단되면서 시장이 사라졌다.

농민의 파탄은 더 심했다. 봉급생활자 역시 식량을 재배할 땅도 없고 거래에 필요한 상품도 없어 굶게 되었다. 가난한 사람들에게 옥수수를 나누어 주던 것조차 재정의 부족으로 정부 적자만 증가시킬 뿐이었다.

제국의 남아 있는 부분을 지키던 군대에 봉급을 지불할 수 없게 되자 결국 제국은 멸망하였다. 마지막에는 바바리안들이 로마 시 자체를 침략하여 약탈을 자행했다. 과거의 다른 제국처럼 로마의 멸망도 전적으로 돈 때문이었다. 화폐는 인간 사회의 협력자인 동시에 적이었다.

경제가 순환되지 않아
자급자족 원시경제로 되돌아가다

정치적으로도 매우 혼란스러웠을 뿐만 아니라 해적의 출현으로 그나마 존재했던 무역활동도 침체되었다. 무역도 쇠퇴하고 도시인구가 감소하면서 대규모 영지는 자급자족 체제를 강화했다. 결국 경제가 순환되지 않았다. 경제는 후퇴하여 자급자족 시대의 본래 모습으로 되돌아갔다. 그 결과 도시 중심의 시장경제가 축소되어 로마 문명의 상징이었던 도시는 황폐화되었다.

로마의 경제적 몰락이 이렇게 자세히 알려진 것은 17세기에 서기 439년에 제정된 《테오도시우스 법전》이 발견되었기 때문이다. 1665년에 세밀한 주석과 논평을 달아 출판됨으로써 당시 사회상을 깊이 있게 알게 되었다. 이 책을 통해 로마 제국 말기의 경제적 취약성, 과중한 과세 부담, 중간 계층의 몰락, 산업의 파탄, 경작지의 황폐 등의 요인들이 자세히 밝혀졌다.

훗날 막스 베버는 로마 제국의 멸망은 상거래 감소와 물물교환경제의 확대 결과였다고 진단했다. 물물교환경제를 이루고 있는 경제적 하부구조에 화폐경제로 이루어진 정치적 상부구조가 더는 적응 못 하고 붕괴됐다고 본 것이다. 곧 시장경제의 파탄이 정치적 붕괴로 연결되었다.

로마 제국이 강성할 수 있었던 이유는 수많은 나라와 다양한 인종들을 정복한 뒤 로마 제국에 편입시켜 포용력 있는 동화정책을 추구했기 때문이다. 결과론적인 이야기지만, 유대인들을 추방하지 않고 관용을 베풀어 체제 안으로 흡수하여 활용했다면 로마 제국이 경제적인 문제로 그리 쉽게 무너졌을까? 역사의 의문점이다.

로마 제국 몰락이 현대인에게 주는 교훈

로마의 몰락은 현대인에게도 몇 가지 교훈을 알려준다. 첫째, 부의 원천이 오로지 농업과 노동에 있다며 상업을 경시하여 시장경제를 무시한 점이다. 결국 상업이 쇠퇴하고 시장경제가 무너져 로마 제국이 쓰러진 것이다.

둘째, 인플레이션의 무서움이다. 대량 주조로 인한 인플레이션이 화폐의 신뢰도를 떨어뜨리고 실물 선호도를 높임으로써 통화경제가 몰락한 것이다. 경제에 피가 제대로 돌지 못한 것이다. 인플레이션은 거대한 제국도 순식간에 몰락시킬 수 있다는 것을 역사는 보여주고 있다. 이는 우리가 방만한 통화정책이 가져다주는 인플레이션의 무서움을 알아야 할 이유이다.

셋째, 어떤 국가나 정부도 경제가 제대로 돌아가지 않으면 정치도 성립할 수 없다는 점을 역사가 확실히 보여주었다. 로마 제국 몰락 이후에 제국이 다른 나라로 대체되지 않고 한동안 무정부 상태의 암흑 세계에서 지낸 중세의 역사가 이를 말해주고 있다.

구전율법에 해석을 덧붙인 게 탈무드

방대한 양의 구전율법을 집대성한 미쉬나

유대인들은 모세오경에 기록된 것 이외에도 하느님이 모세와 아론에게 말씀으로 주신 구전율법을 믿는다. 모세가 시내 산에서 받아 가지고 여호수아와 장로들 그리고 함께 모인 회중 앞에서 선포하여 입에서 입으로 전달된 것이 구전율법이다.

구전으로 전승되어 내려온 해설을 곁들인 구전율법은 아무리 기억력이 좋은 사람일지라도 선대의 구전 설명을 그대로 후대에 전하기가 어려웠다. 게다가 교사 역할을 담당했던 랍비들도 시대에 따라 저마다 조금씩 해석 방법이 달랐다. 그 때문에 심지어 해석 방법이 32가지로 분류되기도 했다. 아무리 구전율법이 좋다고는 하나 기억력의 한계에 부닥쳤다.

이유는 또 있었다. 기원전 6세기 바빌로니아 제1차 이산 이후 세계 도처에 흩어져 있는 유대인 젊은이들은 밀려오는 외래 문화와 헬레니즘 문화에 파묻혀 정체성을 잃어갔다. 이들을 위해서는 율법도 시대에 맞게 가르쳐야 한다고 유대 원로들은 생각했다.

유대민족의 선지자였던 에즈라와 느헤미야가 모세오경은 일점일획도 고쳐져서는 안 된다고 이미 못 박아두었던 터라 방법을 찾는 데 골몰하였다. 이때 거론된 것이 바빌로니아 이산 당시에 사용했던 토라의 학습서 격인 미드라쉬(성서주해)에 관한 이야기였다. 율법을 건드리지 않고도 율법을 이야기할 수 있는 방법은 새로운 학습서를 만드는 것이었다. 이로써 탄생한 것이 탈무드의 전신 미쉬나이다.

기원전 6세기 에즈라에 의해 구전율법이 쓰이기 시작했다. 에즈라가 바빌론에서 예루살렘으로 귀환해서 토라를 유대인의 삶의 지표로 만들기 시작했다. 그리고 그 일환으로 유대인의 종교생활과 일상생활을 규율하는 구전율법을 모아 체계적으로 분류하여 이를 글로 작성하기 시작했다. 이후 작업은 후대에 이르기까지 계속 이어져 주석가들에 의해 방대한 저작을 낳게 되었다.

이 구전율법이 200년경 위대한 랍비 유다 하 나지에 의해 6부 63건의 분량으로 결집되었다. 미쉬나는 이렇게 토라, 곧 모세오경에 그 근원을 두고 있다.

210년 미쉬나 완성, 5세기 전후 탈무드 등장

보통 사람들은 탈무드만 알고 미쉬나에 대해선 잘 모른다. 하지만 미쉬나는 오늘날 이스라엘 국법의 뿌리일 정도로 유대인들에게는 큰 의미를 지니고 있다. 미쉬나의 내용들은 크게 농사 절기, 축제, 여자와 가정, 시민법, 성결, 의식법 등 여섯 항목으로 구성되어 있어 이를 샤스Shas, six orders라고도 부른다.

① 제라임(Zeraim): 씨앗

　　주로 농법(농사짓는 법)에 관련된 11개의 분책

② 모에드(Moed): 기일, 축일

　　안식일, 신년제, 유월절, 성찬절에 대한 율법과 기타 축일에 관계된 율법을 다루는 분책 12개

③ 나쉼(Nashim): 여성

결혼, 이혼, 불신 등을 다루는 7개의 분책

④ 네지킨(Nezikin): 손해

형법, 민법과 관련된 10개의 분책

⑤ 코다쉼(Kodashim): 성스러운 일

성전예배를 다루는 11개의 분책

⑥ 토하로트(Toharot): 정화

종교의식 상의 순결, 불순에 대한 율법. 12개의 분책

구전율법에 후대의 해석을 덧붙인 게 바로 탈무드

미쉬나는 히브리어로 '반복, 거듭'이라는 뜻이다. 이는 구전율법이 주로 암기되고, 그 요점이 거듭되어 암송되었기 때문이다. 유대인들은 미쉬나 모음집을 세 부분으로 구성하여 만들었다. 곧 모세오경을 해석하는 방법으로 율법의 핵심을 설명하는 미드라쉬와 각종 율법과 규례의 모음집인 할라카, 그리고 설교로서 율법을 알기 쉽게 설명한 일화와 전설들의 모음집인 아가다로 구성하였다.

할라카Halacha는 모세오경을 해석한 부분으로 3분의 2가량을 차지한다. 아가다Agada는 지혜를 모은 부분이다. 할라카는 율법을, 아가다는 율법의 의미를 설명한다. 이 중 미드라쉬는 후에 연구를 더해 따로 발전하였다.

미쉬나 속에는 성서토라와 구전토라를 어떻게 배우고 가르치고 행해야 하는지 등의 기본자세를 가르치는 현자들의 가르침도 들어 있는데(제4부 9편), 이를 '피르케이 아보트'라고 한다. '선조들의 어록'이라는 뜻이다. 이는 기원전 300여 년부터 서기 200년까지 유대교 현자들이 남긴 교

∴ 랍비

훈을 채록한 것으로, 유대교 문헌 가운데 가장 아름다운 책이며 유대교의 정수이고 근본이라고 한다.

이 책의 요지는 토라 공부를 통해 하느님의 지혜를 얻을 수 있으며, 하느님의 길을 걷는 데 게을리 하지 않게 되며, 또한 토라 공부는 바로 예배의 연속이며 구원의 길임을 밝힌 것이다.

유대인들은 성문토라뿐 아니라 구전토라도 하느님의 말씀으로 인정한다. 구전토라의 도움 없이는 성문토라가 해석될 수 없기 때문이다. 유대인에게 토라는 생명의 근원일 뿐 아니라 교육의 근원이다. 하느님을 배운다는 것은 지혜의 근원자를 배우는 것이기에 토라를 통해 세계와 우주를 얻는 길이라고 믿는다.

미쉬나의 완성과 함께 시간이 흘렀으나 그 또한 시대적 흐름에 따라가지 못하는 부분들이 등장했다. 미쉬나는 율법을 보충하기 위해 만들어졌지만 시대적 흐름에 따라 유입된 새로운 지식들로 말미암아 좀 더 미쉬나 자체를 보충시킬 필요가 대두되었다. 그래서 탄생된 것이 게마라 Gemara다.

이렇게 미쉬나에 후대의 랍비들이 민초들이 이해하기 쉽게 쓴 주석서를 '게마라'라 부른다. 구전율법 미쉬나에 주석서 게마라를 덧붙여 완성한 것이 바로 탈무드이다. 히브리어로 '위대한 연구'라는 의미의 탈무드는 나라 잃은 유대민족에게 정신적 지주가 되어온 생활규범이다.

유대인들은 토라가 절대적인 하느님의 가르침이라고 믿는다. 그러나 토라의 오묘한 진리를 더 깊이 연구하고 해석하고 터득하는 것은 사람들이 해야 할 몫으로 하느님이 남겨놓았다고 생각한다. 그래서 토라를 '쓰인 율법'이라고 부르는 반면, 그 연구에서 비롯된 해석인 탈무드를 '구술된 율법'이라고 부른다. 이것은 토라는 이미 기록되어 있어 변경이 불가능한 반면, 그 해석인 탈무드는 시대 상황과 연구에 따라 해석이 달라질 수 있다는 뜻이기도 하다.

탈무드

이렇게 탈무드는 원로 랍비들이 후손들을 깨우쳐주기 위해 기원전 500년부터 기원후 500년까지 약 1000년 동안의 현인들 말과 글을 모아놓은 지혜서의 일종이다. 이렇듯 탈무드는 사실 1000년 동안 설계된 책이다. 성서를 보완해주는 보조서이자 유대 교육의 중심서이다.

구전토라, 곧 미쉬나가 발전한 탈무드는 세계 곳곳에 흩어져 있는 디아스포라 유대인들의 종교적 지침과 민족적 동질성을 지켜주기 위해 만들어졌다.

탈무드는 로마 제국의 지배를 받았던 4세기 말경에 팔레스타인에서 나온 것과 이후 100여 년 후인 6세기 초에 내용이 보완되어 바빌로니아에서 나온 두 종류가 있다. 전자는 '팔레스타인 탈무드'라 부르며, 후자는 '바빌로니아 탈무드'라고 부른다. 요즈음 유대인들이 보는 탈무드는 대부분 바빌로니아 탈무드이다.

바빌로니아 탈무드는 63권의 방대한 책으로 6부, 63제, 525장, 4187절

로 되어 있다. 1만 2000페이지에다 단어의 수만도 무려 250만여 개 이상이며, 그 무게가 75kg이나 나가는 엄청난 분량이다. 탈무드는 책이라기보다는 엄격히 말하면 '학문'이라고 해야 옳을 것이다. 그것도 '위대한' 학문이다.

흔히 유대민족을 '책의 백성'이라고 부르는 이유는 이 시기에서 찾아진다. 이러한 유대인의 문헌들은 평생 배워도 완전히 이해하기 어렵다. 7권의 대백과사전 같은 탈무드를 하루 한 페이지씩 공부하면 7년이 지나야 전질을 겨우 읽을 수 있다고 한다. 분량도 많지만 내용도 만만치 않다. 그러나 율법을 연구하는 것은 하느님을 조금이라도 더 아는 것으로 직결되기 때문에 유대인들은 대를 이어가며 부지런히 책을 읽는 것이다. 오늘날 탈무드는 주로 바빌로니아 탈무드이다.

한편 탈무드의 편집과 아울러 발전된 사조는 유대교 신비주의다. 대표적인 유대교 신비주의는 카발라Kabbalah 전통이다. 카발라 신비주의자들은 오직 카발라 상징 세계의 신비를 터득한 사람만이 토라의 진실되고 깊은 내적 의미를 이해할 수 있다고 주장한다. 모세나 심지어 아담에게 계시된 하느님의 토라의 뜻을 깨닫게 하는 체계인 카발라를 다른 이름으로 '숨겨진 지혜'라고도 부른다. 신비주의에 관한 의견과 설명을 한 랍비들이 대부분 탈무드에 나오는 인물들이며 이런 점으로 보아 유대교 신비주의는 법과 법해석에 대한 전통을 중심으로 발전된 특성을 지니고 있다.⁕

탈무드의 3대 가르침

유대인에게 탈무드 교육은 성서 공부를 도와 하느님과 가까이 되는 길을 가르치는 것이다. 탈무드는 인생에서 3가지 원리를 가르친다. '토라의 연구', '하느님 사역에의 참여', '자비와 선행의 실천'이 그것이다. 이를 실천하기 위한 배움과 지혜에 대한 사랑은 유대인들의 생활과 신앙을 이루는 주된 내용이자 사명이다.

실제로 탈무드의 특징은 많은 부분이 주입식 지식교육이 아닌 스스로 연구하여 지혜를 깨우치도록 짜여 있다. 획일적인 해답을 가르쳐주기보다는 여러 시각으로 사물을 볼 수 있도록 논쟁거리를 제공한다. 대답보다는 의문을 품어 질문하도록 유도 한다. 창의성 계발에 주안점을 두고 있는 셈이다.

❖ 김경래, 《그리스도 이후 유대인 방랑사》, 전주대학교출판부, 1998

참고문헌

가나모리 히사오 지음, 정재철 옮김,《흥망 세계경제》, 매일경제신문사, 1995

강영수 지음,《유태인 오천년사》, 청년정신, 2003

갤브레이스 지음, 장상환 옮김,《경제학의 역사》, 책벌레, 2009

공병호 지음,《인생은 경제학이다》, 해냄, 2006

권홍우 지음,《부의 역사》, 인물과사상사, 2008

기 소르망 지음, 김정은 옮김,《자본주의 종말과 새 세기》, 한국경제신문사, 1995

김경묵·우종익 지음,《이야기 세계사》, 청아출판사, 2006

김욱 지음,《세계를 움직이는 유대인의 모든 것》, 지훈, 2005

김욱 지음,《유대인 기적의 성공비밀》, 지훈, 2006

김종빈 지음,《갈등의 핵, 유태인》, 효형출판, 2001

대한성서공회 지음,《공동번역 성서》, 대한성서공회, 2005

데릭 윌슨 지음, 신상성 옮김,《가난한 아빠 부자 아들 3》, 동서문화사, 2002

마빈 토케이어 지음, 이찬일 옮김,《성경 탈무드》, 선영사, 1990

막스 디몬트 지음, 이희영 옮김,《세계 최강성공집단 유대인》, 동서문화사, 2002

머니투데이 국제부 지음,《월가 제대로 알기》, 아카넷, 2005

문미화·민병훈 지음,《유태인 경제교육의 비밀》, 달과소, 2005

미야자키 마사카츠 지음, 오근영 옮김,《하룻밤에 읽는 세계사 1》, 알에이치코리아, 2012

박윤명 지음,《상식 밖의 동양사》, 새길, 1995

박은봉 지음,《세계사 100장면》, 실천문학사, 1998

박재선 지음,《세계사의 주역, 유태인》, 모아드림, 1999

박재선 지음,《유태인의 미국》, 해누리, 2002

브라이언 랭커스터 지음, 문정희 옮김,《유대교 입문》, 김영사, 1999

비토리오 주디치 지음, 최영순 옮김,《경제의 역사》, 사계절, 2005

사카키바라 에이스케 지음, 삼정 KPMG경제연구소 옮김,《경제의 세계세력도》, 현암사, 2005

사토 다다유키 지음, 여용준 옮김,《미국 경제의 유태인 파워》, 가야넷, 2002

새뮤얼 애드셰드 지음, 박영준 옮김,《소금과 문명》, 지호, 2001

시오노 나나미 지음, 김석희 옮김,《로마인 이야기》, 한길사, 2007

쑹훙빈 지음, 차혜정·홍순도 옮김,《화폐전쟁 1·2》, 알에이치코리아, 2014

안효상 지음,《상식 밖의 세계사》, 새길, 1997

애디슨 위긴 지음, 이수정 옮김,《달러의 경제학》, 비즈니스북스, 2006

에른스트 곰브리치 지음, 이내금 옮김,《곰브리치 세계사 1, 2》, 자작나무, 1997

오오타류 지음, 양병준 옮김,《유태7대 재벌의 세계전략》, 크라운출판사, 2006

우태희 지음,《월스트리트 사람들》, 새로운제안, 2005

육동인 지음,《0.25의 힘》, 아카넷, 2009

윤승준 지음,《하룻밤에 읽는 유럽사》, 알에이치코리아, 2004

이강혁 지음,《스페인 역사 100장면》, 가람기획, 2006

이라유카바 최 지음,《그림자 정부(경제편)》, 해냄, 2005

자크 아탈리 지음, 양영란 옮김,《미래의 물결》, 위즈덤하우스, 2007

정성호 지음,《유대인》, 살림, 2003

존 고든 지음, 김남규 옮김,《월스트리트 제국》, 참솔, 2002

찰스 가이스트 지음, 권치오 옮김,《월스트리트 100년》, 좋은책만들기, 2001

찰스 킨들버거 지음, 주경철 옮김,《경제강대국 흥망사》, 까치, 1005

최영순 지음,《경제사 오디세이》, 부키, 2002

최영순 지음,《성서 이후의 유대인》, 매일경제신문사, 2005

최용식 지음,《돈버는 경제학》, 알에이치코리아, 2008

최용식 지음,《환율전쟁》, 퍼플, 1012

최재호 지음,《유대인을 알면 경제가 보인다》, 한마음사, 2001

최창모 지음,《이스라엘사》, 대한교과서, 2005

최한구 지음,《유대인은 EQ로 시작하여 IQ로 승리한다》, 한글, 1998

코스톨라니 지음, 김재경 옮김,《돈, 뜨겁게 사랑하고 차갑게 다루어라》, 미래의창,
    2005

쿠사카리 류우헤이 지음, 지탄현 옮김,《소로스의 모의는 끝났는가》, 지원미디어,
    2000

폴 존슨 지음, 김한성 옮김,《유대인의 역사》, 살림, 2014

피터 번스타인 지음, 안진환·김성우 옮김,《신을 거역한 사람들》, 한국경제신문사,
    2008

홍성국 지음,《세계 경제의 그림자 미국》, 해냄, 2005)

후지다 덴 옮김, 진웅기 옮김,《유태인의 상술》, 범우사, 2008

홍익희 지음,《21세기 초 글로벌금융위기의 진실》, 지식산업사, 2010

홍익희 지음,《유대인, 그들은 우리에게 누구인가》, 지식산업사, 2010

홍익희 지음,《유대인 이야기》, 행성B잎새, 2013

홍익희 지음,《유대인 창의성의 비밀》, 행성B잎새, 2013

홍익희 지음,《세 종교 이야기》, 행성B잎새)

우광호 기자, 〈유대인 이야기〉,《가톨릭신문》

샤프슈터 박문환, 〈고수투자 데일리〉,《한경와우넷》

홍익희의
유대인 경제사 2
고난의 역사
고대 경제사 下

1판 1쇄 발행 | 2015년 9월 15일
1판 3쇄 발행 | 2020년 4월 14일

지은이 홍익희
펴낸이 김기옥

프로젝트 디렉터 기획1팀 모민원, 권오준
영업 박진모
경영지원 고광현, 김형식, 임민진

인쇄 · 제본 프린탑

펴낸곳 한스미디어(한즈미디어(주))
주소 121-839 서울시 마포구 양화로 11길 13(서교동, 강원빌딩 5층)
전화 02-707-0337 | 팩스 02-707-0198 | 홈페이지 www.hansmedia.com
출판신고번호 제 313-2003-227호 | 신고일자 2003년 6월 25일

ISBN 978-89-5975-860-9 14320
ISBN 978-89-5975-861-6(세트)